AI 시대 수업분석 패러다임의 전환

사회과 홀리스틱 수업분석 방법론

이 정 희 · 著

에듀컨텐츠·휴피아
Educontents Huepia

머 리 말

 학교 교육의 요체는 수업이다. 수업에는 교사의 일상 행위로서 이루어지는 수업에서부터 교내 연구수업, 학부모 공개수업, 수업 연구대회를 위한 수업에 이르기까지 다양하다. 그러나 학교 현장에서는 생활지도, 학부모 상담, 업무 과다 등으로 인한 시간 부족과 무엇보다 자신의 수업을 온전히 드러내는 것을 저어하는 학교 문화로 인하여 수업 하나하나를 깊이 성찰하는 기회는 많지 않다. 수업의 질적 제고를 위해서는 성찰 활동이 필수적이지만 학계에서도 오랫동안 경원시하여 논의의 장 밖에 두어왔다.

 이 책은 2011년 히로시마대학에 제출한 학위논문인 『韓国小学校社会科授業分析研究－「授業のホリスティック分析」方法の構築と活用を通して(한국 초등사회과 수업분석 연구-'홀리스틱 수업분석' 방법의 구축과 활용을 통해-』를 거칠게나마 번역하여 수정, 가필한 것이다. 이 연구에서 제안한 홀리스틱 수업분석 방법론은 수업계획 단계뿐만 아니라 수업실천 단계, 그리고 교사와 학생 요인을 분석할 수 있는 것으로 종래의 인상 비평과 같은 수업연구 방법론으로부터 패러다임의 전환을 시도한 것이다. 홀리스틱 수업분석을 통해 사회과 수업실천을 면밀하게 분석하여 사회과 수업 개선 방안을 제시함으로써 수업의 질적 제고와 함께 이론과 실천의 만남과 대화를 추구하였다.

 이 책은 다음과 같이 크게 3부로 구성되어 있다.
 1부에서는 한국과 일본의 사회과 수업 연구 동향을 살펴본 후 사회과 수업연구 방법론에 나타난 과제를 밝히고 새로운 사회과 수업분석 방법론으로서 '홀리스틱 수업분석' 방법론을 구축하고 구체적인 분석 방법 및 순서를 제시하였다.
 2부에서는 우리나라 사회과 수업 실천 동향을 고찰한 후 이를 사실 이해형, 개념 획득형, 문제 이해형, 문제 해결형의 네 가지로 유형화하고 홀리스틱 수업분석 틀을 활용하여 분석한 후 그 구조와 특질을 밝혔다.
 3부에서는 2부에서 진행한 사회과 수업분석 결과를 바탕으로 우리나라 사회과 수업의 특질과 과제를 밝히고 홀리스틱 수업분석의 유효성과 의의를 검토하였다.

글 말미에는 응용편을 마련하여 교사가 홀리스틱 수업분석 툴을 활용하여 지도안 단계에서 자신의 수업을 성찰하는 방안을 제시하였다.

홀리스틱 수업분석 방법론은 수업 참관자가 분석할 때에도 유용하지만, 교사 자신의 수업을 스스로 성찰하고 개선 방안을 모색하는데 길잡이가 될 것이다. 이 책에서는 학교 현장에서 교사들이 지도의 어려움을 호소하는 사회과를 중심으로 다루었으나 국어, 수학, 과학 등 다른 과목에도 적절하게 응용하여 수업 성찰과 개선 활동에 작은 보탬이 되길 희망한다.

이 책이 나오기까지 많은 분의 은혜를 입었다. 현장 선생님들의 도움과 협조가 없었다면 이 연구는 진행되지 못했을 것이다. 다시 한번 이 글을 통해 감사의 말씀 드린다. 그리고 연구에 대한 진지한 고민을 나눈 히로시마대학 사회인식 교육학 연구실 동료들의 도움이 컸다. 끊임없는 학문적 자극과 깊이 있고 풍부한 지도 조언을 통해 부족함이 많은 필자를 이끌어주신 이케노 노리오(池野範男) 은사님께 무한한 감사의 말씀을 드리고 싶다. 유학 기간에도 응원을 아끼지 않으셨던 모교 교수님들께도 감사드리며, 교육과 연구에 전념할 수 있도록 지원해주시는 광주교대 교수님들께도 감사드린다. 끊임없는 사랑으로 묵묵히 기다려주고 지지해준 가족들이 있었기에 힘든 타국 생활을 이겨낼 수 있었다. 고맙고 사랑한다는 말을 전하고 싶다.

이 연구는 완결된 것이 아니다. 앞으로 더욱 보완하고 발전시켜나가야 하는 과제가 남아 있다. 이 연구가 우리의 교육 성과를 축적해 나갈 수 있는 하나의 밀알이 되기를 바라며, 끝으로 번역 내용을 꼼꼼하게 편집, 교정해주신 도서출판 에듀컨텐츠휴피아 편집부 관계자와 책 출간을 허락해주신 이상열 대표에게 깊은 감사를 드린다.

2021년 봄 내음 감도는 연진관에서
이 정 희

저 자 소 개

저자 : **이 정 희**

 부산교육대학교에서 학사, 석사를 마치고 히로시마대학에서 교육학 박사학위를 받았다. 1996년부터 2013년 8월까지 초등학교에서 근무하였으며 2013년 9월부터 광주교육대학교에 재직하고 있다.

 주로 수업 연구, 교육과정, 교과서 연구, 방재교육, 시민성 교육 등에 관심을 가지고 연구하고 있다. 주요 논문에는 '사회과 북한이탈주민 관련 다문화 인권교육의 과제와 방향', '초등사회과 자연재해·방재교육의 변천과 특징', '일본의 자질·능력 중심 사회과 교육과정' 등 다수 있다.

 저서에는 『일본의 재난방지 안전 안심 교육(공저)』, 『東アジア法規範教育の構築(共著)(동아시아 법규범교육의 구축(공저)』, 『社会形成科社会科論-批判主義社会科の継承と革新-(共著)(사회형성과 사회과론-비판주의 사회과의 계승과 혁신-(공저)』, 『国境·国土·領土'教育の論点争点'(共著)(국경·국토·영토'교육의 논점쟁점'(공저)』가 있다.

목 차

서 장 연구 목적과 방법 ··· 3
  제 1 절 연구 과제 ··· 3
  제 2 절 연구의 의의 및 특질 ··· 4
  제 3 절 연구 방법과 전체 구성 ··· 4

제 1 부 사회과 수업분석 방법론의 개혁 ································· 7

제 1 장 사회과 수업연구 동향 및 과제 ································· 7
  제 1 절 한국의 사회과 수업연구 동향 및 과제 ··· 8
  제 2 절 일본의 사회과 수업연구 동향 및 과제 ······································· 10
  제 3 절 한국과 일본의 사회과 수업연구의 문제점 및 과제 ················· 13

제 2 장 사회과 수업분석 방법론의 새로운 제안 ··············· 17
  제 1 절 사회과 수업연구 방법론의 현황 및 과제 ··································· 17
  제 2 절 홀리스틱 수업분석 틀과 그 의의 ··· 20
  제 3 절 홀리스틱 수업분석 방법 및 절차 ··· 23

제 2 부 초등사회과 수업분석 ·· 35

제 3 장 초등사회과 수업실천 동향 ······································· 35
  제 1 절 사회과 수업실천의 전개 ··· 35
  제 2 절 사회과 수업실천의 유형 ··· 37

제 4 장 사실 이해형 사회과 수업분석 ································· 41
  제 1 절 '경상남도의 주요 특산물 찾아 소개하기'의 개요 및 지도안 ········· 41
  제 2 절 수업 내용에 관한 교사의 개념틀 ··· 45
  제 3 절 교사의 개념틀을 학생이 획득하기 위한 준비 ··························· 48
  제 4 절 수업계획과 실제 수업 비교 ··· 54

제 5 절 수업 내용에 대한 학생의 개념틀과 그 변용 ·················· 57
　　제 6 절 사실 이해형 사회과 수업분석 결과 및 고찰 ················ 60

제 5 장 개념 획득형 사회과 수업분석 ······································ 65
　　제 1 절 개념의 인과관계적 획득을 추구하는 초등사회과 수업 ······ 65
　　제 2 절 개념의 종합적 획득을 추구하는 초등사회과 수업 ············ 86
　　제 3 절 개념의 발전적 획득을 추구하는 초등사회과 수업 ··········· 103
　　제 4 절 개념 획득형 사회과 수업분석 결과와 고찰 ··················· 120

제 6 장 문제 이해형 사회과 수업 분석 ··································· 125
　　제 1 절 사회 문제의 이해를 추구하는 초등사회과 수업 ············· 125
　　제 2 절 '도시 문제'의 개요 및 지도안 ··································· 126
　　제 3 절 수업 내용에 관한 교사의 개념틀 ······························· 129
　　제 4 절 교사의 개념틀을 학생이 획득하기 위한 준비 ················ 131
　　제 5 절 수업계획과 실제 수업 비교 ····································· 135
　　제 6 절 수업 내용에 대한 학생의 개념틀 변용 ························ 138
　　제 7 절 문제 이해형 사회과 수업분석의 결과 및 고찰 ··············· 142

제 7 장 문제 해결형 사회과 수업분석 ···································· 147
　　제 1 절 사회 문제의 해결을 추구하는 사회과 수업 ··················· 147
　　제 2 절 논쟁 문제의 해결을 추구하는 사회과 수업 ··················· 158
　　제 3 절 문제 해결형 사회과 수업분석의 결과 및 고찰 ··············· 173

제 3 부 초등사회과 수업분석 결과 및 방법론 고찰 ············· 177

제 8 장 초등사회과 수업의 특질과 과제 ································· 177

제 9 장 홀리스틱 수업분석의 효과 및 의의 ····························· 179

종 장 연구의 총괄 및 향후 과제 ··· 181

<응용편> HAL 틀을 활용한 수업계획 단계에서의 수업 성찰 ········· 183

에듀컨텐츠·휴피아
Educontents·Huepia

AI 시대 수업분석 패러다임의 전환

사회과 홀리스틱 수업분석 방법론

이 정 희 · 著

서 장 연구 목적과 방법

제 1 절 연구 과제

　이 연구는 사회과 수업분석 틀을 새롭게 구축하고 이를 활용하여 사회과 수업을 면밀하게 분석함으로써 수업 구조와 특징을 밝히는 데 목적이 있다.
　근래에 학교 수업의 질적 제고를 위한 수업연구의 필요성이 제기되고 있다. 그 배경에는 다음의 두 가지가 있다. 첫째는 수업연구 현상이다. 우리나라 사회과 수업연구는 주로 이론을 중심으로 전개되고 있어 수업실천을 대상으로 하는 것이 미흡하다. 따라서 수업연구가 학교 현장의 요구와 괴리되는 문제가 드러나면서 학교 현장을 잘 반영하는 연구, 실천적으로 의미 있는 연구가 요청되고 있다. 둘째는 연구 방법론의 문제이다. 현장의 사회과 수업을 분석할 수 있는 방법론이 확립되어 있지 않은 것이다. 학교 교육의 중핵은 수업이다. 수업의 질적 개선을 위해서는 먼저 수업실천을 분석하여 수업의 실제를 상세하게 파악하는 작업이 선행되어야 한다. 그러나 우리나라에서는 수업분석 방법이 확립되어 있지 않아 사회과 수업을 상세하고 심층적으로 분석하는 데 한계가 있다.
　그렇다면 사회과 수업을 상세하게 분석하기 위해서는 어떻게 해야 하는가? 사회과 수업은 사회현상 그 자체 또는 그것을 연구한 제 사회과학의 연구 성과로부터 추출된 것을 교재로 하고 있으며, 이를 매개로 한 교사와 학생의 상호 작용이면서 학생의 사회인식 성장과 변용을 목적으로 하고 있다[1]. 따라서 사회과 수업분석에서도 수업에서 다루어지는 사회현상과 제 사회과학의 내용뿐만 아니라 교사와 학생들은 이것을 어떻게 인식하고 있는지, 그리고 수업을 통해 학생들은 이것을 어떻게 획득해 나가는지 그 획득 과정과 변용 과정을 분석할 필요가 있다.
　이러한 것은 수업계획은 물론 수업실천 과정을 분석할 때 비로소 수업의 실제를 파악할 수 있고 수업 개선을 위한 구체적인 모습을 알 수 있다. 즉 사회과 수업을 상세하게 분석하기 위해서는 수업에서 교사와 학생 요인, 수업계획 단계와 수업실천 단계를 동시에 고찰하여 종합적으로 분석해야만 한다.
　그러나 이와 같은 사회과 수업분석 방법론을 구축하는 문제는 비단 우리나라뿐만 아니라 수업연구 분야의 선진국인 일본에서도 아직 충분하게 해결되지 않은 상황이다. 일본에서는 1872년 근대학교가 성립하고 제도화되면서 교육내용에 대한 정비와 함께 수업과 수업연구가 성립, 발전되어 왔다[2]. 이와 같은 일본의 독자적인 수업연구는 세계 여러 나라의 교육개혁과 수업연구의 모델이 되고 있다[3]. 그렇지만 수업연구의 대부분이 이론적 차원에 편중되어 있고 교사 측 입장과 학생 측 입장의 연구로 분리되어 이루어지고 있는 문제가 있다.

한국과 일본 양국의 사회과 수업연구에는 다음의 두 가지 문제점이 있다.

첫째, 수업연구가 이론적인 측면이 강하기 때문에 수업 현장에 대한 실태 파악과 거리가 있다. 지금까지 사회과 수업연구는 사회과 교재와 학습 방법, 수업 개발, 수업 구성 등 주로 이론적인 측면과 수업계획 단계에 해당하는 연구에 머물러 있어 실제적인 수업 개선에는 한계가 있다. 실천적인 측면을 고려하여 수업실천과 연계되는 수업연구를 해야 할 것이다.

둘째, 수업분석에 대한 종합적인 분석 틀이 결여되어 있다. 종래의 사회과 수업연구는 수업 구성과 교재 개발, 교수법 등 교사 측에 중점을 둔 수업분석 연구와 수업에서 학생의 학습과 학습 방법에 중점을 둔 학생 측 수업분석 연구로 분리되어 이루어져 왔다. 수업은 교사와 학생의 상호 작용으로 이루어지는 교육 활동이다. 이 두 요인을 분리하지 않고 종합적으로 바라볼 수 있어야 한다.

이에 본 연구에서는 이상과 같은 문제점을 극복하기 위해 다음 두 가지를 연구 과제로 설정하고 구명한다.

- 사회과 수업을 종합적으로 분석하기 위한 수업분석 틀을 구축하고 이를 사회과 수업분석에 활용한다.
- 사회과 수업실천을 분석하고 그 구조와 특징을 해명한다.

제 2 절 연구의 의의 및 특질

이 연구의 의의와 특질은 다음의 세 가지로 집약할 수 있다.

첫째는 사회과 수업 내용을 체계적으로 파악하는 것이다. 사회과 수업실천을 분석하고 수업을 유형화하여 체계적으로 고찰하기 때문에 수업 유형별 구조는 물론, 우리나라 사회과 수업 전반을 파악할 수 있다.

둘째는 실제 사회과 수업을 대상으로 분석하기 때문에 학교 현장의 수업실천 실태를 파악할 수 있다. 이 연구는 기존의 이론 중심의 연구에서 탈피하여 실제 수업을 다루어 분석하기 때문에 실천 중심의 연구를 실현한다.

셋째는 사회과 수업을 상세하게 분석하는 새로운 분석 틀을 구축한다. 사회과 수업에서 교사와 학생 요인을 분석하면서 수업계획 및 수업실천 단계의 일련의 과정을 종합적으로 분석할 수 있는 수업분석 틀을 구축하여 종래의 연구 및 방법론을 한층 발전시킨다.

제 3 절 연구 방법과 전체 구성

사회과 수업실천을 분석하고 그 구조와 특징을 밝히기 위해 다음과 같은 방법으로 자료를 수집한다.

① 초등사회과 실천 수업을 직접 참관하여 지도안 및 수업 동영상, 학생의 기록 자료 등을 수집한다.
② 각 시도 교육청이 관리하는 홈페이지를 통해 최근의 사회과 수업실천을 조사하고 지도안 및 수업 동영상 기록 등이 갖추어져 있는 자료를 수집한다.
③ 사회과 수업을 실천하고 있는 교사를 통해 지도안 및 수업 동영상, 학생의 학습 기록 등의 자료를 제공받아 자료를 수집한다.

그리고 위와 같은 방법으로 수집한 사회과 수업실천을 종합적으로 분석하기 위해 문헌 조사를 통해 수업분석 틀을 구축한다.

상술한 연구 목적과 의의를 달성하기 위해 이 연구에서는 다음과 같은 순서와 방법으로 진행한다.

제 1 부에서는 사회과 수업분석을 위한 새로운 분석 틀로 '홀리스틱 수업분석(Holistic Analysis of Lessons)'(이하 HAL로 칭함)을 구축하여 분석 방법 및 절차 그리고 그 의의를 검토한다.

제 2 부에서는 초등사회과 수업실천 동향과 사회과 수업의 네 유형(사실 이해형, 개념 획득형, 문제 이해형, 문제 해결형)을 밝히고, 구축한 HAL 틀을 이용하여 네 유형에 해당하는 수업을 분석하고 그 구조와 특질을 밝힌다.

제 3 부에서는 초등사회과 수업분석 결과와 분석 틀인 HAL 틀의 유효성을 검토한다.

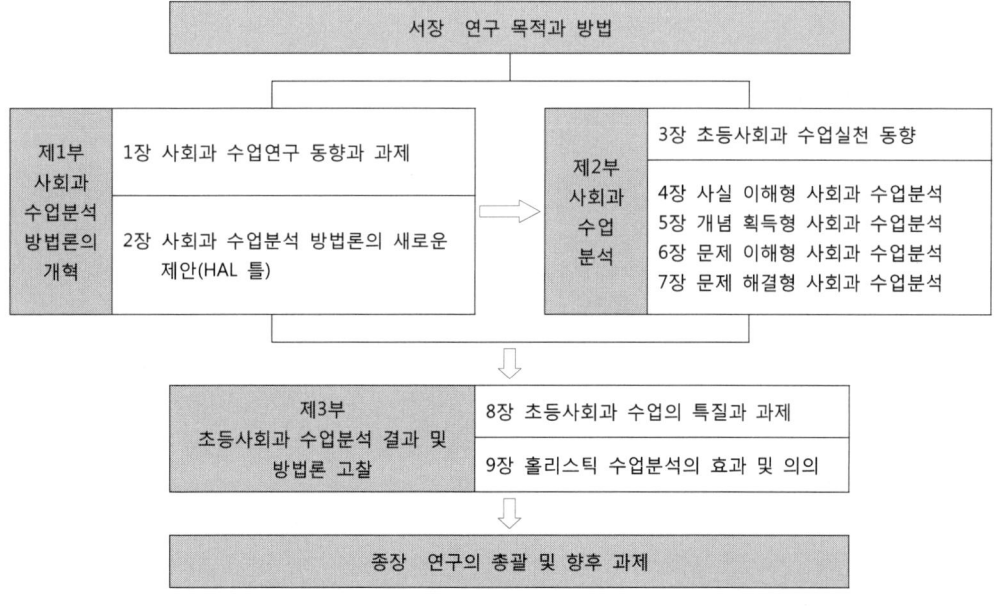

[그림 1] 전체 구성

[주 및 참고문헌]

(1) 井上弘(1973)은 수업을 학생에게 어떠한 인식을 획득시키기 위한 활동이라고 하여 수업에서 인식과정의 중요성에 대하여 강조하고 있다. 井上弘(1973)「認識過程研究における視点の転換」『現代教育科学』第190号. p.16.

(2) 이정희(2018). 일본 수업연구의 사적 전개와 그 특징: 1860년대~1960년대를 중심으로-. 글로벌교육연구 제10집 3호. p.165.

(3) 그 예로 미국에서는 최근 연구자들을 중심으로 일본 수업연구의 효과와 수업연구를 통하여 교사의 수업실천력을 향상시키려는 교육운동이 전국적으로 확산되고 있다. 미국에서 일본의 수업연구를 소개하고 확산시킨 캘리포니아 밀 대학의 캐서린 루이스는 일본이 창출한 흥미 있는 두 가지를 수업연구와 초밥이라고 하면서 수업연구가 미국에 도입되어 새롭게 만들어지고 있는 과정을 초밥에 비유하며 설명하고 있다. 그녀에 따르면 콜롬비아대학교의 교직대학 웹사이트에 있는 수업연구 그룹에 등록한 교육관계자 수가 1998년에는 0건이었는데, 2004년에는 32개 주 125개 학교로 확산되었다고 한다(秋田喜代美・キャサリンルイス, 2008: 13-14). 이는 다시 독일, 이란, 중국 등 세계 각지로 폭넓게 영향을 미치고 있다. 특히 일본과 미국, 독일의 수업을 비교한 스티글러(Stigler)의 '티칭 갭(The Teaching Gap)'이 1999년에 출간되면서 미국을 중심으로 하여 중국, 태국, 말레이시아, 오스트리아, 이란, 스웨덴, 영국, 인도네시아 등 세계의 많은 나라에서 수업연구에 대한 관심이 고조되고 있다. 이러한 영향으로 2007년에는 세계수업연구학회(the World Association of Lesson Studies)가 일본을 중심으로 홍콩, 미국, 중국, 싱가포르, 영국, 스웨덴 등의 연구자들에 의해 설립되었다. Tatang Suratno & Kuno Hiroyuki(2013)와 같이 각 나라에서 일본형 수업연구의 영향과 그 효과에 대하여 밝히고 있는 연구들이 등장하고 있는 것을 통해서도 일본 수업연구의 영향력을 감지할 수 있다(이정희(2018). 일본 수업연구의 사적 전개와 그 특징: 1860년대~1960년대를 중심으로-. 글로벌교육연구 제10집 3호, pp.166-167.) 秋田喜代美・キャサリンルイス(2008). 授業の研究 教師の学習. 明石書店.

제1부 사회과 수업분석 방법론의 개혁

제1장 사회과 수업연구 동향 및 과제

수업을 디자인하거나 실천할 때 교사와 학생 두 요인, 그리고 연구를 진행할 때 주요 대상으로 하는 수업계획과 수업실천의 두 장면을 조합하면 [그림 2]와 같은 사회과 수업연구 유형이 만들어진다. 가로축에는 수업을 계획하고 실천하는 데 있어서 교사와 학생 요인이, 세로축에는 지금까지 수업연구에서 주로 다루어 왔던 지도안을 중심으로 한 수업계획과 실제 수업으로 이루어진 수업실천이 각각 자리 잡고 있다. 이 두 축을 중심으로 네 개의 사분면을 만들어 지금까지의 사회과 수업연구를 유형화하여 그 양을 비교해보자.

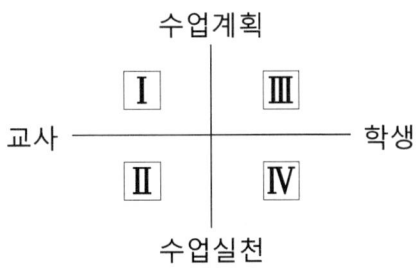

[그림 2] 사회과 수업연구의 유형

Ⅰ은 수업계획 단계에서 지도안을 소재로 하여 교사의 사회과 지도 내용과 그 계획을 연구대상으로 하는 이론 연구이다. 사회과 수업 이론을 바탕으로 수업을 개발하거나 교재를 개발하는 것, 또는 교과서 내용 분석, 교재에 대한 교사의 인식 등을 연구대상으로 하는 영역이다. 이것을 '수업계획-교사 중심의 사회과 수업연구'로 부르기로 한다.

Ⅱ는 수업실천 단계에서 교사의 인식, 수업실천 과정을 연구대상으로 하는 실천 연구이다. 이 유형은 수업실천에서 교사의 인식 및 교사의 수업 개선을 위한 수업분석을 한다. 이를 '수업실천-교사 중심의 사회과 수업연구'로 칭한다.

Ⅲ은 수업계획 단계에서 학생의 인식을 대상으로 하는 학생의 인식 형성과 사고 체계를 연구하는 영역이다. 이것을 '수업계획-학생 중심의 사회과 수업연구'로 칭한다.

Ⅳ는 수업실천 단계에서 학생의 인식을 연구대상으로 하는 것으로 수업에서 학생의 인식 변화를 연구하는 영역이다. 이것을 '수업실천-학생 중심의 사회과 수업연구'로 칭한다. 이 네 유형의 사회과 수업연구는 각각 독립적으로 이루어지는 경우와 다른 영역과 관련되어 이루어지는 경우가 있다. 이를 토대로 한국과 일본에서 이루어지고 있는 사회과 수업연구의 동향을 파악하고 양국의 수업연구 문제와 과제를 살펴보자.

| 사회과 홀리스틱 수업분석 방법론

제 1 절 한국의 사회과 수업연구 동향 및 과제

한국에서는 지금까지 구체적으로 교과와 관련하여 체계적으로 깊이 분석한 수업연구를 찾아보기 어려웠다⑴. 최근 들어 교원능력개발평가의 영향으로 수업연구 및 수업분석에 대한 관심이 높아지면서 이에 대한 연구도 서서히 이루어지게 되었다. 한국의 사회과 수업연구를 [그림 2]의 유형에 따라 고찰해보자. 먼저 인터넷 학술논문 검색 사이트인 'DBpia'에서 '사회과 수업연구'를 입력한 결과 추출된 문헌을 [그림 2]에 따라 분류한 것이 [그림 3]이다⑵. 연구 분포를 보면 전체 74편이 검색되었는데 이 중에서 Ⅰ수업계획-교사 중심의 사회과 수업 연구가 66편, Ⅱ수업실천-교사 중심의 사회과 수업연구가 4편, 다른 영역과 관련된 연구가 4편으로 나타났다.

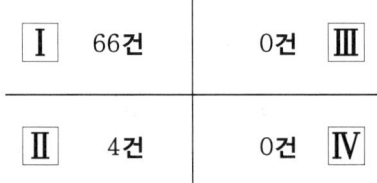

※ 전체 74건, 다른 영역과 관련을 가진 연구 4건

[그림 3] 한국의 사회과 수업연구 분포

이와 같은 결과를 통해 Ⅰ수업계획-교사 중심의 사회과 수업연구에 편중되어 있음을 알 수 있다. 그러나 'DBpia'로 검색된 문헌 이외에도 중요한 문헌이 있음을 고려하여 아래에서는 검색된 결과와 보충한 것에 따라 각 유형별 연구의 특징을 검토한다.

1. Ⅰ수업계획-교사 중심의 사회과 수업연구

Ⅰ유형은 수업계획 과정에서 교사의 지도 내용 및 계획을 연구하는 것이다. 이것은 새로운 사회과 수업 이론과 방법을 소개하고 수업을 개발하거나 사회과 교과서와 내용 분석, 또는 교사의 인식을 대상으로 하는 연구이다. 이에 해당하는 연구 사례를 보다 구체적인 연구 내용에 따라 분류하면 크게 다음의 3가지 유형으로 나눌 수 있다.
첫째는 새로운 사회과 수업 이론과 방법을 소개하고 수업을 개발한 연구⑶이다.
이러한 연구는 문제중심학습(이운발, 2006), 탐구학습(김주성, 2001)에 따라 수업 모형 개발 등 특정 수업 이론에 근거한 수업 방법 및 수업 모형 등을 소개하거나 개발하고 있다.

둘째는 사회과 수업연구의 이론과 방법에 관한 연구⁽⁴⁾이다. 사회과 수업 개선을 위한 단서로 구성주의 이론을 고찰하여 사회과에 필요한 비판적 사고력 등을 강조하고 있는 연구(김용신, 2001; 김재형, 1996)이다.

셋째는 교사의 인식을 대상으로 한 연구⁽⁵⁾이다. 이것은 사회과 수업 방법에 대한 교사의 인식과 지식을 조사, 분석한 것(구정화, 2006)이다.

이상 언급한 연구는 모두 더 나은 사회과 수업을 목표로 하고 있으며, 사회과 수업 이론을 근거로 하는 것이 주를 이루지만 연구의 중점이 이론에 편중되고 있어 학생 측면이 배제되어 있는 문제가 있다.

2. Ⅱ수업실천-교사 중심의 사회과 수업연구

Ⅱ유형은 수업실천 단계에서 교사의 인식, 수업실천 과정을 연구하는 것⁽⁶⁾이다. 이것은 교사의 수업 활동에 나타난 교수 내용 지식과 교사의 인식 연구를 통해 수업 과정을 이해하고 수업 개선을 도모하는 것이다. 그 사례로는 민윤(2000), 설규주(2005)가 있다.

Ⅱ에 해당하는 연구는 일상의 수업 개선과 결합한 수업실천을 기본으로 하는 연구이기 때문에 Ⅰ유형의 문제점으로 지목되었던 이론적 편중 경향을 어느 정도 극복하고는 있지만, Ⅰ과 마찬가지로 학생 요인에 대한 배려가 부족하다.

3. Ⅲ수업계획-학생 중심의 사회과 수업연구

Ⅲ유형은 수업계획 단계에서 학생의 인식을 연구하는 것⁽⁷⁾이다. 그 사례로 강창숙(2005)이 있다. 이것은 효과적인 교수 활동을 위한 기초 자료로 학생의 지리 개념의 인지 구조를 조사·분석하고 있다. 학생의 인지 구조를 분석하는 연구가 이루어지고 있지만, 수업실천의 개선에 활용되지 않는 문제가 있다.

Ⅲ에 해당하는 연구는 Ⅰ과 Ⅱ의 문제점이었던 학생 요인을 고려하고는 있지만, 역으로 교사 요인이 배제되어 있으며 수업 개선과 연계되지 않는 문제점이 있다.

4. Ⅳ수업실천-학생 중심의 사회과 수업연구

Ⅳ유형은 수업실천 단계에서 학생의 인식을 연구한 것⁽⁸⁾이다. 이 유형의 사례에는 옥일남(2003)이 있다. 이것은 수업실천 과정에서 이루어지는 학생의 활동을 연구한 것이다. 그렇지만 학생과의 상호 작용으로부터 학생의 감정을 이해하는 데 중점을 둔 연구이기 때문에 사회과 내용과 관련짓지 않고 일상적인 수업 활동 및 수업 개선과는 거리가 있다.

5. 다른 영역과 관련을 지닌 연구

이상의 각 유형에 나타난 문제를 극복하기 위해 다른 영역과의 관련을 가진 연구가 시도되고 있다. 그러나 이러한 연구의 대부분은 수업에 대한 사실 파악에 그치고 있으며, 수업 개선과 결합이 약한 한계가 있다. 그 사례로는 먼저 Ⅰ과 Ⅱ를 결합한 유형[9]이 있는데 이것은 사회과 수업의 일련의 과정, 즉 수업 목표, 활동, 내용 조직, 그리고 교사 학생과의 상호 작용 등을 교사를 중심으로 관찰, 기술, 분석한 것이다. 다음으로 Ⅰ과 Ⅳ를 결합한 유형[10]이 있는데 학생의 사회과 수업에 대한 관심을 높이는 영향에 관하여 실제적으로 검증한 것이다. 또한, Ⅱ와 Ⅳ를 결합한 유형[11]은 수업 과정에서 교사와 학생의 커뮤니케이션에 주목하여 수업을 음미하고 있다.

위에서 서술한 다른 영역과의 관련을 가진 연구는 수업을 보다 면밀하게 분석하고자 시도하고 있지만, 수업에 나타난 사실 파악에 머물러 있으며 수업 개선과의 연계가 약하다는 문제가 있다.

우리나라 사회과 수업연구 동향을 고찰한 결과 전반적으로 Ⅰ에 해당하는 연구가 [그림 3]에 나타난 바와 같이 약 89%로 가장 많으며, Ⅱ영역의 연구는 최근 들어 조금씩 이루어지고 있지만 Ⅲ, Ⅳ 영역의 연구가 매우 적은 것으로 드러났다. 한국 사회과 수업연구는 교사 중심적인 연구에 편중되어 있고 실천적 측면보다 이론적인 측면이 더 강한 경향이 있으며, 여러 유형에 걸친 연구가 진행되고 있다.

제 2 절 일본의 사회과 수업연구 동향 및 과제

일본에서는 어떠한 사회과 수업연구가 이루어지고 있는지 살펴보자.

인터넷 논문 정보검색 홈페이지 'CiNii'에서 '사회과 수업연구'로 검색하여 [그림 2]를 바탕으로 유형화하였다. 그 결과 [그림 4]와 같은 연구 경향이 나타났다[12]. 그 분포를 보면 234편 중 Ⅰ유형이 185편, Ⅱ유형은 12편, Ⅲ은 4편, 그리고 Ⅳ는 7편으로 Ⅰ유형에 해당하는 연구가 가장 많다.

Ⅰ	185건	4건	Ⅲ
Ⅱ	12건	7건	Ⅳ

※ 전체 234건, 다른 영역과 관련을 가진 연구 26건

[그림 4] 일본의 사회과 수업연구 분포

CiNii에 등록되어 있지 않은 것을 포함하여 1990년 이후의 연구 논문을 중심으로 검토하면 다음과 같다.

1. Ⅰ수업계획-교사 중심의 사회과 수업연구

수업계획 과정에서 교사의 지도 내용과 그 계획에 대한 연구인 Ⅰ유형에 해당하는 연구는 사회과 수업 개발, 수업 내용, 교재 개발 그리고 방법 연구 등 다양하다. 그러나 이론적인 측면이 강하기 때문에 실용적인 측면이 결여되어 있으며, 학생 요인이 무시되는 문제가 있다. Ⅰ유형에 해당하는 연구 사례는 연구 내용에 따라 크게 세 가지가 있다.

첫째는 사회과 수업을 개발하는 연구이다. 이 유형의 연구는 상당히 많다(森才三, 1999; 吉水裕也, 2002)[13]. 이러한 연구는 일정한 사회과학적 관점에서 또는 특정 이론이나 원리에 따라 수업을 개발하고 제안하는 것이다.

둘째는 사회과 수업 내용(교과서나 교재) 연구(二井正浩, 1999; 中本和彦, 2000)[14]이다. 이러한 연구는 사회과 수업에서 교과서나 교재 내용에 대한 고찰을 통해 지도 계획안을 제시하고 있다.

셋째는 사회과 수업 구성 및 방법 연구로 학습 방법(宮崎正勝, 1994)과 농업·농촌 관련 학습의 논리 구조를 고찰한 것(佐藤幸也, 2001)[15]이 있다.

이상 Ⅰ유형의 연구는 이론적인 측면이 매우 강하다. 사회과 수업을 개선하기 위해서는 보다 실천적이고 실증적인 연구와 함께 학생 측도 고려할 필요가 있다.

2. Ⅱ수업실천-교사 중심의 사회과 수업연구

수업실천 단계에서 교사의 인식, 수업실천 과정을 연구하는 Ⅱ유형은 수업실천을 통한 수업 개선을 도모하거나(村上敏樹, 2006)[16] 실천된 수업을 특정한 관점에서 분석한 것(遠藤芳信, 2000)[17]이 있다. 이러한 연구는 수업의 실천적인 측면에서 접근하고 있지만 Ⅰ과 마찬가지로 학습의 주체인 학생 요인을 누락시키고 있다.

3. Ⅲ수업계획-학생 중심의 사회과 수업연구

수업계획 단계에서 학생의 인식을 연구하는 Ⅲ유형은 학생에게 초점을 두고 학생의 사고와 인식 발달 과정을 연구하고 있다(加藤寿朗, 1997; 福田正弘, 1996)[18]. 이 연구는 학생을 이해하는 기초 자료로 학생의 경제 인식 발달 과정을 연구한 것이다. 그러나 교사의 일상적인 수업 활동과 거리가 있고, 수업 개선과 연계시킬 필요가 있다.

4. Ⅳ수업실천-학생 중심의 사회과 수업연구

수업실천 단계에서 학생의 인식을 연구한 Ⅳ유형은 Ⅲ유형과 달리 수업 과정에서 학생의 사고와 인식 실태를 연구하고 사고의 발전을 추구하는 것이다.

이에 해당하는 것은 사회과 수업 과정에서 학습자의 학습 방법이나 신념 체계를 분석한 것(日比裕・平光昭久, 1990; 広岡英明, 2007)[19]과 학생의 학습 진행 방식을 추구하고 있는 것(杉本憲子, 2007)[20]이 있다. 이러한 연구는 실천 수업에서 학생의 인식을 분석하고 있으나 Ⅲ유형과 같이 수업 개선과 연계하기 위한 범용적인 틀을 제시할 필요가 있다.

5. 다른 영역과 관련을 지닌 연구

다른 영역과 관련을 지닌 연구는 다음의 5가지 유형으로 나타나고 있으며, 다양한 형태로 결합하여 수업을 종합적으로 파악하려는 시도가 보인다.

학생을 고려하여 수업을 개발하고 있는 Ⅰ과 Ⅲ을 결합한 유형[21], 수업 효과를 학생의 인식 변용과 반응을 통해 밝히는 Ⅰ과 Ⅳ를 결합한 유형[22], 학생의 인식 발달을 연구하거나 수업 평가를 하는 Ⅱ와 Ⅳ를 결합한 유형[23], 교사의 수업계획과 실천을 통하여 학생의 인식이 어떻게 변용하는지를 연구하여 수업을 평가하고 수업 개선을 도모한 Ⅰ과 Ⅱ와 Ⅳ를 결합한 유형[24], 학생 실태 조사를 바탕으로 교재화 및 수업 개발을 한 후 수업 실천을 통해 학생들의 인식 변용과 시점・사고방식(見方・考え方)의 습득을 평가하는 Ⅰ과 Ⅲ과 Ⅳ를 결합한 유형[25] 등이 있다.

특히 Ⅰ과 Ⅱ와 Ⅳ, Ⅰ과 Ⅲ과 Ⅳ는 일본의 사회과 수업연구 중 최첨단에 있는 것이며, 이러한 연구를 통해 독립적인 영역 내에서 이루어지는 연구에서부터 진일보하여 수업을 종합적으로 다루고 검증하는 시도가 이루어지고 있다. 그러나 수업을 더욱 종합적으로 상세하게 파악하기 위해서는 Ⅰ, Ⅱ, Ⅲ, Ⅳ 영역을 유기적으로 결합할 필요가 있다.

이상 일본의 사회과 수업연구의 동향을 고찰하였다. [그림 4]에 나타난 바와 같이 다른 영역의 연구에 비해 Ⅰ연구가 압도적으로 많기 때문에 교사 중심의 연구에 편중되어 있으며, 이론적인 측면이 매우 강하다. 또한 학생 중심의 연구는 수업 개선과 연계가 약하다는 문제도 있다. 그러나 이러한 문제를 극복하기 위해 각 영역의 연구를 결합하는 시도가 조금씩 나타난다는 점에서 네 영역의 결합에 대한 가능성을 볼 수 있다.

제 3 절 한국과 일본의 사회과 수업연구의 문제점 및 과제

　이상의 검토를 통해 사회과 수업연구의 궁극인 목적인 사회과 수업 개선이라는 관점에서 다음의 네 가지 문제점과 과제를 추출할 수 있다.
　첫째는 사회과 수업 개선의 주요 관점이 교사 측면에 있다. 사회과 수업연구는 학생의 사회인식 변화, 교사의 지도력 향상을 통한 수업 개선에 그 목적이 있다. 그러나 다른 유형보다 Ⅰ유형의 연구가 상당히 많은 것을 통해 알 수 있듯이, 수업 개선을 위한 연구가 교사의 일방통행적인 경향이 강하다. 더 나은 수업을 위해 학생 실태와 사고, 인식의 변화 등의 요소를 고려해야 한다.
　둘째는 사회과 수업 개선을 위한 연구가 이론적인 측면이 강하고, 실천적인 측면에 대한 고려가 미흡하다. 특히 사회과 수업 개선을 직접적인 목표로 하고 있는 Ⅰ, Ⅱ유형의 연구가 다른 유형들보다 많은데 그 대부분이 Ⅰ의 이론 연구이다. 이에 따라 수업 개선을 지향하는 사회과 수업연구도 이론적 경향이 짙어지고 있다. 학교 현장의 수업 개선과 괴리를 낳는 주요인이다. 후지오카(藤岡信勝, 1983)(26)가 지적한 바와 같이 사회과 수업연구의 이론과 실천에 대한 연계, 통일이 필요하다.
　셋째는 학생 요인에 대한 수업연구는 수업 개선에 활용할 수 있는 범용적인 틀이 없다. 학생 중심의 연구인 Ⅲ, Ⅳ는 수업에서 학생의 사고와 인식 또는 인식 변화에 시선을 두고 있지만, 수업 개선과 연계되는 유효한 틀이 없다. 그래서 인상 비평적이라는 지적(27)을 받고 있다. 그 해결을 위해서는 수업분석 방법을 바꾸면 그 목적과 결과도 달라진다.
　넷째는 사회과 수업을 더 상세하고 보다 선명하게 분석하는 틀이 없다. 사회과 수업을 개선하기 위해 먼저 수업을 상세하게 분석함으로써 수업의 구조와 특징, 문제점 등을 정밀하게 파악하는 작업이 시급하다. 이를 위해서라도 Ⅰ과 Ⅱ와 Ⅳ와 Ⅰ과 Ⅲ과 Ⅳ가 결합한 연구, Ⅰ과 Ⅱ와 Ⅲ과 Ⅳ의 네 유형이 결합된 형태의 연구를 발전시켜야 하지 않을까?
　이와 같은 문제를 극복하기 위해서는 ①수업 개선에 교사와 학생 두 시점을 넣고, ②이론과 실천을 결합하여, ③수업을 보다 상세하게 분석하고 수업 개선과 연계할 수 있는 틀을 구축하는 것이 필요하다.

　제 1 장에서는 한일 양국의 기존의 사회과 수업연구의 동향과 현황을 고찰함으로써 사회과 수업연구에 나타난 문제와 과제를 밝혔다. 드러난 문제나 과제로 첫째, 사회과 수업 개선의 주요 관점을 교사 요인에 두고 있는 점, 둘째 사회과 수업 개선을 위한 연구가 이론적인 측면이 강하고 실천적 측면의 고려가 미흡한 점, 셋째는 학생 요인의 수업연구는 수업 개선에 활용할 수 있는 범용적인 틀이 없는 점, 넷째는 사회과 수업을 보다 상세하고 보다 선명하게 분석할 틀이 없음을 밝혔다.

[주 및 참고문헌]

(1) 천호성(2008). 교실 수업의 혁신과 지원을 위한 수업 분석의 방법과 실제. 학지사. p.153.
(2) http://www.dbpia.co.kr/(2009년 6월 24일) 검색된 문헌은 1992년부터 2008년까지이다.
(3) 이운발(2006). 사회과에서 창의성 신장을 위한 문제해결 학습모형 및 수업구성. 사회과교육. 45권 2호.; 김주성(2001). 탐구수업의 현장적용 가능성. 사회과교육. 제 34호.
(4) 김용신(2001). 초등 사회과에서 구성주의 정치교육 방법. 사회과교육. 제 34호.; 김재형(1996). 사회과에서의 비판적 사고력 교육. 사회과교육. 제 29호.
(5) 구정화(2006). 초등사회과에서 교사의 토론수업 이해와 인식. 시민교육연구. 38권 2호.
(6) 민윤(2000). 사회과 역사수업에 나타난 내용의 변환과 교수내용지식. 사회과교육. 33호; 설규주(2005). 제7차 사회과 교육과정의 운영 실태와 개선방안: 수업 관찰과 면담 결과를 중심으로. 시민교육연구. 37권 1호.
(7) 강창숙(2005). 주요 지리개념에 대한 학습자의 이해와 발달. 사회과교육연구. 12권 1호.
(8) 옥일남(2003). 사회과 수업의 상호작용에서 나타나는 학생 소외 연구. 서울대 대학원.
(9) 강대현·박영석(2005). 사회과 수업평가 기준 개발 및 활용방안 연구. 사회과교육. 44권 3호.; 주도연(2005). 다면적 수업분석기법을 적용한 사회과 수업분석의 실제. 한국교육. 32권 4호.
(10) 강운선(1998). 선택형 심화학습이 사회 수업의 매력성 함양에 미치는 영향-환경 단원의 학습을 중심으로-. 사회과교육. 31호.
(11) 류현종(2004). 사회과 수업 비평: 예술비평적 접근. 한국교원대 대학원 박사학위 논문.
(12) http://ci.nii.ac.jp/(2009년 6월 24일)
(13) 森才三(1999)「現代史学習の授業構成－小単元『国民国家の形成とその行方』の場合－」『社会科研究』50号.; 吉水裕也(2002)「問題発見能力を育成する中学校社会科地理授業の設計－単元「日本の工業立地」の開発－」『社会科研究』57号.
(14) 二井正浩(1999)「東南アジア史の教育内容開発－港市のネットワークと分節性に着目して－」『社会科研究』51号.; 中本和彦(2000)「地歴科地理・単元「ヨーロッパ」の教育内容開発－理論を中核にした地誌学習－」『社会科研究』53号.
(15) 宮崎正勝(1994)「初等社会科における地域学習の意義と方法 : 話し合い, イメージ・マップ作り, 物語作りを中心として」『教育方法学研究』通号20.; 佐藤幸也(2001)「社会科教育における農業と農村の学習」『岩手大学教育学部研究年報』61(2).
(16) 村上敏樹(2006)「中学校地理的分野「世界と比べて見た日本」の授業改善に関する一考察 : 新潟県における授業実践調査をもとにして」『上越社会研究』21.
(17) 遠藤芳信(2000)「社会科授業分析カテゴリーの研究 : 小規模・中規模学校の社会科授業分析に国語科授業指導言分析カテゴリーを適用して」『僻地教育研究』55.; 藤川大祐 1992)「教師の発問方略の研究」『東京大学教育学部紀要』31.
(18) 加藤寿朗(1997)「社会認識の発達と形成に関する実証的研究(1)－子どもの『店概念』を事例として－」『社会科研究』46号.; 福田正弘 (1996) 「子どもの経済システム理解の発達(2)－心理学における研究成果とその意義－」『社会科研究』44号.
(19) 日比裕・平光昭久(1990)「社会科教育の再構築を通しての現代社会における"ひと"の教育の多角的考察-2-経験概念を中心とした教育モデルの設定」『名古屋大学教育学部紀要, 教育学科』(37).; 広岡英明(2007)「小学校社会科における絵地図指導改善の研究--第3学年の地図表現をもとに」『上越社会研究』22.
(20) 杉本憲子(2007)「授業における「ずれ」に関する一考察 : 上田薫の「ずれ」の概念の検討と事例の考察を通して」『教育方法学研究』33.

(21) 斉木裕・藤原孝章・佐伯真人(2004)「子どもの学びを育てる小学校社会科の授業開発：問題解決的な学習に焦点をあてて」 富山大学教育学部附属教育実践総合センター『富山大学教育実践総合センター紀要』.
(22) 大庭潤也(2008)「子どもの『わかり方』を踏まえた小学校社会科授業モデルの構築――社会的構成主義に基づく単元開発を通して」『社会科研究』68号.; 小嶋和一(2003)「子どもの思考を重視した中学校社会科授業構成論－問題解決学習の実践中心に－」『埼玉社会科教育研究』(9).
(23) 丹後靖史(1998)「小学校社会科における子どもの表現力の分析と評価－作文表現を手がかりに－」『社会系教科教育学研究』第10号.
(24) 池野範男・渡部竜也・竹中伸夫(2004)「認識変容に関する社会科評価研究(1)」『学校教育実践学研究』10.
(25) 門倉稔(2006)「児童の主体的な学習を促す指導方法の改善-地域教材「秩父音頭」の単元開発を通して」『埼玉社会科教育研究』12号.
(26) 藤岡信勝(1983)「理論と実践の統一的発展をめざして」『教育科学 社会科教育』No.244.
(27) 나카무라(中村哲, 1996)는 분석자의 기준이 통일되어 있지 않고 각자의 분석에서 객관성이 결여되어 있기 때문에 단순히 수업에 대한 인상이나 감상으로 평가하고 있음을 지적하고 있다. 中村哲(1996)『社会科授業に関する体系枠の構築と事例研究 : 知識獲得過程の視点に基づいて』風間書房.

에듀컨텐츠·휴피아
Educontents·Huepia

제 2 장 사회과 수업분석 방법론의 새로운 제안

제 1 절 사회과 수업연구 방법론의 현황 및 과제

이 절에서는 한일 양국의 사회과 수업연구에 사용된 사회과 수업연구 방법론을 검토하여 그 문제와 과제를 해명한다. 결론부터 서술하자면 제 1 장에서 언급한 한일 사회과 수업연구 방법론에 나타난 문제 및 과제로는 다음의 다섯 가지가 있다.

첫째, 사회과 수업연구 전체에 관한 정리가 거의 이루어지지 않았다.

둘째, 사회과 수업연구 방법에서 사회과 고유의 특성을 고려하지 않은 연구가 많다.

셋째, 사회과 수업연구에서 분석 연구도 특정 시점에서 이루어지고 있는 한계가 있다.

넷째, 수업 개선을 도모하는 사회과 수업연구 방법에는 학생 요인이 배제되어 있다.

다섯째, 학생의 사회인식 및 그 변화에 대한 사회과 수업연구 방법에는 수업 개선의 관점이 미흡하다.

그렇다면 한국과 일본의 사회과 수업연구 방법론을 제 1 장에서 다룬 연구를 중심으로 그 구체적인 현황을 검토해 보자.

첫째, 사회과 수업연구 전체에 관한 연구 정리가 거의 이루어지지 않은 문제이다.

한국의 수업연구는 Ⅰ수업계획-교사 중심의 사회과 수업연구, Ⅱ수업실천-교사 중심의 사회과 수업연구 등을 중심으로 이루어지고 있으며, 연구 방법도 특정 분야나 이론을 바탕으로 사회과 수업에서의 교사 요인을 밝히고 있다. 이는 다른 영역과 관련된 연구에서도 마찬가지이다. 예를 들어 강대현·박영석(2005)은 사회과 수업 평가 기준을 개발하기 위해 구체적인 관찰, 분석 지표를 만들어 사회과 교사 스스로 자신의 수업과 동료의 수업을 관찰·분석하고, 서로의 수업에 대하여 논의할 수 있는 공통기준을 제공하고 있다. 이를 위해 사회과 수업 평가 영역 및 요소를 설정하고 있다. 이것은 사회과의 특성을 반영한 수업 평가를 시도하고 있는 것이며, 교사와 학생 요인을 포함하고 있다는 점에서 의미 있는 연구이다. 그렇지만 사회과 수업연구 전체에 관한 것이 아니다. 상술한 바와 같이 한국에서는 각각의 사회과 수업연구에 대해서는 많은 실천이 이루어지고 있지만, 사회과 수업연구 전체를 다루는 것은 적다. 한편, 일본의 사회과 수업연구에서는 사회과 수업연구 전체를 파악하려는 시도가 다소 보인다. 예를 들어, 이마다니(今谷順重, 2001)와 하라다(原田智仁, 2001)[1]는 일본의 사회과 수업연구와 사회과 수업연구 개발을 분류하여 연구 동향을 논하고 있다. 그러나 이 외에 사회과 수업연구 전체를 파악한 연구는 적다.

둘째, 사회과 수업 고유의 특성을 고려하지 않고 교육학 일반적인 연구 방법을 사용하고 있는 문제이다.

이와 관련된 연구 사례로 먼저 이운발(2006)⁽²⁾이 있다. 그는 사회과 수업에서 학생의 창의력·사고력을 함양하는 방안으로 'Brain Writing', '육색사고모자(Six Thinking Hats)', 'PMI(Plus Minus Interesting)', 'Highlighting' 등을 사회과 수업에 사용할 것을 제안하고 그 중에서 특히 육색사고모자와 PMI를 적용한 사회과 수업 방안을 개발하고 있다. 그런데 왜 그러한 방법이 사회과 수업에서 효과적인지에 대한 충분한 검토가 이루어지지 않은 채 단지 교육 일반의 교수 방법을 사회과에 적용하고 있는 한계가 있다.

상술한 바와 같이 이러한 연구는 사회과 수업을 연구하고 있지만 그러한 연구 방법이 사회과 고유의 특성을 고려하지 않는다는 점에서 문제가 있다. 즉, 교육 일반의 연구 방법을 사회과 수업을 대상으로 실시하고 있는 것이다. 사회과 수업은 사회현상 그 자체 또는 이를 연구한 여러 사회과학의 연구 성과를 바탕으로 한 것을 교재로 하고 있고, 이를 매개로 한 교사와 학생의 상호 작용이며 학생의 사회인식 성장과 변화를 목적으로 하고 있다. 사회과 수업연구는 이러한 사회과 수업 고유의 특성을 충분히 반영해야 한다.

셋째, 사회과 수업연구에서 분석 연구도 특정 시점에 머물러 있다.

이러한 연구의 사례로 사회과 수업에서 교사의 인식을 연구한 구정화(2006)⁽³⁾와 수업실천 단계에서 교사의 인식을 파악하고 있는 무라카미(村上敏樹, 2006)⁽⁴⁾와 같은 사회과 수업연구는 분석 관점을 교사에 두고 있다. 또한 사회과 수업계획 과정에서 아동의 인식을 연구한 강창숙(2005)⁽⁵⁾과 아동의 사고와 인식 발달 과정을 연구하고 있는 가토(加藤寿朗, 1997), 후쿠다(福田正弘, 1996)⁽⁶⁾의 연구는 사회과 수업연구의 분석 관점을 학생에 두고 있다. 이와 같이 사회과 수업연구에서 분석 연구는 교사 또는 학생이라는 특정 시점에 두고 있기 때문에 교사와 학생의 상호 작용이라는 일련의 과정인 사회과 수업을 분석하고 파악하는데 충분하지 못하다.

넷째, 수업 개선을 시도하는 사회과 수업연구 방법에는 학생 요인이 배제되어 있는 문제이다.

그 사례로 강대현·박영석(2005)⁽⁷⁾을 살펴보자. 강대현·박영석은 사회과 수업 평가 기준을 개발하기 위해 구체적인 관찰, 분석 지표를 만들고 사회과 교사 스스로 자신의 수업과 동료의 수업을 관찰·분석하여 서로의 수업에 대해 논의할 공통기준을 제공하고 있다. 그 방법으로는 '좋은 수업이란 무엇인가'에 대한 설문 조사, 수업 관찰, 면담을 통해 사회과 수업 평가의 영역 및 10가지의 상세한 요소를 설정하고 있다. 이 방법은 사회과라는 영역의 수업으로 수업 평가를 시도하고 있다는 점에서 의미 있는 연구이지만, 수업을 분절적으로 파악하고 있어 사회과 수업 전체를 파악하기 어렵다. 그리고 실제적으로 제시되고 있는 평가 요소에는 ①사회과 목표에 대한 관점, ②사회과 내용에 대한 이해, ③사회과 교수학습방법 및 평가에 대한 이해, ④학습자의 발달과 흥미에 대한 이해 … (중략) … ⑨사회과 수업에 대한 자기 반성, ⑩사회과 수업에 대한 동료 장학과 같이 학생 요인, 즉 수업에서 학생의 사고 변화와 사회인식의 변화 같은 요소가 누락되어 있다. 사회과 수업 개선 요인을 교사 측에서만 파악하고 있다.

이와 같은 현상은 교사의 사회과 수업에 대한 인식 및 내용 이해에 관한 연구와 사회과 수업을 위한 교재 개발 연구에도 많이 나타난다. 예를 들어, 민윤(2000)[8]은 교사가 교과 내용을 이해하고 그것을 전달하는 과정에서 발생하는 교육 내용의 변환에 대하여 8개의 초등 사회과 역사 수업을 관찰한 후 그 현황과 실태에 대하여 검토하고 예비 교사와 경력 교사를 비교·고찰하고 있다. 그리고 나카모토(中本和彦, 2000)[9]는 이론을 중심으로 한 지지(地誌) 학습 내용 설계를 제안하고 그 구체적인 수업 모델을 제시하고 있다. 이때, 수업 설계의 기본 방법으로 모리와케(森分孝治)의 '지식의 구조'를 이용하여 학습자가 사회과학의 성과에 의해 뒷받침되고 해석된 지역을 설명하는 이론을 하나의 관점으로 학습하도록 구성하고 있다.

상술한 바와 같이 사회과 수업 개선을 도모하는 연구는 사회과 수업 내용의 체계적인 조직이라는 방법을 바탕으로 연구하고 있다. 이러한 연구는 주로 사회과 수업 설계의 주체인 교사 측에 중점을 두고 있기 때문에 사회과 수업에서 학생의 인식 과정이 무시되는 문제를 지적할 수 있다.

다섯째, 학생의 사회인식 현상과 그 변화에 대한 사회과 수업연구 방법에 대하여 검토해 보자.

강창숙(2005)[10]은 지리 개념인 '자연환경'과 '인문환경'에 대한 고등학교 3학년 학생의 인지 구조를 개념도를 통해 조사하고 그 실태를 해명하고 있다. 그러나 고등학생의 지리 개념 현황 파악에 머물러 있기 때문에 수업연구 본래의 목적인 사회과 수업 개선과는 다소 거리가 있다. 이러한 현상은 일본의 연구에서도 나타난다. 히비·히라미츠(日比裕·平光昭久, 1990)[11]는 학생의 내면적인 깊이에 중점을 두고 학생의 사고 체제, 인지발달 이론에 따라 사회과에서의 학생의 경험과 지식을 고려하여 사회과 수업을 고찰하고 있다. 스기모토(杉本憲子, 2007)[12]는 우에다(上田薰)의 동적상대주의(動的相對主義)와 거기에 나타난 간극을 바탕으로 사회과 수업에서 학생의 간극을 표면화하여 추구하는 과정을 분석하고 있다. 모두 사회과 수업에서 학생의 인식과 그 변화 자체에 중점을 두고 있으나 수업 개선을 위한 방향 제시는 보이지 않는다.

상술한 학생의 사회인식과 사고 체제를 이용한 사회과 수업연구 방법은 주로 사회과 수업에서 학생의 사고와 그 변용에 중점을 두고 있기 때문에 교사 요인이 무시되고 있다. 그리고 수업연구의 목적을 사회과 수업 개선에 반드시 두고 있는 것이 아니기 때문에 사회과 수업연구 본래의 목적인 수업 개선과 연계되지 못하다.

그렇다면 사회과 수업연구 방법으로 유효한 것에는 어떠한 것이 있는가?

나카무라(中村哲, 1996)와 기타오(北俊夫, 2008)는[13] 사회과 수업연구에서 효과적인 방법으로 모리와케(森分孝治, 1987)의 '지식의 구조'[14]를 제안하고 있다. 나카무라(中村哲, 1996)는 사회과 수업에서 지식 획득 과정을 해명하기 위해 지식의 구조를 분석 관점으로 많은 수업 사례를 분석하였다. 또한 기타오(北俊夫, 2008: 121)는 '사회과 수업에서는 개개의 지식을 습득·활용하면서 지식 상호간의 관련성을 취하면서 구체적인 것에서 추상적인 것으로 지식의 승화(昇華)를 실현해 나간다. 여기에 배움의 의미가 있으며, 이것이 수업이 가지는 가치이다.'라며 그 효과에 대해 언급하고 있다. 그러나 이 방법을 이용한 연구는 주로 사회과 수업에서 교사 요인에 중점을 두고 있기 때문에 학생 요인이 결여되어 있다. 이를 보완하는 연구에는 스기모토(杉本憲子, 2007)의 연구를 활용하고 있는 우에다(上田薫)의 동적상대주의(15)가 있는데, 사회과 수업 개선과 연계가 부족하기 때문에 적합한 다른 사회과 수업연구 방법을 모색해야 한다.

한국과 일본의 사회과 수업연구 동향과 사회과 수업연구 방법을 검토함으로써 사회과 수업을 대상으로 한 사회과 수업연구는 사회과 교재와 학습 방법, 수업 개발, 학생의 사회인식 등의 연구대상을 두고 다각적으로 진행되어 왔음을 알 수 있다. 이러한 연구 성과는 풍부한 시사점을 제공하는 것임에도 불구하고 사회과에 대한 어려운 암기 과목이라는 학생들의 인식이나 교사의 일방적인 주입식 교육, 사회과 싫어함, 사회과 기피 현상은 한국과 일본에 공통으로 나타나고 있는 문제이다. 이러한 문제를 해결하기 위해서는 먼저 수업을 보다 상세하게 분석하고 개선을 도모하는 작업이 급선무일 것이다. 이때, 사회과 수업분석 방법은 다음의 4가지 조건을 갖추어야 한다.

첫째, 수업을 종합적으로 분석하기
둘째, 실증적·객관적으로 분석하기
셋째, 수업 개선과 연계하기
넷째, 교사의 일상 행위로서 실천 가능 하기

위의 4가지 조건을 갖추었을 때 비로소 수업을 더 상세하고 선명하게 분석할 수 있고 학교 현장 수업 개선과 연계 지을 수 있는 것이다. 제 2 절에서는 이러한 조건을 만족하는 새로운 사회과 수업분석 틀을 구축한다.

제 2 절 홀리스틱 수업분석 틀과 그 의의

여기서는 한국과 일본의 사회과 수업연구에 나타난 문제와 사회과 수업연구 방법론에 나타난 문제 및 과제를 극복하고 이를 충족하는 사회과 수업연구 모델로 '홀리스틱 수업분석(HAL)'을 제시하고 그 의의를 고찰한다.

1. 홀리스틱 수업분석(HAL) 틀

홀리스틱 수업분석(HAL) 틀을 제시하기에 앞서 제 1 장에서 [그림 2]의 각각의 영역에서 어떤 연구가 유효한지 검토해 보자.

먼저 Ⅰ수업계획-교사 중심의 사회과 수업연구로는 지식의 구조와 학생에 대한 교사의 인식, 교과와 교재에 대한 교사의 인식 등이 있다. Ⅱ수업실천-교사 중심의 사회과 수업

연구에서는 지식의 구조, 수업실천 단계에서 교사의 활동, 교사의 인식 변용이 있다. Ⅲ영역의 연구로는 학생의 사고나 사회과 교과와 교재에 대한 학생의 인식 조사, 학생의 흥미·관심 등이 있다. Ⅳ영역의 연구로는 수업 과정에서 사회과 내용에 대한 학생의 인식의 변용, 학생의 배움 방법이나 학습 진행 방식이 있다.

이와 같이 [그림 2]에 유효한 연구를 각각 제시하였으나 이 모두를 활용하는 것은 불가능하다. 이러한 연구를 가급적 광범위하게 포괄할 수 있고 수업 개선에 효과적인 연구를 도입함으로써 폭넓게 이용할 수 있는 틀이 필요하다. 이에 Ⅰ수업계획-교사 중심의 사회과 수업연구와 Ⅱ수업실천-교사 중심의 사회과 수업연구 영역에 유용한 연구로 '지식의 구조'가 적절한 것으로 판단된다. 주지하는 바와 같이 지식의 구조는 많은 사회과 수업연구에서 사용되고 있으며 사회과 수업 개선에도 유효하다. 그러나 Ⅲ수업계획-학생 중심의 사회과 수업연구와 Ⅳ수업실천-학생 중심의 사회과 수업연구는 주로 사회과 수업에서 학생 요인에 중점을 두고 있기 때문에 지식의 구조로 분석하는 데에는 한계가 있다. Ⅲ과 Ⅳ영역의 연구는 학생의 사고와 학생의 배움 방법 등을 밝히는 데에는 효과적이지만 사회과 수업 개선 측면에서는 문제가 있다. 따라서 다른 유효한 연구를 찾을 필요가 있다.

수업은 교사의 수업계획과 수업실천에서의 지도 활동, 학생의 인식과 그 변용, 그리고 그 요인의 수업계획 단계와 수업실천 단계에서의 분석을 종합적으로 분석할 때 더 높은 효과를 기대할 수 있다. 이 연구에서는 이를 '홀리스틱 수업분석(HAL)'이라고 칭하고 그 틀로 다음 [그림 5]를 구축한다.

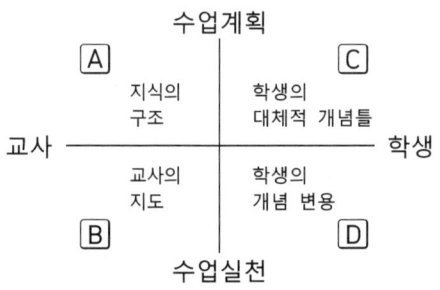

[그림 5] 홀리스틱 수업분석(HAL) 틀

이것은 [그림 2]에 대응하는 분석 틀로 기존의 사회과 수업연구의 단절적인 연구에서 탈피하여 수업에서의 교사 요인, 학생 요인 그리고 수업계획 단계와 수업실천 단계를 통합적으로 분석할 수 있는 것이다.

[그림 5]는 사회과 수업연구의 유형 틀인 [그림 2]와 같이 세로축에 수업계획 단계(Ⓐ, Ⓒ)와 수업실천 단계(Ⓑ, Ⓓ)에 해당하는 시간 축을 두었다. 그리고 교사(Ⓐ, Ⓑ)와 학생(Ⓒ, Ⓓ)의 수업 요인을 가로축에 두고 이론과 실천의 조화를 시도함으로써 수업에서 다

양한 요소를 종합적으로 다루고자 한 것이다. 그러나 수업분석을 할 때 [그림 2]의 연구 유형을 모두 동시에 고려하여 분석하는 것은 지극히 어려운 일이다. 따라서 이 연구에서는 교사와 학생 요인을 파악하는 데 가장 효과적인 연구를 분석 시점으로 설정한다. 이상에서 검토한 결과를 반영하여 HAL에서 구체적인 분석 관점으로 교사 요인의 연구는 수업 개선에 유효한 모리와케(森分孝治, 1987)의 '지식의 구조론'을 이용한다. 그리고 학생 요인의 연구로는 Hallden(1994)의 '대체적 개념틀(alternative framework)'론[16]을 이용하여 수업분석 요소를 추출한 다음에 사회과 수업 개선을 도모하고자 한다.

[그림 5]의 각 영역별 분석 관점과 분석 대상 및 방법을 살펴보자.

Ⓐ: 수업계획 단계에서 교사가 사회과 수업을 통해 학생들에게 무엇을 획득시키고자 하는지, 교사의 의도를 '지식의 구조'로 분석한다.
Ⓑ: 수업실천 단계에서 Ⓐ 지식의 구조를 학생에게 획득시키기 위한 교사의 발언과 지시 등 교사의 지도 활동을 '교사의 지도'로 분석한다.
Ⓒ: 사회현상에 대하여 학생이 가지고 있는 상식적인 개념틀을 '학생의 대체적 개념틀'[17]로 분석한다.
Ⓓ: 수업 과정에서 학생의 개념틀과 인식 변용을 '학생의 개념 변용'[18]으로 분석한다.

HAL 틀은 수업을 분석할 때 교사와 학생, 수업계획과 수업실천을 동시에 고려하여 분석함으로써 수업 전체를 더 상세하게 다루는 것이다. 따라서 수업분석에서는 이 네 영역을 독립적으로 분석하지 않고 하나의 시스템으로 종합적으로 분석해야 한다.

2. 홀리스틱 수업분석 틀의 의의

이상에서 구축한 HAL 틀은 다음과 같은 의의를 지니고 있다.

첫째, 종합적인 수업분석을 시도하였다. 교사 요인과 학생 요인, 수업계획 단계와 수업실천 단계를 분리하여 개별적으로 다루어 왔던 기존의 수업연구 문제를 극복하고 이들을 종합하여 분석함으로써 수업분석의 종합화를 시도한 것이다.

둘째, 수업을 실증적·객관적으로 분석할 수 있는 틀이다. 선행 연구는 이론적인 측면이 강한 문제가 있었지만, 실제 사회과 수업의 계획 단계는 물론 실천 단계에서 학생의 인식 변용 과정을 실증적으로 분석함으로써 기존의 인상적인 분석에서 벗어나 수업을 더 객관적으로 분석할 수 있다.

셋째, 현장의 사회과 수업 개선에 유효한 틀이다. 특히 학생 요인에 대한 연구에서 수업 개선에 유효한 틀이 없는 문제를 교사와 학생 양측의 관점을 수업 개선에 도입한 수업분석 틀을 만들어 냄으로써 이를 극복하고 있다.

넷째, 학교 현장과 교사 자신의 수업 개선에 응용·활용할 수 있다. 이론적이며 학교 현장과 괴리된 기존의 연구에 대하여 HAL 과정을 매뉴얼로 제공함으로써 학교 현장에 적용할 수 있고, 교사 스스로 자신의 수업 개선에 활용할 수 있다.

위와 같은 네 가지 의의를 통해 HAL은 실제 수업 전체를 더욱 상세하고 더 선명하게 해명할 수 있고 나아가 현장의 수업 개선에 기여할 수 있는 장점이 있다고 할 수 있겠다.

제 3 절 홀리스틱 수업분석 방법 및 절차[19]

1. 분석 방법

[그림 5]의 네 영역은 상호 연계하여 종합적으로 분석할 때 효과를 극대화할 수 있다. 각 영역별 분석 방법과 내용을 살펴보자.

사회과는 다양한 사회과학과 인문학을 배경으로 하는 사실이나 개념, 이론 및 법칙 등을 많이 포함하고 있다. 따라서 사회과 수업을 분석하기 위해서는 그러한 사실이나 개념, 이론, 법칙 등의 지식 내용에 대한 분석과 함께, 그 내용들이 어떤 관련 속에 조직되어 있는지 구조적으로 분석할 필요가 있다. 이것은 [그림 5]의 A영역에서 분석되는데 바로 지식의 구조로 파악할 수 있다. 즉 문장이나 언어를 통해 교사의 의도가 명확하고 상세하게 드러나 있는 수업계획이나 설계안, 지도안 등을 통해 분석할 수 있다. 언어에는 교사의 관념이나 사고가 포함되어 있기 때문이다.

(1) 교사 요인의 분석 시점 -지식의 구조-

일본의 사회과 교과교육론을 확립한 모리와케(森分孝治, 1987: 42-43)[20]는 사회과 수업연구에서 가장 중요한 시점으로서 '보다 과학적인 사회인식을 형성하는 수업이었는가', '보다 과학적인 사회인식을 형성하는 수업으로 개선하기 위해서는 어떻게 하면 좋은가'의 두 가지를 설정하고, 다른 시점은 이 두 가지 기본적인 시점 다음에 고려되는 것이라고 주장하였다. 학습 집단 조직이나 발문 방법, 학생이 수업에 참여하는 방법이나 참여 정도, 판서, 제시된 자료의 적절성, 자료 제시 방법, 교사의 목소리 크기나 학생 지도 방법 등 다른 시점은 부차적인 것이다. 이를 위해 모리와케는 수업 사실에 기초하여 객관적으로 검토할 수 있는 형태로 다음과 같은 두 가지 물음을 통해 수업을 분석하고, 평가, 개선하는 기준을 제시하고 있다.

- 수업은 보다 질 높은 지식을 학생에게 습득 가능한 형태로 제시했는가?
- 보다 질 높은 지식을 학생에게 습득 가능한 형태로 제시하기 위해서는 어떻게 하면 되는가?(森分孝治, 1987: 43)

그렇다면 보다 질 높은 지식이란 무엇을 말하는 것일까?

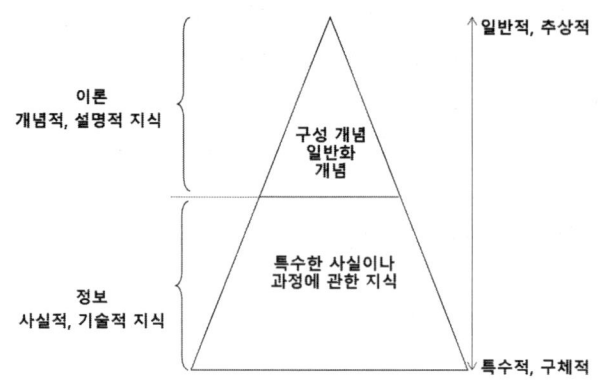

[그림 6] 지식의 구조(森分孝治, 1972: 71을 참고로 작성)

모리와케는 사회과 수업에서 다루는 지식을 [그림 6]과 같이 크게 '정보'와 '이론'이라는 두 층으로 나누고 있다(森分孝治, 1972: 71-72)[21]. '정보'는 특수한 사실이나 과정에 관한 지식이다. '귤 공급이 현저하게 증가하였다', '귤 가격이 폭락했다'와 같이 특정 시점에서의 사실은 일회적이라는 의미에서 특수적이며, [그림 6]에 나타난 바와 같이 하단에 위치한다. '이론'은 개념과 일반화, 구성 개념으로 되어 있다. 수요, 공급, 가격 등과 같은 '개념'이 있고, 이러한 개념을 관련지어 하나의 경제 현상을 설명하는 '수요가 일정할 때 공급이 늘어나면 가격은 하락한다'와 같은 '일반화'가 있다. 그리고 이러한 일반화가 상호 관련되어 체계화된 시장경제라는 하나의 복합적인 '구성 개념[22]'이 만들어진다. 이러한 '이론'은 [그림 6]의 상단에 위치한다.

모리와케는 수업에 존재하는 질적으로 서로 다른 지식들 중 응용, 적용, 전이가 가능한 개념적, 설명적 지식인 '이론'을 사회과 수업에 조직할 것을 강조하며, 수업 평가에서는 학생들에게 '과학적 사회인식'을 형성하도록 했는지 여부를 검토하고 있다.

(2) 수업 사실의 확정

수업을 분석하고 더 객관적인 개선안을 제시하기 위해서는 먼저 수업 사실, 즉 무엇이 어떻게 교수·학습되었는가를 확정하고 판정해야 한다. 수업에서 무엇이 어떻게 교수·학습되었는가를 판정하는 것은 쉽지 않지만, 어느 정도는 객관적으로 할 수 있다. 이것을 이해하기 쉽게 나타내기 위해 작성된 것이 모리와케가 제시한 '지식의 구조도'이다. 이것은 앞에서 살펴본 지식의 구조 [그림 6]에 나타난 지식이 어떤 순서와 논리를 가지고 교수·학습되었는가를 도식화한 것으로 수업 구성의 뼈대를 나타낸 것이다.

모리와케의 지식의 구조도 작성 과정은 다음과 같이 수업 기록 작성하기, 수업 단락 나누기, 수업 단락 간 관계 파악하기의 세 단계로 이루어진다(森分孝治, 1987: 43-72).

가. 수업 기록 작성하기

수업 기록 작성하기는 수업 사실을 확정하기 위해 가장 먼저 이루어지는 것이다. 실제 수업을 녹음, 녹화한 자료를 바탕으로 수업 전사(transcript)를 한다. 이때 교사 발언(T)과 학생 발언(P)을 각각 구분 지어 일련번호를 부여한다.

예) T_1 : (사진을 보여주며) 무엇이 보입니까?
P_1 : 넓은 들이 있습니다.
T_2 : 또 무엇이 있습니까?
P_2 : 들에서 일하는 사람들이 있습니다.
P_3 : 멀리 집들이 많이 보입니다.

나. 수업 단락 나누기

이것은 위에서 작성한 수업 기록을 몇 개의 단락으로 나누는 과정이다. 여기서는 수업을 대화체로 써진 논문 내지 보고서로 간주하여 수업 내용을 몇 개의 단락으로 나누고 각 단락에서 무엇을 논하는지 밝힌다.

[그림 6]에서 살핀 바와 같이 사회과 수업에는 질적으로 서로 다른 지식들이 존재한다. 정보를 제공하고 사실을 기술하는 지식이 있는가 하면 이론적인 개념적, 설명적 지식도 있다. 단락 나누기를 할 때 중요한 것은 이렇게 다양한 지식을 몇 개의 단락으로 나눠 각각의 지식을 확정해 가는 과정이다.

수업 기록(내용)을 예로 단락 나누기를 살펴보자.

> ① 여기서는(사진) 철광석을 노천 채굴하고 있다.
> ② 오스트레일리아의 광산물 자원의 대표적인 것에는 철광석이 있다.
> ③ 석탄도 유명하다.
> ④ 오스트레일리아에서는 철광석, 석탄이 풍부하게 생산된다.
> ⑤ 오스트레일리아에서는 철광석, 석탄이 풍부하게 생산되나 운송이 불편하고 노동력이 부족하여 국내에 철강을 매입하는 곳이 없기 때문에, 철강업은 그다지 번성하지 않는다.

이 다섯 가지 지식은 다음과 같이 크게 4개의 레벨(level)로 나눌 수 있다. ①은 [그림 6]에서 정보를 제공하는 가장 특수하고 일회적인 사실적 지식에 해당한다. 그러므로 이것을 레벨 1로 확정할 수 있다. 그리고 ②와 ③은 기본적인 사실적 지식이다(레벨 2). ④도 사실적 지식에 속하지만 ②와 ③을 구성하고 있기 때문에 이들 보다 상위에 있는, 보다 높은 레벨에 속하는 지식이다(레벨 3). 그리고 ⑤는 ①부터 ④를 구성하고 있는 가장 고차적인 지식이므로 레벨 4로 확정 지을 수 있다. 이처럼 단락 나누기에서는 각 수업 기록을 [그림 6]과 같은 지식의 구조를 참고로 사실적 지식과 개념적 지식, 일반적 지식 등 몇 개의 레벨로 확정해 나간다.
　위와 같은 단락 나누기는 [그림 7]과 같은 형식을 이용하여 기록·분석할 수 있다. 레벨 1로 갈수록 특수한 사실이나 과정에 관한 지식이, 레벨 4로 갈수록 일반화가 강한 일반적, 추상적, 개념적 지식이 사회과 수업에서 다루어지고 있음을 확인할 수 있다.

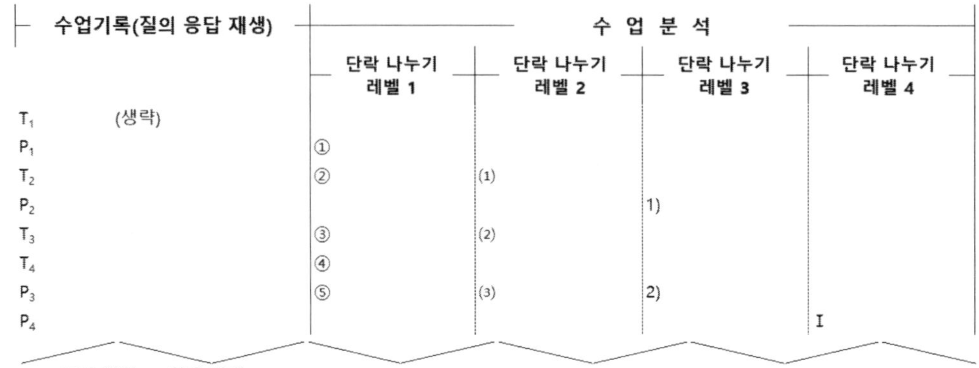

수업기록(질의 응답 재생)	수 업 분 석			
	단락 나누기 레벨 1	단락 나누기 레벨 2	단락 나누기 레벨 3	단락 나누기 레벨 4
T_1　(생략)				
P_1	①			
T_2	②	(1)		
P_2			1)	
T_3	③	(2)		
T_4	④			
P_3	⑤	(3)	2)	
P_4				I

※ T: 교사 발언, P: 학생 발언

[그림 7] 수업에서 단락 나누기(森分孝治, 1987: 52-69를 참고로 작성)

　모리와케의 지식의 구조는 수업 구성의 뼈대를 나타낸 것이기 때문에 수업분석에 있어서 상당히 유효하다[23]. 그러나 실제 수업의 수업기록을 바탕으로 지식의 구조를 분석하려고 하면 [그림 7]과 같은 기록이 방대해져 수업 전체 구조를 파악하는 데 효율성이 떨어진다. 이에 HAL 틀에서는 지도안 수준에서 지식의 구조를 추출, 분석하여 교사의 의도를 파악한다.
　HAL 틀에서 이루어지는 지식의 구조 분석 원리는 앞에서 살펴본 과정과 유사하다. 단, 지도안을 대상으로 분석하기 때문에 수업 기록을 따로 할 필요는 없다. 지도안에 명시되어 있는 목표 진술이나 교사의 발문, 예상되는 학생 반응 등을 통하여 구체적인 사실적 지식과 개념적 지식을 파악하여 확정한 후, 각 지식 간 관계를 파악하여 명시적으로 나타낸다. 이러한 과정을 통해 작성한 것이 [그림 8]이다. 이는 지식의 구조 [그림 6]을 90˚ 회전시킨 것과 같다.
　지식의 구조는 사회과 수업에서 교사 요인을 분석하는 데는 상당히 유용하다. 그러나 사회과 수업의 중요한 요인인 학생이 배제된 문제가 있다. 이에 HAL 틀에서는 앞에서 분석한 지식의 구조와 연계하여 학생 요인을 분석한다.

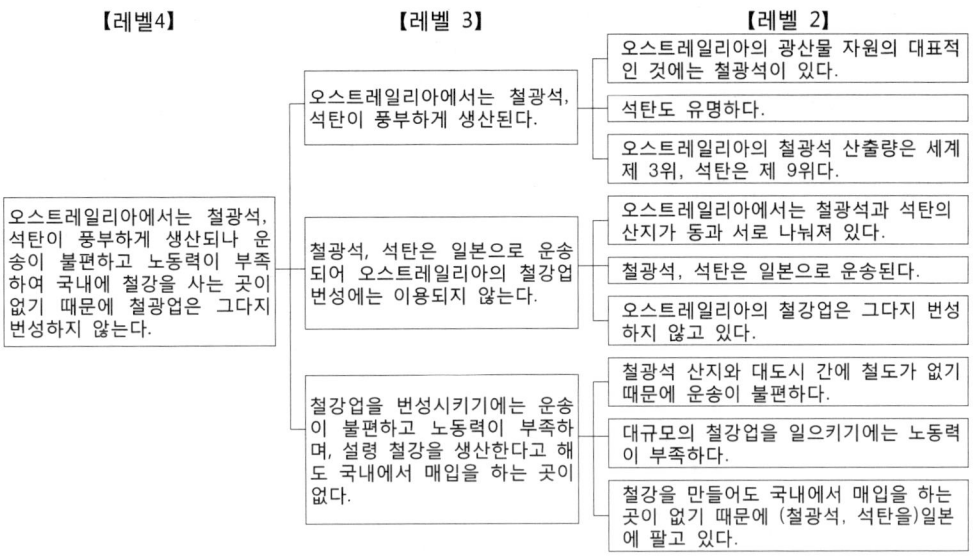

[그림 8] 지식의 구조도(森分孝治, 1987: 72를 참고로 작성)

(3) 학생 요인의 분석 시점 -대체적 개념틀-

학생 요인을 분석하는 것은 사회과 수업에서 학생이 무엇을 어떻게 이해하고 있는가, 이해해 나가고 있는가를 해명함으로써 학생의 사고 체계를 밝히는 것이다. 여기서는 우선 학생 요인의 분석 이론인 Hallden의 대체적 개념틀의 분석과정을 고찰한 후, 구체적인 수업분석을 통해 학생 요인을 해명한다.

학생의 사고 체계에 대한 연구는 대체적으로 학생들이 일상생활에서 가지고 있는 정치, 경제 등 사회 관련 인식을 다루어 왔다. 스웨덴의 심리학자인 Hallden(1994)은 실제의 역사 수업 장면을 분석함으로써 학생의 역사 관념, 인식을 이론적, 실증적으로 밝히고 있다. 그는 역사 수업에서 교사의 의도와 학생의 해석이 일치하지 않는 원인을 '학생이 학습하는 시점에 이미 학습 대상에 대하여 어떠한 개념이나 생각을 가지고 있기 때문'이라고 하면서 사회과 수업에서의 학생들의 대체적 개념틀(alternative framework)에 대해 밝히고 있다.

수업에서 교사와 학생은 교재나 자료를 해석하기 위해 개념틀(conceptual framework)을 사용한다. 어떤 사회적 사상이나 현상에 대해 그것을 고찰하거나 해석하는 신념이나 개념ㆍ관념을 나타내는 인지적 모델인 개념틀은 교사와 학생이 일치하기도 하지만 그렇지 않은 경우도 있다. 특히 학생들이 상식적이면서 순진한 개념틀(native framework)을 사용하는 경우를 가끔 볼 수 있다. 이와 같이 교사와 학생의 개념틀이 서로 다른 경우 이것을 대체적 개념틀이라 한다. Hallden의 대체적 개념틀은 교사가 상정하는 개념틀과는 다른 학생의 개념틀을 사회과 수업에 적용한 것이다. 이러한 방법을 이용하여 분석함으로써 사회과 수업에서 학생의 개념변용 과정을 보다 명확하게 검토할 수 있으며, 수업과정을 보다 상세히 해명할 수 있다(池野範男他, 2008: 40-41)(24).

Hallden은 모리와케처럼 수업분석에 대한 구체적인 과정을 제시하고 있지 않다. 따라서 여기에서는 Hallden의 연구로부터 수업분석 방법을 추출한다.

Hallden은 수업에서 이루어지는 교사와 학생의 커뮤니케이션 언어에 주목하고, 수업 전후에 교사와 학생을 대상으로 개별 면담을 실시한 후 학생의 대체적 개념틀을 발견하고 그 변용에 대해 논하고 있다. Hallden은 학습을 어떤 의미에서 일상의 커뮤니케이션과 같다고 보고 다음과 같이 진술하고 있다.

> "교육환경에서 학생들은 몇 가지의 정보를 얻게 되고, 그 정보에 대하여 무언가를 해야 한다. 예를 들면 교과서를 읽고 그것을 요약하거나 실험을 한 후 그 결과를 정리하기, 어떤 문제를 소그룹에서 논의하여 학급에서 토론을 하는 것 등이다. 이들 모든 활동은 언어의 교류(linguistic intercourse)를 매개로 이루어진다(Hallden, 1994: 28)."

수업에서 교사는 자신의 의도를 언어로 표현하고, 학생은 그 언어를 듣고 해석한다. 일상의 대화와 학습은 이러한 점에서 같다. 일상의 대화 상황에서도 오해가 발생한다. Hallden은 말하는 사람의 의도가 완전하게 전달되지 않았음에도 불구하고 말하는 사람은 듣는 사람이 자신의 의도를 충분히 이해했다고 믿어버리는 데서 생기는 잘못(mistake)을 오해(misunderstanding)라고 하였다. 그리고 이러한 학습에서의 오해는 교사의 의도와 학생의 해석이 일치하지 않는 상황에서 생기는 것이라고 보고 있다. 교사는 자신의 의도대로 학생들이 학습하기를 바라지만 학생들은 때때로 교사와 다른 해석을 하는 경우가 있는 것이다.

그 원인에 대하여 Hallden은 학교나 교사에 대한 관념 등 여러 가지를 들고 있으나 학생의 인지 능력과 관계되는 다른 요소로, 수업에서 제시된 것에 대한 학생의 주제관이나 과제 그 자체에 대하여 학생이 이미 획득하고 있는 관념과 관련 있다고 간주하고, 이들 요소가 대체적인 개념틀을 초래한다고 하였다. 이러한 대체적 개념틀을 Hallden은 교사의 발문에 대하여 학생들이 교사가 의도한 것과 다른 대답을 하고 있는 수업상황에서 발견하고 있다(Hallden, 1994: 32).

위의 검토를 토대로 학생의 대체적 개념틀 추출 방법을 정리하면 다음과 같다.

먼저, 교사의 개념틀을 파악한다. 교사와의 면담이나 지도안을 통해 교사가 가르치고자 하는 것과 수업에서 다루고자 하는 내용에 대한 해석 체계 등에 대하여 파악한다.

다음으로 교사의 개념틀과 상이한 학생의 개념틀을 면담이나 질문지, 학습지, 혹은 수업 중의 담화 등을 통해 추출한다. 이때 학생이 왜 그렇게 해석했는지 그 배경에 대해서도 수업 과정이나 면담을 통해 파악한다.

HAL 틀에 따른 네 영역은 각각 상호 연계하여 통합적으로 분석하면 그 효과를 극대화할 수 있다. 영역별 분석 방법과 내용을 정리하면 다음과 같다.

> Ⓐ영역은 지식의 구조이다. 이것은 문장이나 언어를 통해 교사의 의도가 명확하고 상세하게 나타난 수업계획이나 지도안, 자료 등을 통해 분석할 수 있다. 언어에는 교사의 개념이나 사고가 내포되어 있기 때문이다. 분석내용으로는 교과 이해 방법, 교재관, 어떠한 지식을 어떠한 방법으로 학생에게 획득시키고자 하는가 등이다.
>
> Ⓑ영역은 교사의 지도 활동이다. 실제 수업에서 교사가 어떻게 지도하는가를 Ⓐ지식의 구조와 관련지어 비교·분석함으로써 더 선명하게 알 수 있다. 교사의 수업계획과 실제 수업이 어떻게 진행되는지를 검증하면 수업계획과의 간극(gap) 혹은 수업 중 계획 변경 등을 분석할 수 있다. 수업이 끝난 후 수업계획이 변경된 원인이나 교사의 수업 평가 등을 교사와의 면담을 통해 분석한다.
>
> Ⓒ영역은 학생의 대체적 개념틀이다. 사회현상에 대하여 학생이 가지고 있는 상식적인 개념틀인 '학생의 대체적 개념틀'은 수업 전 학생과 개별적인 면담과 질문지를 준비하여 조사함으로써 분석할 수 있다. 수업에서 학생의 대체적 개념틀은 교사와 학생 또는 학생과 학생 간의 상호 작용에 의해 변화·변용한다. 따라서 Ⓓ영역인 학생의 개념변용과 연계하여 분석한다.
>
> Ⓓ영역은 학생의 개념변용이다. 배움의 유일한 증거는 변화이다[25]. 이러한 의미에서 Ⓓ학생의 개념변용 분석은 상당히 중요하다. 이것은 수업 과정에서 학생의 발언이나 학습지 기록, 학습 활동 등을 통해 파악할 수 있다. 특히 수업 중 학생의 발언을 통해 개개인 학생의 개념틀 변용을 파악하기 위해서는 좌석 배치도를 작성하는 것이 용이하다. 그리고 학생의 개념변용은 Ⓐ, Ⓑ와 비교·분석함으로써 그 과정을 더욱 선명하게 볼 수 있다.

2. 분석 순서

선행 연구를 통해 밝혀진 바와 같이 종래의 수업연구에서는 요소를 분해하여 부분만 연구하는 경향이 있었다. 수업을 더욱 상세하게 분석하기 위해서는 이것으로는 한계가 있다. 수업을 총체적이고 홀리스틱적으로 설명할 필요가 있다. 이 연구에서는 [그림 9]와 같이 시스템적으로 연계하여 수업을 분석한다. [그림 9]는 1 교사 요인과 3 학생 요인 그리고 수업계획 단계와 수업실천 단계를 종합적으로 다루고 있다. 구체적인 수업분석은 [그림 9]에 나타난 바와 같이 1 교사의 개념틀에서 2 비교, 3 학생의 개념틀 순으로 진행된다.

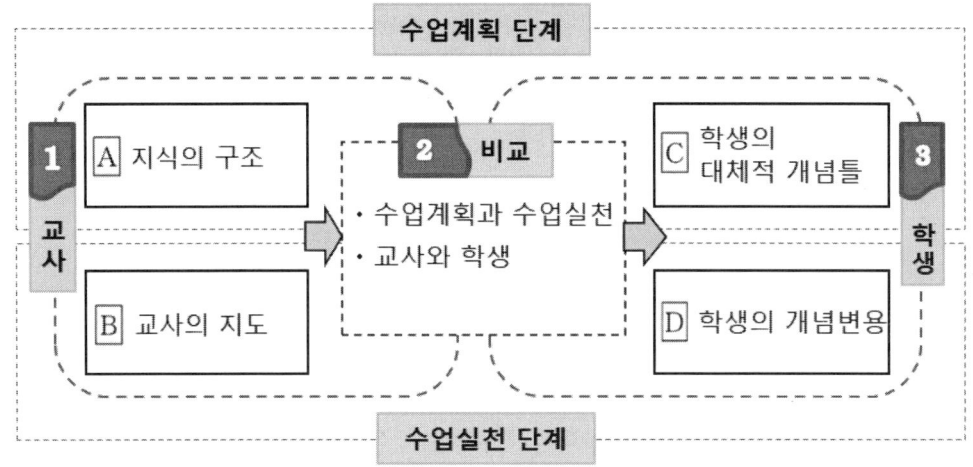

[그림 9] '홀리스틱 수업분석' 순서(李貞姬, 2010: 46)

먼저, [그림 9]의 1 교사에서는 사회과 수업내용에 대한 교사의 개념틀(conceptual framework)을 분석하기 위해 A 지식의 구조로부터 수업전체에서 어떤 지식이 어떤 관련을 가지고 구성되어 있는지를 분석하여 그 관계를 한눈에 확인할 수 있도록 나타낸다. 또한 수업실천 단계에서 B 교사의 지도도 아울러 파악하고, A 지식의 구조에서 분석된 지식이나 교사의 개념틀이 실제 수업에서 어떤 순서로 제시되고 있는가를 분석한다.

2 비교에서는 1 교사에서 분석된 수업계획과 실제 수업 전개를 비교하면서 동시에 교사의 개념틀과 실제 수업에서 학생들이 획득한 개념틀을 비교·분석한다.

교사의 의도와 목적은 실제 수업과 반드시 일치한다고 할 수 없다. 또한 수업에서 학생이 획득한 것이 교사가 의도한 것이라고 단정 짓기 어렵다. 따라서, 이러한 점을 고려해서 지도안의 구조와 수업실천에서의 전개를, 그리고 수업계획에서 교사의 개념틀과 수업실천에서 획득해 나가는 학생 전체의 개념틀을 비교·분석한다. 구체적으로는 이정희(李貞姬, 2009a)에서도 언급하였듯이 먼저 지도안의 구조와 실제 수업의 전개를 수업 과정에 따라 4~5단계로 나누어 각 단계별 주요 발문과 학습 내용, 학습 활동 등을 전반적으로 비교한다. 그리고 지도안을 통해 각 단계에 나타난 교사의 개념틀을 실제 수업에서 학생 전체가 획득한 개념틀과 비교·분석한다. 그 결과 수업이 교사가 계획한 대로 진행되고 있는지, 학생들이 각 수업 단계를 통해 교사의 개념틀을 대체적으로 획득해 나가고 있는지 아니면 교사의 개념틀보다 넓은 시야에서 개념을 획득하고 있는지 등의 상황을 해명한다.

③ 학생에서는 전 단계에서 검토한 학생 전체의 개념틀 중 추출 학생의 대체적 개념틀과 함께 Ⓓ 학생의 개념변용 과정을 분석하여 학생 요인을 구체적으로 해명한다.

부분의 합은 결코 전체가 될 수 없다. 각각을 분석하여 조합하기보다는 각각의 요소를 상호 관련지어 분석해야 할 것이다. 따라서 실제로 수업을 분석할 때에는 Ⓐ 지식의 구조, Ⓑ 교사의 지도, Ⓒ 학생의 대체적 개념틀, 그리고 Ⓓ 학생의 개념변용 순으로 검토하되 각 요소 간을 왕복하면서 분석한다. 이 분석과정을 최종적으로 정리할 때 [그림 9]에 나타난 것과 같이 전체의 통합적 흐름을 나타내는 분석이 이루어질 수 있다. 각 요소들은 독립적으로 분석되기도 하지만 상호 연계하여 분석할 때 더욱 효과적이기 때문이다.

분석 사례로 李貞姬(2009a)가 있다. 李貞姬(2009a)에서는 교사의 개념틀과 유사한 형태로 변용해 나가는 유형과 대체적 개념틀을 변용시켜 나가는 유형을 추출 학생을 사례로 분석한 결과, 각각의 유형의 학생이 어떠한 과정을 거쳐 교사의 개념틀을 획득해 나가는지가 밝혀졌다.

이상에서 설명한 순서대로 수업을 홀리스틱적으로 분석함으로써 수업 구조와 학생의 개념 변용 실태 등의 특징을 명확하게 밝힌 후 그 결과를 바탕으로 수업을 종합적으로 평가한다. 그리고 각 과정에 나타난 문제점을 추출하여 수업 개선을 위한 제안을 함으로써 수업 개선을 도모한다. 이러한 수업분석은 수업 개선을 촉진하고 더 좋은 수업 만들기로 발전시켜 나갈 수 있는 것이다.

이것을 구체적으로 적용·분석한 것에는 李貞姬(2008, 2009a, 2009b)가 있다. 이 중 李貞姬(2008)는 Ⓐ 지식의 구조를 중심으로, 그리고 李貞姬(2009a, 2009b)는 수업을 홀리스틱적으로 분석한 것이다[26].

[주 및 참고문헌]

(1) 今谷順重(2001)「社会科授業の研究」 全国社会科教育学会『社会科教育学研究ハンドブック』明治図書; 原田智仁(2001)「社会科授業開発研究」『社会科教育学研究ハンドブック』明治図書.

(2) 이운발(2006). 사회과에서 창의성 신장을 위한 문제해결 학습모형 및 수업구성. 사회과교육. 45권 2호.

(3) 구정화(2006). 초등사회과에서 교사의 토론수업 이해와 인식. 시민교육연구. 38권 2호.

(4) 村上敏樹(2006)「中学校地理的分野「世界と比べて見た日本」の授業改善に関する一考察：新潟県における授業実践調査をもとにして」『上越社会研究』21.

(5) 강창숙(2005). 주요 지리개념에 대한 학습자의 이해와 발달. 사회과교육연구. 12권 1호.

(6) 加藤寿朗(1997)「社会認識の発達と形成に関する実証的研究(1)－子どもの『店概念』を事例として－」『社会科研究』46号. ; 福田正弘(1996)「子どもの経済システム理解の発達(2)－心理学における研究成果とその意義－」『社会科研究』44号.

(7) 강대현·박영석(2005). 사회과 수업평가 기준 개발 및 활용방안 연구. 사회과교육. 44권 3호. pp.21-46.

(8) 민윤(2000). 사회과 역사수업에 나타난 내용의 변환과 교수내용 지식. 사회과교육. 33호.

(9) 中本和彦(2000)「地歴科地理・単元「ヨーロッパ」の教育内容開発－理論を中核にした地誌学習－」『社会科研究』53号.

(10) 강창숙(2005). 주요 지리개념에 대한 학습자의 이해와 발달. 사회과교육연구. 12권 1호.

(11) 日比裕·平光昭久(1990)「社会科教育の再構築を通しての現代社会における"ひと"の教育の多角的考察－2－経験概念を中心とした教育モデルの設定」『名古屋大学教育学部紀要, 教育学科』(37).

(12) 杉本憲子(2007)「授業における「ずれ」に関する一考察：上田薫の「ずれ」の概念の検討と事例の考察を通して」『教育方法学研究』33.

(13) 中村哲(1996)『社会科授業に関する体系枠の構築と事例研究: 知識獲得過程の視点に基づいて』風間書房.; 北俊夫(2008)『新教育課程と社会科の授業構想』明治図書.

(14) 森分孝治(1987)「社会科授業研究入門」広島大学教育学部教育方法改善委員会『教職カリキュラムにおける理論と実習の総合に関する実証的研究』.

(15) 重松鷹泰·上田薫(1965)『R.R.方式：子どもの思考体制の研究』黎明書房.

(16) 이것은 드라이버와 이즐리(Driver, R., & Easley, J., 1978)의 주장에 의해 자연과학이나 과학과에서 주로 사용되어 온 용어로 '학생들이 그들의 일상적인 경험을 통해서 직관적으로 습득한 개념, 또는 그 체계로서 특히 과학자의 과학적 지식과 다른 것'이다. 종종 순진한 개념, 아동 개념, 오개념 등으로도 불리고 있으나 대체적 개념틀의 경우 '학생의 사고방식과 승인된 과학 이론과의 차이를 강조'하는 경우가 많다(Driver, Guesne, and Tiberghien, 1985). 대체적 개념틀은 비록 과학적 지식과 다르지만 학생들에게는 정합적인 지식 체계로서 그들이 사회를 보고 해석하며 학습 내용을 이해하는 기본 관점이 된다. 이러한 대체적 개념틀은 피아제(J. Piaget) 이론의 인지구조와 오수벨(Ausubel, D. P.) 이론의 선행 지식을 포괄한다. 이것은 생활 경험을 통해 형성된 직관적 관념이기 때문에 수업을 통해서 쉽게 바뀌지 않는다. 따라서 이것이 수업을 통해 어떻게 변해 가는가 하는 것을 규명하는 것은 대단히 중요하다(이정희, 2010: 120). 이를 사회과에 응용한 것이 Hallden이다. Hallden은 역사 수업에서 교사의 의도와 학생의 해석이 일치하지 않는 원인을 '교육에서 제시된 것에 대한 학생의 주제관과 과제 그 자체에 대하여 학생이 이미 가지고 있는 개념·관념과 관련있다(Hallden, 1994: 29).'고 하면서 학생이 학습할 때 학습 대상에 대하여 이미 어떠한 개념·생각을 가지고 있고, 역사 수업을 할 때 그 학생이 가진 대체적 개념틀을 중시할 것을 주장하고 있다.

Driver, R., & Easley, J.(1978). Pupils and paradigms: A review of literature related to concept development in adolescent science students, *Studies in Science Education*, 5, pp.61-84. ; Driver, R., Guesne, E., & Tiberghien, A. (1985). *Children's Ideas In Science*, Milton Keynes :Philadelphia Open University Press, p.9. ; Hallden, O.(1994). On the paradox of understanding history in an educational setting, Gaes Leihardt, Isabel L. Beck and Catherine Stainton(Eds.), *Teaching and learning in history*, NJ:Lawrence Erlbaum Associates.

(17) 학생이 가지고 있는 개념 체계가 교사가 가지고 있는 개념 체계와 다른 경우(대체적 개념틀을 가지고 있을 때) 학습에 문제가 발생한다. 그래서 그러한 다른 틀은 바람직하지 않은 것으로 간주되어 무시된다. 그러나 이 틀이 있기 때문에 학생은 수업 중에 다양한 생각을 접하게 되고 사고를 심화시킬 수 있게 된다. 그리고 교사도 이를 이용하여 목표 달성을 위한 수업을 전개시켜 나갈 수 있다. 또한 이 대체적 개념틀을 발견함으로써 수업 전체 진행을 더 상세하게 검증하고 예상되는 수업 전개를 분석하여 더 나은 수업 전개를 새롭게 만들어 나갈 수 있다. 池野範男他(2008)「小学校歴史授業の分析とその改善－単元『信長・秀吉・家康と天下統一』をもとに－」広島大学大学院教育学研究科『広島大学大学院教育学研究科紀要 第二部』第57号.

(18) Hallden은 학습을 '정보 해석과 인지 구조의 변화가 동시에 이루어져 새로운 형태를 형성하는 것(Hallden, 1994: 34)'이라고 하였다. 학습을 학생의 인식이나 인지 구조의 변화・변용 과정으로 보고 있다. 이것을 힌트로 학생의 대체적 개념틀과 실제 수업에서 학생의 인식이 어떻게 변용해 가는지를 교사의 의도 및 지도와 연계하여 분석함으로써 수업 개선을 도모할 수 있다.

(19) 홀리스틱 수업분석 방법은 이정희(2010)에 발표한 것을 바탕으로 수정, 보완하여 제시하였다. 이정희(2010). 사회과 수업분석 방법으로서 HAL 틀의 시안적 검토. 사회과교육, 49(3), pp.117-133.

(20) 森分孝治(1987)「社会科授業研究入門」広島大学教育学部教育方法改善委員会『教職カリキュラムにおける理論と実習の総合に関する実証的研究』 pp.41-86.

(21) 森分孝治(1972)「科学的社会認識の系統的育成―教材構成の原理を求めて―」日本社会科教育研究会『社会科教育論叢』第20集, pp.58-79.

(22) 개념은 어떠한 사물이나 사상을 직관함과 동시에 따라 붙는 1차 개념과, 1차 개념에서 형성된 언어들을 결합하여 사실이나 현상을 진술하고, 이러한 진술의 공통성을 추상하여 1차 개념에서 형성된 개념들의 재결합을 거친 복합개념으로 나눌 수 있다. 여기서 전자를 흔히 단순개념, 후자를 구성개념이라고 한다. 박남수(1994). 사회인식 발달 측면에서 본 사회과 내용배열－한 아동의 일기에 나타난 경제개념 발달을 중심으로－. 한국교원대학교대학원 석사학위논문. p.12.

(23) 지식의 구조는 수업이 계획대로 전개되었는가, 계획과 다른 점은 무엇인가 등을 찾아내어 수업계획에 드러난 수업 실천자의 의도나 목적을 기준으로 수업 사실을 평가하고, 수업계획을 검토하여 개선안을 제시할 수 있다는 점에서 사회과 수업분석에 상당히 유용하다.

(24) 池野範男他(2008)「小学校歴史授業の分析とその改善－単元『信長・秀吉・家康と天下統一』をもとに－」広島大学大学院教育学研究科『広島大学大学院教育学研究科紀要 第二部』第57号, pp.39-48.

(25) 林竹二(1990)『教えるということ』国土社.

(26) 李貞姫(2008)「合理的問題解決をめざす地域学習の授業分析－韓国小学校社会科授業を事例に－」『教育学研究紀要（CD－ROM版）』第54巻.; 李貞姫(2009a)「韓国小学校社会科の授業分析と子どもの概念変容―概念の獲得をめざす5年授業『地方別家の形の差異』を事例に―」『広島大学大学院教育学研究科紀要 第二部』第58号.; 李貞姫(2009b) 「社会科学的概念の獲得をめざす地域学習の授業分析―韓国小学校社会科授業を事例に―」『社会系教科教育学研究』第21号.

에듀컨텐츠·휴피아
EC CH Educontents·Huepia

제 2 부 초등사회과 수업분석

제 3 장 초등사회과 수업실천 동향

학교에서 일상적으로 이루어지고 있는 사회과 수업실천은 다양하다. 따라서 먼저 초등사회과 수업이 어떻게 실천되고 있는지 그 실천 동향을 파악할 필요가 있다. 제 1 절에서는 초등사회과 수업실천의 토대인 사회과 교육과정에 따라 실천 동향을 파악하고 유형화한다. 제 2 절에서는 수집한 초등사회과 수업실천을 사회과 수업실천 유형을 바탕으로 분류하고 우리나라 사회과 수업분석을 체계화하여 연구 전체를 개괄한다.

제 1 절 사회과 수업실천의 전개

사회과 수업은 사회과 교육과정을 바탕으로 실천된다. 따라서 사회과 교육과정에 나타난 사회과의 성격과 목표를 통해 사회과 수업을 유형화해보자.

초등학교 교육 과정(1997)에서 사회과는 '사회 현상을 올바르게 인식하고, 사회 지식 습득과 사회 생활에 필요한 기능을 익혀, 민주 사회 구성원에게 요청되는 가치와 태도를 지님으로써 민주 시민으로서의 자질을 육성하는 교과'[1]로 명시되어 있다. 여기에서 사회과가 '사회인식'을 바탕으로 지식, 기능, 가치·태도를 습득시켜야 하는 교과라는 점과 '민주 시민의 자질 육성'에서 주도적인 역할을 요구하고 있는 교과[2]임을 알 수 있다. 즉 사회과는 사회인식 습득과 민주 시민의 자질을 함양하는 교과인 것이다.

그렇다면 이러한 사회과의 성격은 목표에 어떻게 반영되어 있는지 고찰한 후 사회과 수업실천을 유형화해보자.

초등학교 교육 과정(1997)[3]에서는 사회과의 목표를 다음과 같이 제시하고 있다.

> 사회 현상에 관한 기초적 지식과 능력은 물론, 지리, 역사 및 제 사회 과학의 기본 개념과 원리를 발견하고 탐구하는 능력을 익혀, 우리 사회의 특징과 세계의 여러 모습을 종합적으로 이해하며, 다양한 정보를 활용하여 현대 사회의 문제를 창의적이며 합리적으로 해결하고, 공동 생활에 스스로 참여하는 능력을 기른다. 이를 바탕으로 개인의 발전은 물론, 국가, 사회, 인류의 발전에 기여할 수 있는 민주 시민의 자질을 기른다.

위의 목표에서 '사회인식 습득'과 '민주 시민의 자질 육성'은 어떻게 나타나 있는지, 그리고 이러한 목표는 사회과 수업실천에서 어떠한 형태로 구현할 수 있는지 검토한다.

목표에서 사회인식 습득 관련 문구에는 '사회 현상에 관한 기초적 지식과 능력', '지리, 역사 및 제 사회 과학의 기본 개념과 원리를 발견하고 탐구하는 능력', '우리 사회의 특징과 세계 여러 모습의 종합적 이해'가 있다. 이 세 문구 중 '사회 현상에 관한 기초적 지식과 능력'은 사회현상의 개별적이고 특수한 '사실' 지식을 의미한다. '지리, 역사 및 제 사회 과학의 기본 개념과 원리를 발견하고 탐구하는 능력', '우리 사회의 특징과 세계 여러 모습의 종합적 이해'는 사회현상에 나타난 사실을 더 간결하게 설명하는 '개념' 지식을 의미한다. 사회인식을 위해서는 '사실' 이해와 '개념' 습득이 필요한 것이다.

그렇다면 사회과 수업실천에서는 사실과 개념 습득이 어떤 형태로 이루어지고 있는가? '사실' 관련 사회과 수업은 주로 사실 이해에 중점을 두는 것이 많다. 따라서 이 연구에서는 이 유형의 수업을 '사실 이해형'으로 명명한다. 사실 이해형은 학생들이 특정 사회현상과 현상에 대한 구체적인 사실을 이해하도록 반복적인 구조와 학생의 주체적인 학습 활동을 통해 학생들의 사실 이해를 돕는 수업이다. 이 형태의 사회과 수업은 주로 교과서에 의존하여 교과서대로 수업을 조직해서 교과서 내용을 전달하는 경우가 많다.

'개념' 관련 사회과 수업은 주로 개념을 이해·발견·탐구시키는 데 중점을 두는 경우가 많다. 이 유형의 사회과 수업을 '개념 획득형'이라 칭한다. 개념 획득형은 어떤 사회현상이나 현상을 설명할 수 있는 중심 개념을 과학적이고 체계적으로 획득하도록 구조화된 수업이다. 이 유형은 사회현상을 설명하는 추상적인 개념의 효과적인 이해에 목적을 두고 있다. 하지만 추상적인 개념을 학습자가 과연 얼마나 이해하는지 가끔 우려를 낳는다.

다음으로 사회과 목표 중 '민주 시민의 자질 육성'과 관련된 표현으로는 '현대 사회의 문제를 창의적이며 합리적으로 해결하고, 공동 생활에 스스로 참여하는 능력을 기른다.'가 있다. 그러나 '현대 사회의 문제를 창의적이며 합리적으로 해결하고, 공동 생활에 스스로 참여하는 능력' 즉, 합리적 문제 해결 능력을 키우기 위해서는 '현대 사회의 성격과 사회 문제를 파악'(4)하는 과정이 필요하다. 사회 문제는 복합적인 내용을 내포하고 있기 때문에 복잡한 사회 현실 속에서 사회인식에 대한 판단력 향상에 효과적이다. 그렇지만 문제 해결을 바로 추구한다면 면밀한 검토가 어려워 자칫 혼란을 야기할 수 있고, 단순히 즉흥적으로 떠오른 생각으로 그치거나 어렵다는 인상만을 남길 수 있다. 이러한 현상을 극복하기 위해서는 사회에서 일어나고 있는 사회현상 및 문제에 대하여 사실과 개념을 이해하고 파악하는 과정, 즉 문제를 이해하는 과정이 중요하다. 따라서 '현대 사회의 문제를 창의적이며 합리적으로 해결하고, 공동 생활에 스스로 참여하는 능력'을 함양하기 위해서는 문제를 이해하는 과정과 이해한 문제를 합리적으로 해결하는 과정이 포함되어 있다. 즉 민주 시민의 자질 육성을 위해 사회 문제를 '이해'하고 이것을 합리적으로 '해결'하는 것이 요구되는 것이다.

그렇다면 이러한 민주 시민의 자질 육성을 목표로 하는 사회과 수업은 어떠한 형태로 실천되고 있는지 검토해보자.

문제를 이해하는 사회과 수업은 주로 일반적인 사회 문제와 논쟁 문제를 분석·이해하는 데 중점을 두는 경우가 많다. 이 유형의 사회과 수업을 '문제 이해형'으로 칭한다. 문제 이해형은 사회과 수업에서 현대 사회 문제를 다루고 전체적이고 종합적인 이해를 돕는 구조의 수업이다. 이러한 수업은 문제가 되는 사회현상이나 현대의 논쟁 문제에 대하여 그 원인과 가치를 분석·이해하는 것이 목적이다. 그러나 사회 문제와 논쟁 문제는 그 복잡성 때문에 단편적인 측면만을 다루기 쉽다.

문제를 합리적으로 해결하는 사회과 수업은 위의 '문제 이해형'을 통해 이해된 일반적인 사회 문제와 현대의 논쟁 문제를 합리적으로 해결하는 데 중점을 두고 있다. 이 유형의 사회과 수업을 '문제 해결형'이라 한다. 문제 해결형은 현대 사회 문제를 다루면서 문제 해결을 위한 단계적인 구조를 마련함으로써 학생들의 합리적인 문제 해결을 촉진하는 수업이다. 이것은 '문제 이해형' 학습을 발전시키고 토론 과정을 통해 사회 문제를 합리적으로 해결하는 것을 목적으로 하는 수업이며 민주 시민 자질 함양과 직결된다. 문제 해결의 어려움 때문에 수업에서 단순한 의견을 나누는 수준에 그치는 문제가 있다.

이와 같이 초등사회과 수업에는 사실 이해형, 개념 획득형, 문제 이해형, 문제 해결형의 네 유형이 있다.

제 2 절 사회과 수업실천의 유형

사회과 수업실천 중 지도안, 수업실천 영상, 학생의 학습 기록 등의 자료가 갖추어져 있는 것을 중심으로 수집하고 이것을 앞에서 제시한 네 유형으로 분류하여 수업분석을 체계화한다.

이 연구에서 분석 대상으로 하는 사회과 수업은 기본적으로 다음의 세 가지 조건을 만족하는 것으로 한정하였다.

첫째, 사회과 수업 지도안이 있는 것.
둘째, 사회과 수업실천 영상 기록이 있는 것.
셋째, 사회과 수업에서 학생의 학습 과정과 개념 변용을 알 수 있는 것.

위의 조건을 만족하는 사회과 수업을 수집하여 정리한 것이 〈표 1〉이다. 〈표 1〉에 나타난 사회과 수업은 사회과 수업실천을 직접 참관하거나 각 지역 교육청에서 우수 수업으로 공개하고 있는 것을 인터넷을 통해 수집, 또는 평소 사회과 수업에 관심을 가지고 적극적으로 실천하는 교사를 통해 그 실천 자료를 제공 받은 것이다.

〈표 1〉 분석 대상 수업

수업	수업자	수업일	학교 및 학년
① 경상남도의 특산물	조한이	2009.5.1	경남 K초등학교 4학년
② 지방별 집 모양의 차이	김연숙	2009.4.1	부산 B초등학교 5학년
③ 인구의 도시 집중 원인	한은성	2008.6.25	부산 S초등학교 5학년
④ 시장의 역할	문성수	2008.6.11	대구 M초등학교 4학년
⑤ 도시 문제	김영민	2009.4.30	부산 B초등학교 5학년
⑥ 지구촌 문제	조영주	2005.12.6	충남 J초등학교 6학년
⑦ 한반도 대운하	정철민	2008.5.21	서울 B초등학교 4학년

※ 수업자는 가명임.

네 유형의 수업실천과 분석을 체계화함으로써 연구 전반을 쉽게 파악하기 위해 작성한 것이 〈표 2〉이다. 이것은 〈표 1〉에 나타난 수업실천 ①~⑦을 각 유형별 수업 목표와 내용, 방법이 무엇인지 고찰하고, 각 유형별 수업분석의 목적과 방법을 검토함으로써 사회과 수업분석에 대한 전반적인 이해를 돕기 위한 것이다.

〈표 2〉 사회과 수업실천과 수업분석 연구의 체계

수업실천·분석	수업유형	사회인식의 습득		민주 시민의 자질 육성	
		사실 이해형	개념 획득형	문제 이해형	문제 해결형
수업실천	목표	·사회현상 자체의 이해	·사회현상을 설명하는 추상적인 개념의 명확한 획득	·현대 사회 문제에 대한 실태 이해	·현대 사회 문제의 합리적 해결
	내용	·사회의 다양한 현상에 관한 사실적 지식 ex) ①경상남도의 특산물	·사회현상을 설명하는 개념 ex) ②지방별 집 모양의 차이 ③인구의 도시 집중 원인 ④시장의 역할	·현대 사회의 문제 ·가치 이해 ex) ⑤도시 문제	·현대 사회의 문제 ·가치 판단 ex) ⑥지구촌 문제 ⑦한반도 대운하
	방법	·조사·발표	·탐구	·탐구	·토론
수업분석	목적	·수업의 구조 ·학생의 사실 이해 과정	·수업의 구조 ·학생의 개념 획득 과정	·수업의 구조 ·학생의 문제 이해 과정 (·논증의 구조)	·수업의 구조 ·논증의 구조 ·학생의 문제 해결 과정
	방법	·지식의 구조 ·대체적 개념틀	·지식의 구조 ·대체적 개념틀	·지식의 구조 ·대체적 개념틀 (·툴민의 도식)	·지식의 구조 ·대체적 개념틀 ·툴민의 도식
문제·과제		·문제 이해형 수업실천과 이를 분석한 연구가 적음			

〈표 2〉의 가로축에는 사실 이해, 개념 획득, 문제 이해, 문제 해결의 네 가지 수업 유형이 나타나 있다. 세로축에는 각 유형별 수업실천에 해당하는 수업 목표와 내용, 방법,

그리고 수업분석 방법이 있어 수업 유형별 각 항목의 특성을 쉽게 파악할 수 있다. 〈표 2〉 상단의 화살표에 나타난 바와 같이 네 유형의 수업은 사실 이해형에서 문제 해결형으로 진행됨에 따라 '민주 시민의 자질' 함양이라는 사회과의 본질적인 목표에 근접하는 것이다.

[주 및 참고문헌]
---
(1) 교육부(1997). 초등학교 교육 과정. p.111.
(2) 사회과가 민주 시민의 자질을 길러주는 데 주도적 역할을 하는 교과라는 점과 바른 '사회 인식'을 바탕으로 지식, 기능, 가치.태도를 고르게 습득시켜야 하는 교과임을 분명히 하였다. 교육부(1997). 초등학교 교육 과정 해설(Ⅲ) -국어, 도덕, 사회-. p.204.
(3) 교육부(1997). 초등학교 교육 과정. pp.111-112.
(4) 교육부(1997). 초등학교 교육 과정. p.210.

에듀컨텐츠·휴피아
Educontents·Huepia

제 4 장 사실 이해형 사회과 수업분석

제 4 장에서는 사실 이해형 사회과 수업분석 사례를 소개한다. 사실 이해형 사회과 수업은 사회현상을 개별적이고 사실적인 지식으로 보고 이것을 학생들에게 이해시키는 수업 형태다. 이러한 사회과 수업에서 다루는 사실은 사회현상을 설명하는 기본적인 지식이라는 점에서 중요하지만, 사실의 변화 가능성 등으로 인하여 지식의 안정성은 약한 편이다. 따라서 다른 사회과학 지식과 비교하여 사회과 수업 내용으로서 중요성은 약하기 때문에(1) 연구 수업이나 우수 수업으로 공개되는 일이 드물다(2).

사실 이해형 사회과 수업분석에서는 수업 구조와 학생이 사실 지식을 이해하는 과정을 밝히는 것을 목적으로 한다. 따라서 이 장에서는 〈표 1〉의 수업 중 '①경남의 주요 특산물을 찾아 소개하기'를 [그림 9]의 HAL 순서에 따라 분석한다. 구체적으로는 지식의 구조를 활용하여 어떤 사회현상에 대한 사실 지식이 수업에서 다루어지고 있는지, 그 지식은 어떠한 관련 속에서 어떻게 배열되어 있는지를 분석한다. 그리고 실제 수업에서 학생 요인을 파악하기 위해 대체적 개념틀을 이용하여 학생이 수업에서 다루어진 사실 지식을 어떻게 이해하고 있는지, 교사가 예상한 것과 같은지 등을 분석하여 사실 이해형 수업의 구조와 특징을 해명한다.

제 1 절 '경상남도의 주요 특산물 찾아 소개하기'의 개요 및 지도안

이 수업은 2009년 5월 1일 경남의 K초등학교에서 학부모 공개수업(3)의 일환으로 이루어진 것이다.

1. 단원 및 수업의 개요

수업이 전개된 전후 맥락을 이해하기 위해 해당 단원을 교사용지도서(4)와 교과서(5)를 통해 검토해보자.

이 수업은 4학년 1학기 사회과 교과서의 세 단원 중 '1. 우리 시·도의 모습'에 속한다. '1. 우리 시·도의 모습'(전체 17시간)은 '시·도의 모습'에 대한 지리적·역사적 관점에서 접근하여 경상남도의 모습을 지도를 이용하여 알아보고, 자연환경과 생활 모습과의 관계를 이해하며, 달라진 경상남도의 모습을 알아보도록 하는 데 주안점을 두고 있다.

이 단원은 도입(1시간), 정리(1시간)와 함께 '지도에 나타난 우리 시·도의 모습', '우리 시·도의 자연환경과 생활', '우리 시·도의 달라진 모습'이라는 세 개의 소단원(주제)으로 구성되어 있고 각각 다음과 같은 내용으로 이루어져 있다.

'지도에 나타난 우리 시·도의 모습(2/17~6/17)'은 지도를 이용하여 경상남도의 자연환경 및 인문환경에 관한 주요 사실, 현상, 특징을 파악하는 내용이다.

'우리 시·도의 자연환경과 생활(7/17~11/17)'에서는 계절에 따른 자연환경의 변화가 지역 사람들의 생활에 어떠한 영향을 끼치는지 알아보고, 자연재해의 종류 및 극복 과정이나 방법 등에 대하여 알아본다.

'우리 시·도의 달라진 모습(12/17~16/17)은 경상남도의 모습이 어떻게 달라졌는지 사진, 그림, 지도, 연표 등을 통해 알아보고, 현장 학습의 순서와 방법을 알아보는 내용이다.

단원 전반의 구체적인 내용은 〈표 3〉에 잘 나타나 있다. 본시 수업은 5/17 차시에 해당하는 것으로 '(1) 지도에 나타난 우리 시·도의 모습'에서 지역의 특산물을 다루고 있다. 실제 수업에서는 학생들이 생활하고 있는 지역인 경상남도의 특산물을 모둠별로 조사하고 그 결과를 학급 전체에서 발표하는 형태로 전개되고 있다.

〈표 3〉 '우리 시·도의 모습' 단원 지도 계획

단원	주제	제재	제재별 주요 내용 요소	차시
		단원 도입 및 계획		1/17
1. 우리 시·도의 모습	(1) 지도에 나타난 우리 시·도의 모습	1. 지도를 알아보자	· 지도의 기본 요소 (방위, 위치, 기호, 등고선, 축척) · 지도를 이용한 시·도의 모습	2~3/17
		2. 지도를 이용하여 배우자	· 시·도의 교통, 인구 분포, 관광지, 특산물 등의 모습	4~5/17
		선택 학습	· 주어진 지도에서 보물 찾기	6/17
	(2) 우리 시·도의 자연환경과 생활	1. 우리 시·도의 사계절	· 시·도의 사계절 모습 · 계절과 생활 모습과의 관계	7~8/17
		2. 자연 재해의 극복	· 자연 재해의 종류와 극복 사례 · 자연 재해 극복 과정의 문제점	9~10/17
		선택 학습	· 자연 재해를 지역 지도에 표시하기 · 그래프 보고 자연재해의 종류와 원인 예상하기 · 자연환경 소책자 만들기	11/17
	(3) 우리 시·도의 달라진 모습	1. 어떻게 달라졌을까	· 지역의 옛날과 오늘날의 변화 모습 비교 · 지역의 연표 작성	12~13/17
		2. 알고 떠나자	· 지역의 유래를 알아내는 방법 · 현장 학습 방법	14~15/17
		선택 학습	· 지역의 모습이 30년 전에 비해 달라진 점과 달라지지 않은 점 · 성장 과정을 연표로 나타내기 · 현장 학습 계획서 만들기	16/17
	단원 정리 학습		· 단원에서 배운 내용을 응용한 문제를 해결하기 · 옛날의 모습에 대한 내용을 그림으로 그리기 · 계절에 따른 달라진 생활 모습 알기 · 주어진 상황을 백지도에 나타내기	17/17

(경상남도교육청, 2008: 13)

2. 지도안

[자료 1] 수업 ①의 지도안

일시	2009. 5. 1(금)	대상	4학년 5반 (남 17명, 여 13명, 계 30명)	장소	4-5 교실
단원	1-(1)-2) 지도를 이용하여 배우자(5/17)					
본시 주제	경상남도의 주요 특산물 찾아 소개하기				
학습 목표	경상남도의 주요 특산물을 찾아 소개할 수 있다.				
수업 전략	수업 모형	조사보고학습			
	학습 집단 조직 (학습 흐름도)	대집단 → 소집단(모둠) → 대집단			

학습 과정		교수 · 학습 활동		시간	자료 및 유의점
		교사 활동	학생 활동		
문제 파악	동기 유발	·동기유발 자료 제시하기 ·우리 반에 온 편지 제시	·제시된 동기유발 자료를 보고 학습 내용에 흥미를 가진다. ·경상남도의 특산물이 궁금하다는 ○○의 편지를 보고 경상남도의 특산물을 공부해 보겠다는 마음을 갖는다.	5′	·충청도에 사는 학생이 보낸 편지
	공부할 문제 확인	·공부할 문제 확인			
		경상남도의 주요 특산물을 찾아 소개 해봅시다.			
	학습 활동 안내	<활동 1> 경상남도의 특산물 찾아 발표하기 <활동 2> 경상남도 특산물 지도 만들기 <활동 3> 경상남도 특산물 소개하는 편지쓰기			·칠판에 제시
탐색 및 문제 해결	활동 1	<활동 1> 경상남도의 특산물 찾아 발표하기		30′	·모둠별 발표 자료, 학습지 ·모둠별로 다양한 발표형식을 활용하도록 한다.
		·모둠별로 조사해 온 경상남도의 특산물 발표하기 ·학습지에 발표내용 정리하기	·모둠별로 조사해 온 특산물을 발표한다. ·다른 모둠이 발표하는 동안 나머지 학생들은 학습지에 발표내용을 정리하도록 한다.		
	활동 2	<활동 2> 경상남도 특산물 지도 만들기			·특산물 그림 자료
		·모둠별로 발표한 내용을 참고하여 경상남도의 특산물 지도 만들기 ·특산물 지도를 만들 형식 알기	·준비해 온 그림과 글로 모둠원과 협동하여 특산물 지도를 만든다. ·특산물 지도를 만들며 발표내용을 확인하고 정리하도록 한다.		
	활동 3	<활동 3> 경상남도 특산물 소개하는 편지쓰기			·개별학습지 ·배운 내용을 스스로 정리하고 경상남도의 특산물에 자부심을 갖고 마음껏 자랑하도록 한다.
		·경상남도의 특산물을 궁금해 하는 충청남도 친구에게 경상남도의 특산물들을 소개하는 편지 쓰기	·특산물을 소개하는 간단한 편지를 쓰고 특산물 지도를 꾸민다.		
정리 및 차시 예고	정리	·특산물들을 앞으로 더욱 더 발전시키기 위해 노력해야 할 점 알기 ·경상남도의 사계절 변화가 주민들의 생활에 끼치는 영향 알아보기	·특산물들을 발전시키기 위해 노력해야 할 점들을 발표한다. -특산물들을 재배하거나 만드는 기술을 연구한다. -고장 특산물들을 사랑한다. 등 ·봄, 여름, 가을, 겨울의 경상남도 모습 조사해오기	5′	·학습지를 확인하며 정리한다.

제 2 절 수업 내용에 관한 교사의 개념틀

1. 지식의 구조

이 수업에서 교사가 학생에게 획득시키려는 지식의 구조를 분석하면 [그림 10]과 같다. 이것은 지도안에 나타난 교사의 발문이나 교사가 사전에 준비한 학습지(6)와 특산물 그림 자료(7), 교과서에서 다룬 개별 지식을 추출하여 작성한 것이다. 모리와케가 사실 지식과 일반적·설명적 지식의 계층으로 나눈 지식의 구조를 90° 회전시킨 형태로 제시하였다. 오른쪽에는 개별적인 사실 지식이 레벨 1에 있고 왼쪽에는 레벨 1에서 발전된 지식이 레벨 2에 나타나 있다.

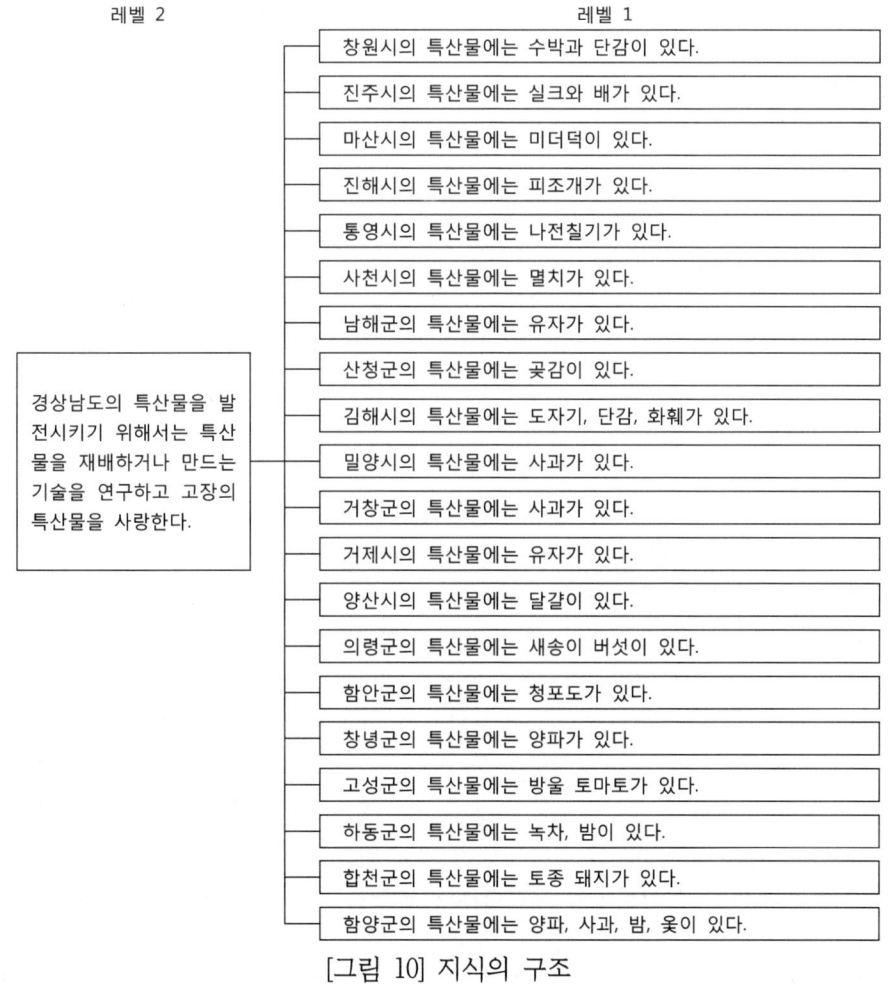

[그림 10] 지식의 구조

그렇다면 레벨 1과 레벨 2에 나타난 각각의 지식은 어떻게 추출된 것인지 살펴보자. 추출 과정을 지도안에 제시된 교사의 발문과 학습지([자료 3], [자료 4]), 특산물 그림 자료, 그리고 교과서 [자료 2]를 이용하여 살펴보면 다음과 같다.

1) 지식의 구조 [그림 10]의 레벨 1 작성 과정

[자료 1]의 지도안에서 〈활동 1〉에는 '모둠별로 조사해 온 경상남도의 특산물을 발표한다.'와 '학습지에 발표내용을 정리하도록 한다.'가 서술되어 있다. 그리고 〈활동 2〉에는 '모둠별로 발표한 내용을 참고하여 경상남도의 특산물 지도 만들기'라고 제시되어 있다. 지도안에는 학습 활동은 있지만 그 구체적인 지식 내용은 제시되어 있지 않다. 그래서 교사가 사전에 준비한 학습지와 특산물 그림 자료를 참고로 하여 지도안과 관련지어 구체적인 지식 내용을 확정한다.

[자료 3]의 학습지를 보면 왼쪽에는 지역 이름이, 오른쪽에는 주요 특산물이 일부 제시되어 있다. 그러나 몇몇 주요 특산물은 빈칸으로 되어 있다. 창원시나 진주시를 비롯한 경상남도의 20개의 시·군의 특산물을 다루고 있음을 알 수 있다. 빈칸에 들어갈 내용은 [자료 2]의 교과서와 그림 자료에서 찾도록 구성되어 있다. 예를 들어, [자료 3] 학습지에는 제일 앞에 창원시가 있다. 창원시의 오른쪽에는 특산물로 풋고추 한 가지가 제시되어 있고 풋고추 앞에는 밑줄 두 개가 있어 학생들이 내용을 찾아 쓸 수 있도록 한다. 밑줄에 들어갈 내용에는 [자료 2] 교과서의 왼쪽에 '단감, 수박'이 제시되고 있으며, 이것은 교사가 준비한 단감, 수박 그림 자료를 통해서도 확인할 수 있다. 이러한 과정을 통해 추출된 것이 레벨 1에서 '창원시의 특산물에는 단감과 수박이 있다.'라는 사실 지식이다. [그림 10]에서 진주시와 다른 시·군의 경우(20개의 시·군)에도 이와 같은 과정으로 지식 내용을 추출할 수 있다.

2) 지식의 구조 [그림 10]의 레벨 2 작성 과정

다음은 지식의 구조에서 레벨 2를 생성하는 과정을 살펴보자.

레벨 2는 지도안의 정리 단계에서 추출할 수 있다. 지도안에는 교사 활동으로 '특산물들을 앞으로 더욱더 발전시키기 위해 노력해야 할 점 알기'가 제시되어 있고 이에 따른 학생 활동으로는 '특산물들을 발전시키기 위해 노력해야 할 점들을 발표한다.'고 제시되어 있다. 이를 통해 교사는 '특산물들을 발전시키기 위해 노력해야 할 점들을 발표해 봅시다.'라는 발문을 준비하고 있음을 충분히 짐작할 수 있다. 이에 대한 학생들의 예상 반응으로 '특산물들을 재배하거나 만드는 기술을 연구한다/고장 특산물들을 사랑한다. 등'이 있다. 이러한 교사의 활동 및 발문과 학생의 예상 반응을 조합하면 '경상남도의 특산물을 발전시키기 위해서는, 특산물들을 재배하거나 만드는 기술을 연구하고 고장의 특산물을 사랑한다.'라는 지식을 추출할 수 있다. 이것이 [그림 10] 레벨 2의 지식이다. 이것은 레벨 1에 나타난 20가지의 사실 지식과는 다른 것이다. 교사가 본시 수업을 통해 이전 단계까지([그림 10] 레벨 1)의 사실 지식을 통해 레벨 2의 지식을 최종적으로 획득시키려는 것을 알 수 있다.

이러한 과정을 통해 추출하여 작성한 [그림 10]의 지식의 구조를 통해 이 수업은 레벨 1의 다양한 개별적인 사실 지식의 획득과 레벨 2에 나타난 '지역의 특산물을 발전시키기 위한 노력'이라는 가치·태도 형성으로 구성되어 있음을 알 수 있다. 이와 같이 지식의 구조를 분석하는 것은 수업의 뼈대 파악뿐만 아니라 교사의 의도를 더욱 명확하게 파악할 수 있는 하나의 단서가 되는 중요한 의미를 지닌 작업이다.

2. 교사의 개념틀

앞에서 분석한 지식의 구조도의 기저에는 교사의 신념이나 개념 및 관념이 작용하고 있다. 개념틀은 어떠한 사회현상에 대하여 그것을 고찰하고 해석하는 신념(belief)이나 개념·관념(idea)을 제시하는 인지적 모형이다. 이 연구에서는 이것을 교사의 개념틀(conceptual framework)[8]로 규정하여 분석함으로써 보이지 않는 교사의 개념틀을 더욱 명확하게 드러내어 시각화한다.

이 수업을 통해 교사가 학생들에게 무엇을, 어떻게 획득시키고자 하는지 검토하여 도식화한 것이 [그림 11]이다. [그림 11]은 상하부로 이루어져 있으며, 하부는 [그림 10] 지식의 구조의 레벨 1에 대응하고 있으며, 상부는 [그림 10] 지식의 구조의 레벨 2에 대응하고 있다. 그리고 하부의 왼쪽에는 20개 시·군의 특산물이, 그 오른쪽에는 20개 시·군의 지리적 위치를 나타내어 왼쪽과 오른쪽의 지식이 서로 연관된 것을 나타내고 있다. 하부에서 상부로 향하는 점선으로 된 화살표는 불명확한 관련성을 의미하고 있다.

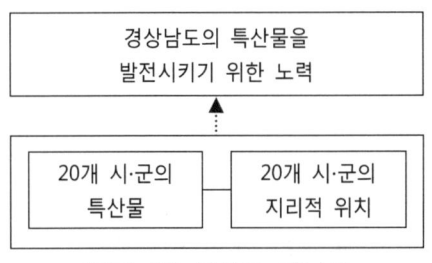

[그림 11] 교사의 개념틀

교사의 개념틀 추출 과정과 내용은 구체적으로 다음과 같다.

교사는 본시 학습 목표를 '경상남도의 주요 특산물을 찾아 소개할 수 있다.'로 설정하고 있다. 여기에서 이 수업에서는 학생들이 생활하고 있는 '경상남도'를 학습 대상으로 설정하고 있고, 지역 학습으로 이루어진 것임을 알 수 있다. 경상남도의 특산물에는 무엇이 있는지를 조사하고 그것을 다양한 언어 활동을 통해 표현할 수 있는 것을 목표로 제시하고 있는 것이다.

경상남도는 창원시, 진주시, 마산시, 진해시, 통영시, 사천시, 남해군, 산청군, 김해시, 밀양시, 거창군, 거제시, 양산시, 의령군, 함안군, 창녕군, 고성군, 하동군, 합천군, 함양군의 20개 시·군으로 구성되어 있다(2009년 현재). [그림 10]의 지식의 구조를 보면 교사는 이 수업에서 다루는 경상남도의 특산물을 20개 시·군으로 나누어 이를 학생들에게 이해시키려는 것을 확인할 수 있다. 즉, [그림 10] 레벨 1의 사실 지식의 내용을 보면 경상남도에 속한 20개 시·군의 특산물에는 무엇이 있는가라는 개별 지식을 획득 시키고자 의도하고 있다. 또한, 지도안의 〈활동 2〉에 명시되어 있는 '경상남도 특산물 지도 만들기'에서 각 시·군의 특산물을 지리적 위치와 관련지어 파악시키려는 의도를 읽을 수 있다.

아울러, 위와 같은 사실 지식을 획득함으로써 학생 자신들의 생활 기반이 지역에 대한 애정과 지역 특산물을 더욱 발전시키기 위한 노력을 생각하도록 하는 교사의 의도를 [그림 10] 지식의 구조 레벨 2를 통해 읽을 수 있다. 즉 지역에 관한 사실 지식을 획득시켜 일정한 가치·태도를 형성시키려는 것이다. 그러나 레벨 1의 개별적인 사실 지식과 레벨 2의 가치 지식이 어떻게 연계되는지 명확하지 않다(9). 레벨 1의 사실 지식을 기반으로 레벨 2에 어떻게 접근시켜나가는지가 뚜렷하지 않은 것이다.

이상 고찰한 교사의 의도를 도식화한 것이 [그림 11]이며 이것이 교사의 개념틀이다.

제 3 절 교사의 개념틀을 학생이 획득하기 위한 준비

위에서 서술한 교사의 개념틀을 학생에게 획득시키기 위해 교사는 무엇을 어떻게 준비하고 있는지 지도안과 교사와의 면담(10) 등을 통해 검토해 보자.

교사는 다음과 같이 학생 실태 파악, 교재 연구, 학습 자료 및 학습 활동을 준비하고 있다.

1. 학생 실태 파악

먼저 교사는 학생의 실태를 파악하여 본시 수업의 기반을 마련하고 있다. 이것은 수업 직후 교사와의 반구조화된 면담을 통해 알 수 있었다.

교사는 학기 초에 학생들의 '사회과에 대한 흥미도'를 설문 조사하였다. 그 결과, "사회과를 싫어하는 아이들이 많았다."라고 분석하고 "아이들의 관심을 높이기 위해서는 사회과 수업에 아이들이 활동하는 것이 중요하다고 판단하고 그것을 실천해 보았다"라며 학생의 실태를 파악한 후 드러난 문제점을 극복하고자 노력하고 있었다. 그리고 "그 후 많은 아이들이 사회과를 좋아하게 되어서 이번 시간에도 학생들의 활동을 넣었다."라며 이 수업이 이루어지게 된 과정을 설명하였다. 이러한 일련의 교사의 발언을 통해 이 수업이 학생 실태를 반영하는 형태로 구성되어 있음을 알 수 있다.

2. 교재 연구

본시 수업에서 다루는 주제는 지역의 '특산물'이다. 교사는 면담을 통해 이 특산물에 대하여 다음과 같은 의견을 제시하면서 교재 연구로 주로 교과서와 교사용 지도서를 참고하고 있음을 밝혔다.

> "최근 국제화, 글로벌화가 강조되고 있는 분위기입니다. 그러나 지역화가 중요하다고 생각합니다. 그렇지만 지역화된 것을 전국에 소개하는 것은 어렵습니다. 그래서 교과서와 지도서를 바탕으로 교재를 구성했습니다."

그렇다면 사회과 교과서에는 어떤 내용이 담겨 있는지 살펴보자[11].

수업에서 사용된 교과서에는 위에서 다루어진 20개 시·군의 특산물이 지역별로 3~4가지씩 제시되어 있고([자료 2]의 왼쪽), [자료 2]의 오른쪽에는 20개 시·군으로 구분된 경상남도 지도 위에 각 지역의 대표적인 특산물 한 가지의 사진이 제시되어 있다. 이것을 통해 각 지역의 특산물을 지리적 위치와 연계시키려는 것을 알 수 있다. [자료 2]가 본시 학습 내용과 관련된 교과서 지면이다.

[자료 2] 교과서 '사회과 탐구 우리 경상남도 4-1'의 내용

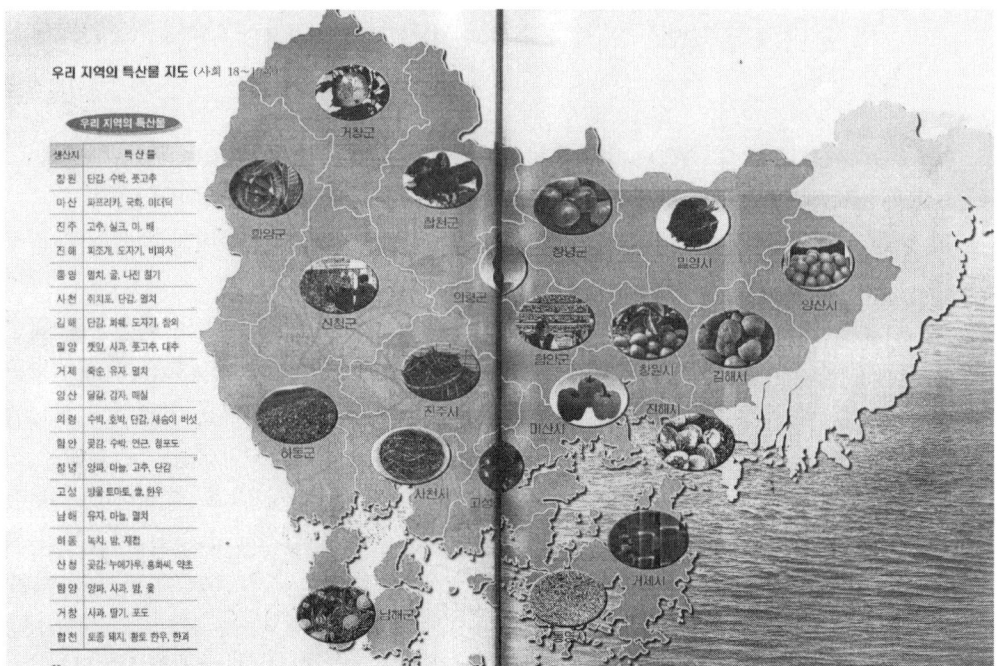

3. 교수 · 학습 과정에서의 자료 및 학습 활동 준비

교사는 전 단계의 학생 실태 조사와 교과서에서 제시된 내용을 바탕으로 다음과 같은 자료와 조사 · 발표 활동을 준비하고 있다. 이것은 도입, 전개, 정리(12)라는 교수 · 학습 단계와 연관되기 때문에 이 단계에 따라 검토한다.

첫째, 도입 단계에서는 학습 자료로 편지를 준비하고 있다.

이 단계에서는 학생들이 흥미 있게 학습에 임하도록 다른 지역인 충청도에 사는 친구로부터 학생들이 편지를 받아보는 장면을 설정하고 있다.

둘째, 전개 단계에서는 학습지, 지도, 지역 특산물 그림 등의 자료를 제공하고, 학습 활동으로 학생들의 조사 · 발표 활동을 계획하고 있다.

먼저 학습지, 지도, 지역 특산물 그림 등의 자료 준비를 살펴보자.

학습지는 [자료 3]과 [자료 4] 두 종류가 있다. [자료 3]은 학생들이 특산물 조사 · 발표 활동에 사용되는 것, [자료 4]는 특산물 지도 만들기와 특산물을 소개하는 편지 작성 활동에 사용되는 것이다. 이러한 학습지는 모두 학생의 지식 정착 또는 학생의 학습 활동을 확인하기 위한 것으로 판단된다.

전개 단계에서 사용되는 '지역 특산물 그림'은 제작 과정에 학생들을 참여시키고 있다. 교사는 그 이유를 면담에서 다음과 같이 밝혔다.

> "처음에는 (특산물) 실물이 더 좋을 거라고 생각했는데, 학생들이 (과제로) 그림을 그리는 과정을 통해 스스로 학습 능력이 형성될 것으로 판단했습니다."

학습 자료 제작을 학습 과정의 일환으로 생각한 것이다. 그리고 지도는 지역 특산물 그림을 활용하여 학습 내용을 학급 전체에 공유하기 위한 목적으로 준비되어 있다.

그렇다면 교사가 전개 단계의 학습 활동을 위해 무엇을 고려하여 준비하고 있는지 검토해보자.

전개 단계에서 교사는 학생의 조사 · 발표 활동을 도입하여 여러 지역의 특산물을 단순 암기하는 형태가 아니라 학생들이 학습하는 과정을 통해 습득하고 공유하도록 준비하고 있다. 그 준비 과정을 교사의 면담을 통해 검토하면, 교사는 학생 실태를 반영하여 모둠별로 조사 활동을 하도록 고려하고 있다. 교사에 따르면 조사 대상은 학생들이 관심을 가지고 있는 지역 중에서 스스로 선택하여 그 지역의 특산물을 조사하도록 준비하였다고 한다. 그런데 학생들이 자료를 조사하는 과정에서 어떤 문제가 발견되어 이를 해결하기 위해 다음과 같이 대응하였다고 밝혔다.

> "이 수업을 하기 일주일 전에 일차적으로 과제를 제시하고 학생들이 조사해 왔는데, 대부분의 모둠이 인터넷에 있는 자료 그대로를 붙여 왔습니다. 아이들에게 이해가 됐

는지 물었는데 아무런 대답이 없었기 때문에 2~3일 전에 아이들 (자신의) 말로 과제를 해결해오도록 하였습니다."

학생들이 조사한 자료 내용을 그대로 받아들이는 것이 아니라 학생 자신이 이해할 수 있는 내용으로 재구성할 것을 요구한 것이다.

위와 같은 학생의 조사 활동을 바탕으로 조사하고 재구성한 내용을 발표하는 활동을 준비하여 자신이 조사한 내용에 대하여 더욱 진지하게 임하고, 조사 활동에서 얻은 정보를 공유하도록 돕고 있다. 발표 활동을 통해 다른 모둠의 조사 결과(다른 지역의 특산물)에는 무엇이 있는지 이해할 수 있게 계획한 것이다. 그리고 이 발표 활동을 통해 자신이 조사한 하나의 지역뿐만 아니라 다른 모둠의 발표를 통해 경상남도 전체의 특산물을 지리적 위치와 연계하여 파악하도록 학습지도 준비하고 있다.

셋째, 정리 단계에서는 이전 단계까지의 학습을 토대로 발표 활동을 준비하고 있다.

아래의 [그림 12]는 위에서 검토한 교수·학습 단계별 자료와 학습 활동에 대한 준비를 정리한 것이다.

교수·학습 과정	자료	학습 활동
도입	편지	· 편지 소개
전개	특산물 그림, 지도, 학습지	①특산물 조사·발표 ②특산물 지도 만들기 ③특산물을 소개하는 편지 쓰기
정리		· 발표

[그림 12] 교수·학습 과정에서의 자료 및 학습 활동 준비

[그림 12]와 이상의 검토를 통해 교사는 교수·학습 과정과 자료, 학생의 학습 활동을 상호 관련지어 수업 자료를 제작·준비하고 있음을 알 수 있다.

[자료 3] 학습지 ①

<학습지1>

단원 1. 우리 시·도의 모습	우리 경상남도 22-23쪽
1. 지도를 이용하여 배우자(5/17)	4학년 5반 번 이름:

1. 경상남도의 특산물을 표로 나타내 봅시다.

지역이름	특산물	지역이름	특산물
창원시	단감, 수박, 풋고추	거창군	사과, 딸기, 포도
진주시	배, 밤, 고추, 마	거제시	톳순, 유자, 멸치
마산시	미더덕, 파프리카, 국화	양산시	대추, 감자, 매실
진해시	피조개, 도자기, 비파차	의령군	새송이, 수박, 호박, 한지
통영시	나전칠기, 멸치, 굴	함안군	청포도, 곶감, 수박, 연근
사천시	멸치, 쥐치포, 단감	창녕군	양파, 마늘, 고추, 단감
남해군	유자, 마늘, 멸치	고성군	방울토마토, 쌀, 한우
산청군	곶감, 누에가루, 홍화씨	하동군	녹차, 약밤, 재첩
김해시	도자기, 화훼, 단감, 참외	합천군	돼지, 황토 한우, 한과
밀양시	사과, 깻잎, 풋고추, 대추	함양군	양파, 사과, 밤, 옻

[자료 4] 학습지 ②

<학습지2>
<특산물 엽서>

그 림 엽 서

보내는 사람   초등학교 4학년 5반   받는 사람   김남기 에게

4 2 1 - 0 2 0   충청남도 천안시   초등학교 4학년 2반

3 3 0 - 1 3 0

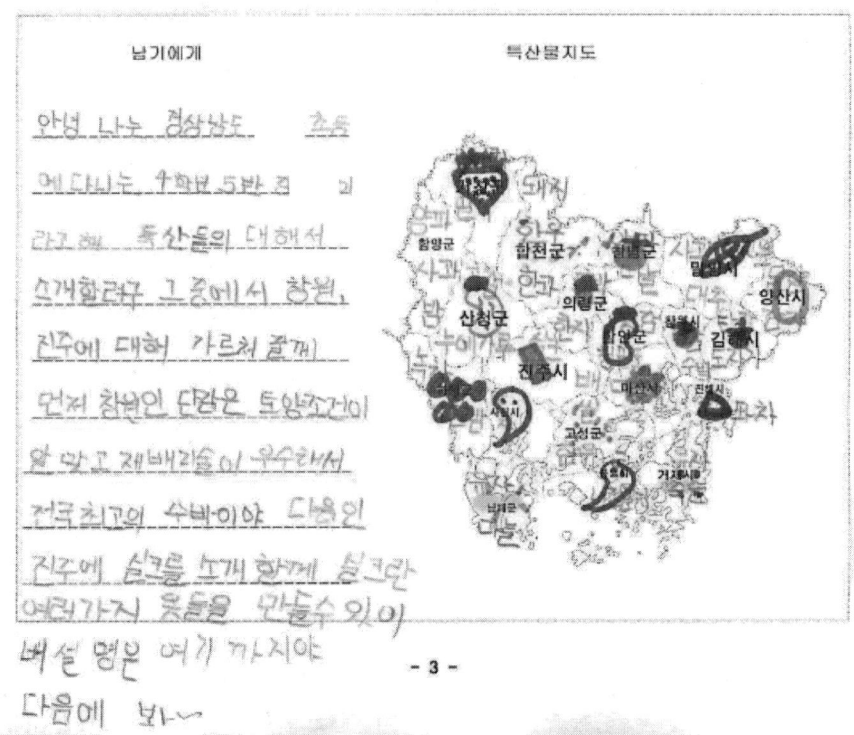

- 3 -

제 4 절 수업계획과 실제 수업 비교

이상 검토한 바와 같이 이 수업은 교사의 개념과 관념에 따라 계획되었다. 그러나 수업에는 다양한 요인이 존재하기 때문에 반드시 계획대로 실현되는 것은 아니다. 본시 수업계획과 실제 수업이 어떻게 되어 있는지를 비교해보자.

1. 지도안의 구조와 실제 수업의 전개

본시 수업은 5/17 차시에 해당하는 것으로 40분으로 구성되어 있다. 교사의 수업계획과 실제 수업에서 학생의 개념틀을 비교한 것이 〈표 4〉이다.

〈표 4〉는 왼쪽의 '지도안의 구조'와 오른쪽의 '실제 수업의 전개'가 이중선으로 구분되어 있다. 실제 수업의 전개에는 수업 과정과 교사의 지도, 학생의 반응, 그리고 학생 전체가 획득한 개념틀과 개별 학생이 획득한 개념틀이 배열되어 있다. 이 중에서 교사의 지도, 학생의 반응은 본시 수업의 실제 수업 기록을 바탕으로 작성된 것이며 수업 과정, 학생 전체가 획득한 개념틀, 개별 학생이 획득한 개념틀은 연구자가 분석한 결과를 나타낸 것이다. 〈표 4〉를 통해 수업계획과 실제 수업의 흐름, 교사의 의도와 실제 수업에서 학생이 획득한 것을 전체적으로 파악하여 비교할 수 있다.

〈표 4〉 지도안의 구조와 실제 수업의 전개

지도안의 구조	실제 수업의 전개						
	과정		교사의 지도	학생의 반응	학생 집단이 획득한 개념틀	J 학생이 획득한 개념틀	K 학생이 획득한 개념틀
	단계	내용					
■문제 파악 • 동기유발 • 교실에 도착한 편지 제시	파트 I (T1~T20)	동기유발 공부할 문제 확인	• T2 (한 장의 종이를 펼치며) 쪽지가 하나 와 있습니다. …○○이 한번 읽어 볼까요? • T16 그러면 공부할 문제를 다같이 한번 읽어 봅시다.	• P1 …너희들이 경상남도의 특산물을 소개해주길 부탁… • P14 (다같이)경상남도의 주요 특산물을 찾아 소개해 봅시다.			
■탐구 및 문제 해결 〈활동1〉 경상남도의 특산물을 조사하여 발표하기 • 모둠별로 조사한 특산물 발표하기 • 다른 모둠이 발표할 때 학습지에 발표 내용을 정리하도록 하기 19 A	파트 II (T21~T43)	탐구 및 문제 해결	• T21 그러면 첫번째 활동, 경상남도의 특산물을 찾아 발표해 봅시다. • T24 그러면 창원부터 가보도록 합시다. • T27 마산은 어떤 형태로 발표하는지 지켜 봅시다. • T30 통영부터 가봅시다. • T32 그 다음은 진주로 가보겠습니다. • T34 그러면 사천, 해봅시다. • T36 우리가 살고 있는 김해의 특산물에 대해 알아보겠습니다.	• P23 안녕하십니까. 오늘은 창원 특산물에 대해서 알아보도록 하겠습니다. • P28 창원에는 어떤 특산물이 유명하나요? • P29 당연히 단감과 수박이지요. • P30 단감은 토양 조건이 알맞고 재배 기술이 우수해서 전국 최고의 단감 출하지 입니다. … • P43 우리는 마산의 특산물인 국화를 노래 형식으로 표현하였습니다. • P50 안녕하십니까? 통영의 굴에 대해 인터뷰로 소개해 보겠습니다. • P61 저희는 진주와 진해 마을의 특산물에 대해서 인터뷰 형식으로 해보았습니다. • P69 진해의 특산물 중에 비파서 한 가지를 소개해 드리겠습니다. 비파는 꽃과 열매가 아름다운 과실입니다. … • P71 진주에는…, 그중에서 실크에 대해서 조사해 보았습니다. 실크는 흡수성이 좋아서 물기를 잘 빨아들이기 때문에, … • P80 저는 사천 지역의 특산물인 쥐치포에 대해 동화책 형식으로 했습니다. • P92 단감, 참외가 있는데, 그 중 참외는 기후 조건과 토양이 좋아서 아주 좋습니다.	2C 19 A	15 A	2C 17 A

			·T38 그러면 거제로 가봅시다. ·T39 이번에는 양산으로 가볼까요? ·T41 함안으로 가봅시다. ·T42 마지막까지 다 와가는데, 창녕. ·T43 고성의 특산물은 뭘까?	·P102 아, 우리 거제에는 멸치가 유명해… ·P112 먼저, 우리 밀양의 사과에 대해서 가르쳐 드리겠습니다. 밀양 얼음골에서 재배 생산하고 있는 사과는 국민농산물 품질검질에서 승인을 받은 특산물로… ·P118 우리 양산에서는 계란이 우선 부드럽고 소화가 잘되고… ·P130 요즘 수박이 풍년이라 함안에 가볼건데요, … ·P139 창녕의 특산물로는 양파, 마늘, 단감, 고추 등이 있는데, 그 중 양파에 대해 설명해 드리도록 … ·P144 저희는 고성의 특산물인 참다래를 소개하겠습니다.			
◾<활동2> 경상남도의 특산물 지도 만들기 ·준비해온 그림과 글로 모둠원과 협동해서 특산물 지도를 만들기 ·특산물 지도를 만들어 발표 내용을 확인하고 정리하도록 하기 20 A 20 B	파트Ⅲ (T44~ T104)	특산물 지도 만들기	·T45 …두번째 활동에서는,… 특산물 지도를 만들도록 하겠습니다. …이것은? ·T47 누가 나와서 붙여볼까요? ·T102 이거는 어디예요?	·P148 수박 ·P150 (지도의 창원에 붙임) ·P201 의령		20 A 20 B	14 A 14 B	19 A 19 B
◾<활동3> 경상남도의 특산물을 소개하는 편지 쓰기 ·특산물을 소개하는 간단한 편지를 써서 특산물 지도 만들기	파트Ⅳ (T105)		·T105 2번 학습지는, … 편지 쓰는 거예요. 그런데 종이가 쳐버렸어요. …과제로 하도록 하겠습니다.	·P203 아…(아쉬워하는 얼굴로)				
■정리 및 차시 예고 ·특산물을 지금부터 더 발전시키기 위해 노력해야 할 점을 알기 ·특산물을 재배하거나 만드는 기술을 연구하기 ·고향의 특산물 사랑하기 ·봄, 여름, 가을, 겨울의 경상남도 모습 조사해오기 발전 노력 20 A 20 B	파트Ⅴ (T106~ T113)	학습정리 차시예고	·T107 이 특산물을 더 발전시키기 위해 어떻게 해야 될까? ·T113 다음 시간에 경상남도의 사계절의 변화가 주민의 생활에 미치는 영향에 대해 알아보도록 하겠습니다.	·P205 좋은 제품을 더 많이 만들어야 한다. ·P206 자연 환경을 파괴하면 안된다. ·P207 소중히 여겨야 하겠습니다. ·P208 관심을 가져야겠어요. ·P209 특산물을 소중히 여깁니다.		발전 노력 20 A 20 B		발전 노력 19 A 19 B

A: 시·군의 특산물 B: 시·군의 지리적 위치 C: 자연 환경적 특질

2. 수업계획과 실제 수업 비교

여기에서는 교사가 계획한 개념틀과 실제 수업에서 학생 전체가 획득한 개념틀을 중심으로 비교한다. <표 4>에 나타난 바와 같이 이 수업에서 학급 학생의 개념 변용은 파트Ⅱ, 파트Ⅲ, 파트Ⅴ에 나타난다[13][그림 13].

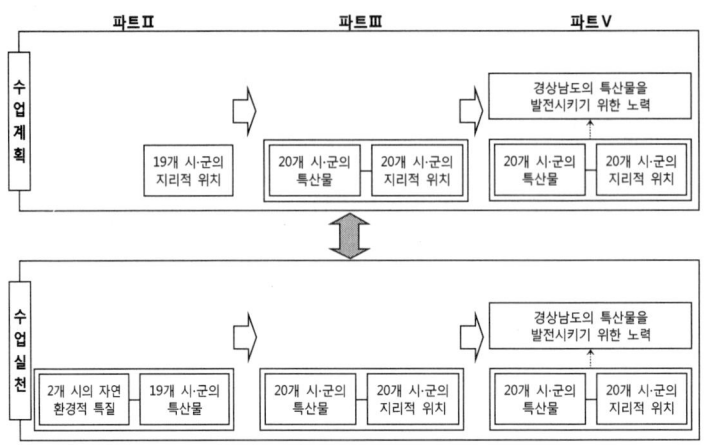

[그림 13] 수업계획과 수업실천 비교

[그림 13]을 작성하는 과정을 구체적으로 살펴보자. [그림 13] 상하단에는 수업계획과 수업실천이 각각 있고, 왼쪽에서 오른쪽으로 〈표 4〉의 파트Ⅱ, 파트Ⅲ, 파트Ⅴ 수업 단계를 나타내었다. 상단에는 〈표 4〉의 수업계획, 특히 파트Ⅱ, 파트Ⅲ, 파트Ⅴ에서 교사의 개념틀을 각 단계별로 나타내었다. 그리고 하단에는 〈표 4〉의 수업실천에서 파트Ⅱ, 파트Ⅲ, 파트Ⅴ의 학생 전체의 개념틀을 각 단계별로 나타내었다. 상하단에 나타난 것을 상호 비교·검토함으로써 수업계획과 수업실천을 더욱 선명하게 파악할 수 있다.

수업계획과 수업실천 내용을 좀 더 구체적으로 검토해보자.

[그림 13]의 수업계획에 나타난 바와 같이 파트Ⅱ에서 교사는 20개 지역 중 19개 지역의 특산물을 학생들이 파악할 것으로 예상하였다. 그러나 하단의 수업실천에 나타난 바와 같이 학생들은 모둠 발표 활동을 통해 13개 지역(창원시, 마산시, 통영시, 진주시와 진해시, 사천시, 김해시, 거제시, 양산시와 밀양시, 함안군, 창녕군, 고성군)의 특산물을 이해하고, 나아가 학습지①(14) 활동을 통해 함양군을 제외한 19개 지역의 특산물을 이해하고 있음을 확인할 수 있다. 특히 이 단계에서는 교사의 의도와는 조금 다른 시점, 즉 김해시와 창원시의 특산물과 그 지역의 자연 환경적 요인을 결합하여 인식하는 학생의 발언이 두 군데 나타난다. 학생들이 19개 지역의 특산물에 대해 이해할 것으로 예상하였다. 그러나 실제 수업에서 학생들은 이와 같은 교사의 의도를 포함하여 지역 특산물을 그 지역의 자연 환경적 특성과 관련지어 파악하고 있다.

파트Ⅲ에서 그림 상단의 수업계획과 같이 교사는 20개 지역의 특산물을 각각 지리적 위치와 함께 파악하도록 계획하였다. 하단에 나타난 실제 수업에서도 학생들은 교사의 예상 범위 내에서 20개 지역의 특산물을 지리적 위치를 확인하면서 이해하고 있다. 학생들은 교사가 제시하는 각 지역의 특산물 그림을 보면서 먼저 어느 지역의 특산물인지를 생각한 다음에 그 지역이 어디에 있는지를 다음의 ①~⑱(19개 지역)과 같이 확인하고 있다.

> ① 단감과 수박-창원시, ② 실크-진주시, ③ 미더덕-마산시, ④ 피조개-진해시,
> ⑤ 나전 칠기-통영시, ⑥ 멸치-사천시, ⑦ 유자-남해군, ⑧ 곶감-산청, ⑨ 도자기,
> 단감, 화훼-김해시, ⑩ 사과-밀양시, 거창군, ⑪ 토종 돼지-합천군, ⑫ 방울 토마
> 토-고성군, ⑬ 달걀-양산시, ⑭ 청포도-함안군, ⑮ 유자, 죽순-거제시, ⑯ 양파-창
> 녕군, ⑰ 녹차-하동군, ⑱ 새송이 버섯-의령군

단, 함양군의 특산물은 위의 학습 과정에서는 확인할 수 없지만, 학생들이 만든 특산물의 지도를 통해 그 획득을 확인할 수 있다.

파트Ⅴ에서 교사는 특산물을 발전시키기 위한 노력에 대하여 이해할 것으로 예상하였다. 실제 수업에서 학생들은 특산물에 대한 애정과 향후 특산물을 발전시키기 위한 노력에 대한 발언을 하고 있다. 그렇지만 이것을 이전 단계에서 익힌 사실 지식을 바탕으로 얻어진 결과라고 보기는 어렵다.

검토한 바와 같이 이 수업은 전반적으로 교사의 의도대로 진행되고 있다. 특히 파트Ⅱ 단계에 나타난 학생의 다른 시점이 파트Ⅲ, Ⅴ에서는 사라져가는 것을 확인할 수 있다.

제 5 절 수업 내용에 대한 학생의 개념틀과 그 변용

위에서는 학생 전체의 개념 변용에 대하여 검토하였다. 다음으로 수업 과정에 나타난 개별 학생의 개념 변용을 고찰해보자.

수업에서 개개인의 개념 변용은 다음의 세 단계를 밟아 분석할 수 있다.

1단계: 수업 각 단계에서 개개인의 개념틀을 추출한다.

개별 학생의 개념 변용을 파악하기 위해서는 먼저 수업의 각 단계에서 개개인의 개념틀을 추출할 필요가 있다. 이것은 앞에서 추출한 교사의 개념틀 [그림 11]을 바탕으로 하여 이에 대응한 학생의 개념틀을 분석한다. 이 때, 수업 기록에서 개별 학생의 발언과 학습에 임하는 모습, 학생이 작성한 학습지, 학생과의 면담 자료 등이 필요하다.

2단계: 개개인의 개념 변용 과정을 추적한다.

1단계에서 추출된 개개인의 개념틀을 수업 각 단계별로 추적하고 수업 전체의 개념 변용 과정을 검토하여 그 특징을 찾아낸다.

3단계: 개개인의 개념 변용에서 공통점과 차이점을 비교·검토한다.

이것은 이 수업에 나타난 학생의 개념 변용의 특질을 찾기 위한 단계이며 추출 학생을 선정하는 기준이 된다. 이 단계에서는 2단계에서 나타난 개별 학생의 개념 변용에서 공통점 또는 차이점을 검토하고 수업에 나타난 개념 변용의 유형을 확정한 후, 각 유형별 전형적인 사례로 보이는 학생을 추출 학생으로 선택한다.

이상의 과정을 거쳐 본시 수업에 나타나는 학생의 개념 변용을 검토하면, '사실 지식의 수가 부족한 상태로 변용해가는 유형', '교사의 의도와는 다른 것에서 의도한 것으로 변용해가는 유형'의 두 사례가 보인다.

1. 사실 지식의 수가 부족한 상태로 변용해가는 유형

이 유형은 교사가 학생이 획득할 것으로 예상하였던 각 지역의 특산물의 수와 비교하였을 때, 적은 상태에서 변용해가는 유형이다. J학생이 여기에 해당된다. [그림 14]는 실제 수업에서 나타난 J학생의 개념 변용을 〈표 4〉의 수업 단계별 학생의 개념틀을 나타낸 것이다.

J학생의 개념 변용은 파트Ⅱ와 파트Ⅲ에서 확인할 수 있다.

파트Ⅱ에서 J학생은 15개 지역의 특산물을 이해하고 있다. J학생은 모둠 조사 활동을 통해 거제시의 특산물을 발표하고 있다(P98~P105). 특히 "아, 우리 거제에는 멸치가 유명해.(P102)", "멸치는 어디에 좋습니까?(P103)", "칼슘이 많아서 뼈에 좋지. 성장에 도움이 돼.(P104)"라는 주요 발표 내용을 보면 J학생은 특정 지역(거제시)의 특산물에는 무엇이 있으며, 그 특산물의 특성이 무엇인지에 대하여 파악하고 있음을 알 수 있다. 또한 다른 모둠의 발표를 들으면서 정리한 J학생의 학습지①을 확인한 결과, 4개 지역(남해군, 산청군, 거제시, 합천군)의 특산물이 교사가 의도한 것과는 다른 것으로 판명되었다(15).

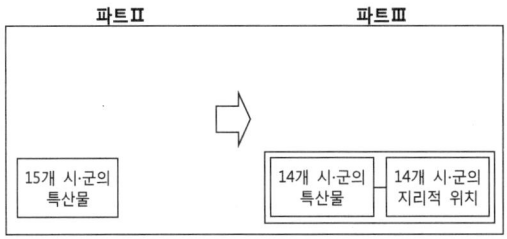

[그림 14] J학생의 개념 변용

파트Ⅲ에서 J학생은 14개 지역의 특산물을 지리적 위치와 일치시켜 이해하고 있다.

교사가 청포도 그림을 제시하면서 어느 지역(지리적 위치를 포함하는 학습 활동)의 특산물인지를 묻는 장면(T86)에서 J학생은 지도상의 함양에 청포도를 붙이고 있다(P188). 이것은 교사가 의도한 것과 다르기 때문에 교사는 "(다시 붙이면서) 잘못 붙인 것 같아요. 함안이지요, 착각했나봐요.(T89)"라고 말하면서 수정을 하였다. 그 결과 J학생의 학습지 ②(16)에는 함양이 아니라 함안의 특산물로 청포도가 그림과 함께 적혀있는 것을 확인할 수 있다. 그러나 J학생이 만든 특산물 지도를 검토한 결과 6개 지역(함양군, 밀양시, 김해시, 창원시, 진주시, 마산시)에 대한 특산물은 기록되어 있지 않아 그 획득 유무를 확인하기 어렵다. 다만 J학생이 전 단계에서 개별적 지식을 획득하는 상황을 통해 다음의 두 가지로 추측할 수 있다. 먼저, 이 6개 지역의 특산물을 알고는 있으나 이것을 지리적 위치와 결부시켜 이해하는 데 어려움을 느끼고 있는 점을 생각할 수 있다. 그리고 제한된 시간 안에 학습하는 개별 지식의 내용(지역의 수와 특산물의 수, 그리고 지리적 위치)이 많아서 모두 작성하지 못하였을 가능성도 배제하기 어렵다.

J학생의 개념 변용 사례를 통해 이 유형의 개념 변용은 교사가 계획한 사실 지식 내용의 수와 비교하여 그 수가 부족한 상태로 변용해가는 것을 알 수 있다.

2. 교사의 의도와는 다른 것에서 의도한 것으로 변용해가는 유형

교사가 가정한 개념틀과는 다른 형태에서 교사가 의도한 형태로 변용하는 유형의 대표적인 사례로 K학생을 살펴보자.

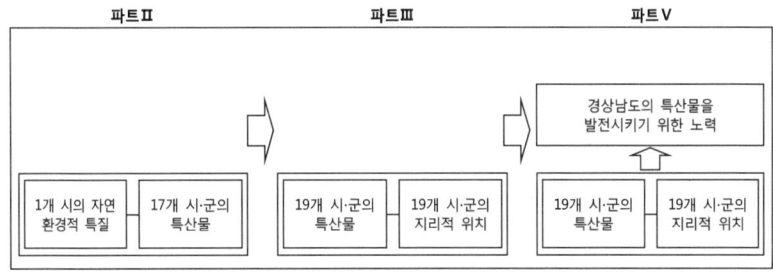

[그림 15] K학생의 개념 변용

파트Ⅱ에서 K학생은 17개 지역의 특산물을 이해하고 있고, 그 중 한 지역의 특산물에 대해서는 그 지역의 자연환경적 특질과 관련지어 이해하고 있다.

K학생은 파트Ⅱ의 모둠 발표 활동에서 자신이 살고 있는 김해시의 특산물을 조사하고 다음과 같이 발표했다.

> P91 (앞부분 생략) 여기 저분에게 물어보겠습니다. 김해의 특산물에는 무엇이 있습니까?
> P92 (참외 그림을 건네면서) 단감, 참외가 있는데, 그 중 참외는 기후조건과 토양이 좋아 맛이 아주 좋습니다.

K학생의 "기후조건과 토양이 좋아 맛이 아주 좋습니다."라는 발언에서 참외가 김해시의 특산물인 것이 기후와 토양이라는 자연조건의 영향이라는 것을 어느 정도 인식하고 있음을 알 수 있다. 그러나 K학생이 작성한 학습지①의 기록을 통해 다른 모둠이 발표한 지역의 특산물 중 3개 지역(진주시, 거제시, 의령군)이 누락 혹은 잘못된 것으로 확인되었다.

파트Ⅲ에서 K학생은 19개 지역의 특산물과 함께 그 지리적 위치를 파악하고 있다.

교사가 죽순과 유자 그림을 제시하면서 어느 지역의 특산물인지를 묻고(T90~T92) 지도 위의 해당 지역에 그림을 붙이는 활동에서 K학생은 거제시에 죽순과 유자 그림을 붙였다(P192). 거제시의 특산물은 K학생이 이전 단계에서 잘 인식하지 못한 부분이었는데 파트Ⅲ에서 교사가 의도한 형태로 변용하였음을 알 수 있다. 또한 K학생의 학습지②에 19개 지역의 특산물이 각각의 지리적 공간에 기록된 것을 통해 교사의 개념틀과 유사한 형태로 변용해 나간 것을 확인할 수 있다. 한편, 파트Ⅱ에 나타난 자연 조건과 특산물 간의 관련에 대한 K학생의 인식은 특산물의 종류와 지리적 위치에 중점을 두는 학습 활동에 머물러 있어 파트Ⅲ에서는 나타나지 않았다.

파트Ⅴ는 "그러면 경상남도의 특산물이 이렇게 많은데, 이 특산물을 더 발전시키기 위해 어떻게 해야 될까? 우리가 어떻게 해야 할까?(T107)"라는 교사의 발문에 대하여 "관심을 가져야겠어요.(P208)"라고 발표하였다. 교사의 의도인 가치·태도에 도달한 것이다. 그러나 이전 단계까지 획득한 사실 지식과의 관련이 미흡하다. 이 수업이 학부모를 대상으로 한 공개 수업이라는 상황을 고려하면 K학생은 교사의 의도를 앞서 읽고 대답함으로써 교사와 부모에게 좋은 아이로 인정받으려는 심리가 작용하고 있는 것으로 짐작된다.

K학생의 개념 변용 사례를 통해 수업 초기 단계에서 학생의 조사·발표 활동은 교사가 의도한 형태와는 약간 다른 개념틀을 가지고 있었지만, 수업이 진행됨에 따라 교사의 계획에 따라 의도한 형태로 변용해가는 것을 알 수 있다.

이 수업에 나타난 개별 학생의 개념 변용 과정을 살펴본 결과 어떤 학생은 교사가 의도한 사실 지식의 획득에 미치지 않은 채 변용하고 있고, 또 어떤 학생은 수업이 진행됨에 따라 교사의 개념틀에 근접한 형태로 변용하고 있음이 드러났다.

이상의 사실 이해형 수업 사례 분석을 통해 이 유형에서는 많은 개별적인 사실 지식을 수업에서 다루고 학생 스스로가 그것을 이해하도록 계획·실천되고 있음을 알 수 있다.

제 6 절 사실 이해형 사회과 수업분석 결과 및 고찰

지금까지 사실 이해형 수업 사례를 중심으로 단원을 고찰하고, HAL 틀을 이용하여 교사와 학생 요인 그리고 수업계획 단계, 수업실천 단계를 전체적으로 분석하였다.

교사 요인으로는 지도안과 [그림 7]의 지식의 구조를 통해 개별적인 사실 지식을 획득시키려는 교사의 개념틀 [그림 8]을 추출하였다. 이 수업에서는 교사의 개념틀을 학생들에게 획득시키기 위해 학생 실태 파악과 교재 연구, 다양한 자료와 학습 활동을 준비하고 있었다. 그리고 교사의 개념틀에 대한 학생의 개념틀 분석, 수업계획과 수업실천을 비교, 교사의 개념틀과 학생 전체의 개념틀을 상호 비교 분석한 결과 전반적으로 이 수업이 교사의 의도대로 진행된 것도 확인할 수 있었다. 그러나 학생 개개인의 개념 변용을 [그림

14]와 [그림 15]를 통해 검토한 결과 교사가 가정하였던 사실 지식의 획득에 도달하지 못하는 학생도 있고, 교사가 의도한 형태로 변용해 나가는 학생도 있다는 것을 밝힐 수 있었다.

1. 수업의 특질

사실 이해형 수업 사례를 HAL 틀을 이용하여 분석한 결과 다음의 4가지 특질이 드러났다.

첫째, 반복적인 구조로 구성되어 있다.

경상남도 각 지역(시·군)의 특산물에는 무엇이 있는지 학습자에게 이해시키기 위해 지역별로 동일한 내용을 반복 학습하는 구조이다. 〈표 4〉의 지도안과 [그림 9]에서 교사가 준비한 학습 활동을 보면 지역의 특산물이라는 주제를 중심으로 조사·발표, 지도 만들기, 편지 쓰기 등의 학습 방법을 수업에 도입하여, 각 지역의 특산물이라는 개별적이고 사실적인 지식을 '반복'하여 정착시키는 구조이다.

둘째, 학생의 주체적인 사실 이해를 계획하고 있다.

이 수업은 학생이 각 지역의 특산물을 이해하는데 있어서 교사가 지식을 주입 전달하는 것이 아니라, [그림 9]의 교수·학습 과정별 자료 및 학습 활동의 준비에서 확인할 수 있는 바와 같이 주로 학생의 조사·발표 활동을 중심으로 계획되어 있다. 그리고 "… 스스로 학습 능력이 형성될 것으로 판단했습니다.", "… 아이들 (자신의) 말로 과제를 해결하는 것"이라고 밝힌 교사의 면담 내용에서 알 수 있듯이 교사는 학생 스스로가 각 지역의 특산물에 대하여 관심을 가지고 이해하도록 설계하고 있다.

셋째, 학생은 조사·발표 활동 결과를 공유함으로써 각 지역의 특산물을 이해하고 있다.

실제 수업에서 학생들은 자신이 조사·발표한 특정 지역의 특산물을 이해하는 것에 그치지 않고, 다른 모둠의 발표를 통해 자신이 조사하지 않은 지역의 특산물에 대해서도 파악하고 있다. 이것은 〈표 4〉 지도안의 구조와 실제 수업의 전개, [그림 10]의 수업계획과 수업실천 비교를 통해 확인할 수 있으며, 학생의 발표 활동과 개별 학생이 작성한 학습지를 통해서도 알 수 있다.

넷째, 학생은 수업 단계를 거치면서 개별 사실 지식을 누가적으로 획득하고 있다.

학생은 자신이 조사한 시·군의 특산물에 다른 학생이나 모둠이 조사한 시·군의 특산물을 추가해가면서 경상남도라는 도 단위 지역 전체의 특산물을 이해하고 있는데, 이것은 교사가 가정한 범위 내에서 이루어지고 있다. K학생의 개념 변용 [그림 15]에서 알 수 있듯이 학생들은 각 지역의 특산물에 대하여 학습 단계를 거치면서 학습 내용의 반복적인 구조에 의해 수많은 사실 지식을 습득해 나가고 있다.

이상의 분석을 통해 사실 이해형 수업 ①은 교사가 사전 계획 단계에서 많은 개별적인 사회현상에 대한 이해를 요구하고 있기 때문에 반복적인 구조와 학생의 주체적인 학습 활동을 수업에 도입하여 학생들의 사실 이해를 돕고 있고, 실제 수업에서 학생들은 조사와 발표 활동을 통해 검토한 많은 개별적인 사실 지식(각 시·군의 특산물)을 누가적으로 획득하고 있는 것을 알 수 있다.

2. 수업의 과제 및 개선 방향

수업분석 결과 드러난 이 수업의 과제로 다음의 세 가지를 짚을 수 있다.

첫째, 한 시간 수업에서 다루는 사실 지식의 양이 많다.

이 수업은 수업계획 및 수업실천을 비교한 [그림 13]을 보면 교사의 의도대로 진행된 것으로 보인다. 그러나 이것은 학생 전체의 개념 변용이며 개별 학생의 개념 변용은 [그림 14], [그림 15]와 같이 다양하다. 그리고 [그림 14]와 같이 교사가 의도한 개별적인 사실 지식을 충분하게 획득하지 못한 학생도 다수 발견되는 것을 통해 한 시간 수업에서 다루는 지식의 양을 적절하게 조절할 필요가 있겠다.

둘째, 특산물과 그 지역의 자연환경 간의 관련을 놓치고 있다.

이 수업에서는 특정 지역의 특산물에는 무엇이 있는지에만 중점을 두고 있기 때문에 특산물과 그 지역의 자연환경 및 인문환경과의 관련을 놓치고 있다. 본시에서 다루는 특산물(local specialty)은 '자연환경에 따라 어떤 지역에서만 나오거나, 그 지역에서 특별히 많이 생산되는 것'(17)이다. 따라서 특산물을 이해할 때 그 지역의 지리적 특성이나 환경과 관련지어 파악해야 한다. 이것은 특히 [그림 15]의 파트Ⅱ에서 나타난 K학생의 대체적 개념틀을 활용하면 충분히 가능할 것이다. 학생이 각 지역의 특산물을 발표하거나 발표 내용을 정리할 때 K학생의 발언이나 발표를 활용하여 특산물이 각 지역의 지형 및 기후와 연관된 것을 인지하도록 돕는 것이다.

셋째, 사실 지식과 가치 지식과의 관련성 문제이다.

교사의 개념틀에서 지적한 바와 같이 이 수업에서 다루는 가치는 사실 지식 학습과는 다른 것이다. 실제 수업에서도 교사가 의도한 대로 학생의 개념 변용이 이루어지지만, 이 역시 사실 지식을 바탕으로 한 것이 아니기 때문에 그 관련성 측면을 묻지 않을 수 없다.

이와 같은 과제를 통해 사실 이해형 사회과 수업의 개선 방향을 다음과 같이 제안한다.

- 한 시간 수업에서 다루는 사실 지식의 양을 학생의 실태에 맞게 적절하게 조정하기.
- 단순한 개별적인 사실 지식을 습득하는 것에서 개념 지식과 연계할 수 있는 방향으로 변경하기.

이상에서 다룬 사실 이해형 수업은 많은 사실 지식을 이해시키기 위해 반복적인 구조를 사용하면서 학생의 주체적인 이해를 돕고 있으며, 수업에서 학생은 조사·발표 활동을 통해 많은 개별 사실 지식을 누가해가면서 획득하고 있음을 알 수 있었다.

[주 및 참고문헌]

(1) 정문성·구정화·설규주(2012). 초등사회과교육. 교육과학사. p.156.
(2) 권오정·김영석(2005: 239)은 한국의 사회과 수업의 전통적인 문제점으로 사회과 수업에서 제시되고 습득되는 지식들은 개별적, 단편적, 기술적인 것들로서 전이되지 않는다는 점을 지적하고 있다. 이를 통해 한국의 사회과 수업은 사실 이해형 수업이 전통적으로 많이 이루어져 왔음을 알 수 있다. 또한 이 형태의 수업은 비판의 대상이 되고 있는 것도 알 수 있다. 이러한 이유로 실제 학교 현장에서는 일반적으로 많이 이루어지고 있는 수업 유형으로 볼 수 있겠으나, 연구 수업이나 공개 수업에서는 그다지 많이 나타나지 않는 현상이 발생한다. 권오정·김영석(2005). 사회과 교육학의 구조와 쟁점. 교육과학사.
(3) 학부모 공개수업은 대체적으로 학부모가 자신의 자녀가 학교에서 학습하는 활동 모습을 보기 위해 참석하므로 교사는 개개인의 학생에게 학습 활동이나 발언할 기회를 가급적 많이 제공하기 위해 노력한다.
(4) 교사는 면담(2009.05.01)을 통해 4학년 사회과 수업에서는 다음의 교사용지도서를 주로 활용하고 있다고 밝혔다. 이것은 4학년의 지역 학습을 위해 지역 교육청이 발간한 것이다. 경상남도교육청(2008). 초등학교 교사용 지도서 사회과 탐구 4-1 우리 경상남도. pp.12-13.
(5) 4학년 사회과의 내용은 지역(시·군)이라는 공간적 범위를 두고 지리와 일반사회를 통합하고 있다. 교육과학기술부(2008). 초등학교 교사용 지도서 사회 4-1. p.16.
(6) 교사는 [자료 1]의 지도안에 표시된 세 가지 학습 활동을 위한 학습지①과 ② 두 장을 준비하고 있다. 학습지①은 특산물을 조사하여 발표하는 '활동 1'과 관련된 것이며 [자료 2]의 교과서에 나타난 왼쪽 부분의 내용과 같고, 학생들이 각 지역의 특산물에 대하여 기입하도록 구성되어 있다. 그러나 각 지역의 특산물 2~3가지는 이미 제시하고 있으며 학생들이 한두 가지 정도만 각 지역별로 기록하도록 공란이 마련되어 있다. 학습지②는 '활동 2'와 '활동 3'을 위해 마련된 것으로 [자료 2]의 경상남도 지도가 제시되어 학생이 각 지역에 해당하는 특산물을 그림이나 문자로 나타낼 수 있도록 구성되어 있다. 그리고 경상남도의 특산물을 다른 지역 학생에게 소개하는 편지를 적는 공간이 마련되어 있다.
(7) 교사는 특산물 지도를 만드는 '활동 2'를 위해 그림 자료를 준비하고 있다. 직접 각 지역의 대표적인 특산물 1가지 내지 2가지를 그림 자료로 준비하여 학생들의 이해를 돕고 있다.
(8) 수업은 교사의 관념이나 개념틀에 이미 존재하는 세계이다. 개념틀은 양식화한 시나리오의 일부, 혹은 실제 세계의 어떤 영역을 고찰하는 견해를 제시하는 이념화된 인지 모델로 개념을 파악한다. 이 경우 개념 형성은 이러한 시나리오 또는 모델의 구성 부분끼리의 관계나 그 구성 부분이 특정 개념에 대하여 갖는 의미를 추론하는 것이다(泉川泰博·宮下明聡訳, 2008: 312) 따라서 이 연구에서는 이 개념틀을 분석하고 시각화함으로써 교사가 무엇을 학생에게 획득시키고자 하는지, 그리고 학생들은 그것을 어떻게 획득해 나가는지를 밝힌다. 泉川泰博·宮下明聡訳(2008)『社会科学の方法論争―多様な分析道具と共通の基準』勁草書房.)
(9) 교사는 교사용 지도서에 제시되어 있는 지식·이해, 기능, 가치·태도의 세 영역의 단원 목표를 의식하여 한 시간의 수업에서 이를 달성하기 위해 [그림 7]에 나타난 하부의 지식의 이해에서 상부의 가치·태도에 해당하는 지식을 형성시키고자 하고 있음을 엿볼 수 있다. 교사용 지도서에는 가치·태도에 관한 목표 중 하나로 '지역 사회에 대하여 자부심을 가지고 발전에 관심을 가진다(경상남도교육청, 2008: 12).'라고 제시되어 있다.
(10) 이 수업은 학부모를 대상으로 하는 공개 수업이었기 때문에 교사와의 면담은 방과후(2009.05.01) 수업을 하였던 교실에서 이루어졌다.
(11) 이 수업은 제 7 차 교육과정을 바탕으로 한 것이다. 이 시기에는 '사회' 교과서와 '사회과 탐구' 교과서 두 종류를 사용하였다. 4학년 1학기의 사회과는 교육과정의 지역화에 따라 주로 학생이 사는 지역에 대한 지식과 이해에 중점을 두고 있다. 즉, 지역 자체에 대한 학습인 것이

다. 따라서 각 지역 교육청에서 발간된 '사회과 탐구'(인정)를 중심으로 사용되고 있으며, 각 지역 교육청은 '초등학교 교사용 지도서 사회과 탐구'를 제공함으로써 학교 현장의 학습을 지원하고 있다. 이 수업을 실천한 교사 역시 이 자료를 참고하였다고 면담에서 밝혔다. 따라서 여기에서는 경상남도교육청이 발행한 '사회과 탐구 우리 경상남도 4-1'을 중심으로 검토한다. 경상남도교육청(2008). 사회과 탐구 우리 경상남도 4-1. pp.22-23.

(12) 이 세 단계는 [자료 1]의 지도안상에 나타난 문제 파악, 탐구 및 문제 해결, 정리 및 차시 예고에 대응한다.

(13) 수업계획의 파트Ⅳ 과정(특산물을 소개하는 편지 쓰기 학습)은 시간 관계상 실제 수업에서는 생략되었기 때문이다.

(14) 학습지①은 20개 지역명과 특산물 칸에 1~3개의 특산물이 제시되어 있으며, 그 중 1~3개는 학생들이 그 내용을 직접 작성하도록 되어 있다. 단, 한 지역(함양군)만 모든 특산물이 제시되어 있다.

(15) 또 다른 지역의 특산물인 함양군에 대해서는 학습지①에 이미 제시되어 있기 때문에 그 획득 유무를 확정하기 어렵다.

(16) 학습지②는 20개 지역의 이름이 적힌 지도에 각 지역의 특산물을 작성 또는 그림으로 나타낼 수 있도록 구성되어 있다.

(17) 신정숙·이건림·조선미(2007). 개념 잡는 초등사회 사전. 주니어 김영사. p.368.

제 5 장 개념 획득형 사회과 수업분석

제 5 장에서는 개념 획득형 사회과 수업을 분석하고 그 구조와 특징을 해명한다. 개념 획득형은 사회과학의 연구성과를 통해 밝혀진 추상적인 개념을 획득시키는 형태의 수업이다. 이 유형의 사회과 수업에서 다루는 개념은 지방별로 다른 집 모양의 차이, 인구의 도시 집중 원인, 시장의 역할이 있다. 이 형태의 수업은 학습자가 사회현상을 설명하는 새로운 개념을 습득했을 경우 그 개념이 갖는 다양한 기능을 통해 주변 세계를 더 잘 이해할 수 있다[1]는 점에서 사회과에서 중요한 것으로 인식되고 있기 때문에, 주로 연구 수업이나 공개 수업에서 많이 접할 수 있다.

이 유형의 수업분석은 수업 구조와 수업 과정에 나타나는 학생의 개념 획득 과정을 밝히는 것을 목적으로 한다. 따라서 이 장에서는 개념 획득형 수업으로 〈표 1〉의 수업 중 ②, ③, ④를 사례로 HAL 틀에 따라 분석한 후, 각 수업별 개념 획득의 특질을 해명한다. 즉 지식의 구조를 통해 개념이 어떻게 구조화되어 있는지 분석하고, 학생 요인을 분석하기 위해 대체적 개념틀을 이용하여 학생이 개념을 어떻게 파악하고 있으며 어떠한 과정을 통해 교사가 계획한 개념을 획득해 나가는지 등을 분석한다.

수집한 개념 획득형 수업은 ❶ 인과관계적 획득을 추구하는 것, ❷ 개념의 종합적 획득을 추구하는 것, ❸ 개념의 발전적 획득을 추구하는 것의 세 가지가 있다. 본 장에서는 이 세 수업을 사례로 각각 분석한 후 개념 획득형 수업의 특질을 해명한다.

제 1 절 개념의 인과관계적 획득을 추구하는 초등사회과 수업

본 절에서는 개념 획득형 사회과 수업 중 개념의 인과관계적 획득을 추구하는 수업을 사례로 그 특질을 해명한다. 분석 대상 수업은 2009년 4월 1일 부산의 B초등학교에서 교내 연구수업으로 공개된 5학년 '지방별 집 모양의 차이'이다.

1. '지방별 집 모양의 차이'의 개요 및 지도안

(1) 단원 및 수업의 개요

이 수업은 초등사회과 교육과정[2]의 두 번째 목표인 '인간과 자연 간의 상호 작용에 대한 이해를 통하여 장소에 따른 인간 생활의 다양성을 파악하며, 고장, 지방[3] 및 국토 전체와 세계 여러 지역의 지리적 특성을 체계적으로 이해한다.'와 관련 있다.

본시 수업은 5학년 1학기 사회 교과서의 세 단원 중 '1. 우리나라의 자연환경과 생활'

에 해당한다. 이 단원은 한국의 국토를 배경으로 인간과 환경의 상호 작용에 대한 이해를 목표로 하고 있다. 지도안에 나타난 단원지도 계획을 보면 '① 우리 생활과 자연환경'과 '② 자연환경을 이용한 생활'의 두 소단원(주제)으로 구성(총 17 차시)되어 있으며 내용은 다음과 같다.

①에서는 지형과 기후조건이 인간의 생활 모습에 주는 영향을 알아본다(1~8/17). 구체적으로는 지형에 따른 인간의 생활양식, 기온과 강수량 같은 기후조건이 인간 생활에 미치는 영향을 학습한다.

②에서는 우리 조상들의 기본적인 생활 모습이 자연환경을 이용한 결과임을 알아본다(9~16/17). 구체적으로는 더위와 추위에 대비한 의생활의 역사적 전개를 살펴보고, 기후와 지형에 따라 다른 식생활 모습을 이해하고, 기후와 자연조건에 따라 다른 주생활 모습을 파악한다. 마지막 차시(17/17)는 단원 정리 학습이다.

본 절에서 검토할 수업은 '② 자연환경을 이용한 생활'에 해당하는 것으로 '지방별 집 모양의 차이(14/17)'⁽⁴⁾를 주제로 각 지방별로 다른 집의 형태와 그 원인을 다룬다.

그렇다면 본시 수업에서 교사가 무엇을 학생에게 획득시키고자 하는지를 지식의 구조를 통해 분석해보자.

(2) 지도안

지도안은 세안으로 작성되어 있으며, [자료 5]는 수업자가 제시한 본시 수업의 주된 흐름을 나타낸 지도안이다.

[자료 5] 수업 ②의 지도안

가. 제재 : 지방별 집 모양의 차이 (14/17 차시)

나. 본시 학습의 목표
 1) 지방에 따라 다른 집의 모양과 특징을 비교할 수 있다.
 2) 주생활의 모습이 기후와 지형에 따라 다른 까닭을 말할 수 있다.

단계 (시간)	학습 내용	교수·학습 활동		자료 및 유의점
		교사	학생	
탐구 문제 파악 (4')	학습 분위기 조성	◆영상 자료 보여주기 T.어떤 장면입니까? T.장면에서 나타나는 문제점은 무엇입니까?	·어떤 장면인지 생각하며 영상 자료 보기 S1여러 가지 모양의 집이 나옵니다. S2집에 왔는데 주변 환경과 맞지 않아 이상해 하는 장면입니다. S3해녀가 문제를 해결하기 위해 도움을 요청하는 모습입니다. S1기후와 집의 모습이 맞지 않습니다. S2지방과 집의 모양이 다릅니다.	·컴퓨터 자료 (집과 관련된 문제-1')
	학습 문제 확인	◆공부할 문제 제시 지방에 따라 '집의 모양'은 어떻게 다를까?		·붙임 자료 (집의 모양)
가설 설정 및 탐색 (7')	용어 정의 가설 수립 하기 탐구 계획 수립 하기	◆한옥의 뜻 안내하기 T.지방에 따라 집의 모양은 어떤 점에서 서로 다를까요? T.모둠별로 의논하여 예상을 정해 봅시다. T.예상은 무엇입니까? T.예상을 확인해 보려면 어떤 내용들을 살펴보아야 할까요? T.이러한 내용을 확인하기 위해서는 어떤 자료를 이용하면 좋겠습니까?	·한옥의 뜻 확인하기 S1집의 구조가 다를 것 같습니다. S2집을 만드는 재료가 다를 것 같습니다. ·모둠별로 어떤 점이 다를 것인지 예상을 의논하여 정한다. S1지방마다 집의 모양이 다르고 그 이유는 기후 때문일 것 같습니다. S2지방마다 집의 재료가 다른데 그것은 그 지역에서 나는 생산물 때문일 것 같습니다. S1집의 형태를 비교해 보아야 합니다. S2지방마다 집과 지붕의 재료를 살펴보아야 합니다. S3지방마다 기후의 특징도 알아야 합니다. S1과제 학습으로 해 온 보고서 자료를 활용하면 좋겠습니다. S2집의 평면도를 이용하면 좋겠습니다. S3사진이나 그림 자료를 이용할 수 있습니다.	·붙임 자료 (용어 정의) ·사회 공책 ·모둠 토의 ·예상과 함께 이유를 말하도록 한다. ·과제 학습

가설 검증 (22')	집의 모양과 특징 비교 관점	T.지방별 집의 모양과 특징은 어떤 점을 비교해 보아야 합니까?	S1집의 내부 구조를 비교해 보면 됩니다. S2지붕의 모습을 비교해 보아야 합니다. S3집과 지붕의 재료도 비교해 봅니다.	・붙임 자료 (집의 모양)
		<지방별 다른 집 모양과 특징 비교 관점> ・집 내부구조 : 창문, 문, 마루, 부엌 ・집의 지붕 모양 : 전체의 형태 ・집과 지붕의 재료 : 지역의 생산물		
		◆자료 분류 및 비교 활동 안내하기	・자료 분류 방법을 알고 비교 활동 확인하기	・예시 자료 ・모둠 활동판 ・모둠 상자 ・과제 학습 ・사진, 그림, 모형자료
		<지방별 다른 집 모양> ・남부 지방 ・중부 지방 ・북부 지방		
	비교 내용 발표 하기	T.모둠별로 비교한 내용을 발표해 봅시다.	S1북부 지방은 날씨가 추워 지붕의 모양이 ㅁ자형으로 되어 있으나 중부 지방은 ㄱ자형으로 되어 있습니다. S2남부 지방 집의 내부 구조 특징은 넓은 마루가 있어 시원하나 북부 지방에는 마루가 없고 부엌이 방에 붙어 있습니다.	・비교 관점에 따라 발표한다
		◆사진 자료 제시하기	・다른 점을 생각하며 사진 자료 보기	
		T.사진 속 세 집의 다른 점은 무엇입니까?	S1지붕의 생김새가 다릅니다. S2지붕에 사용된 재료가 서로 다릅니다. S3지방이 다를 것 같습니다.	・모둠의 사진 자료를 활용한다.
	집의 모양이 다른 까닭 알기	T.세 집의 모양이 다른 이유는 무엇입니까?	S1집의 모양이 다른 이유는 기후 때문입니다. S2집의 모양이 다른 이유는 지형 때문입니다. 너와집은 산간 지역이고 돌담집은 바닷가 지역의 집입니다.	・붙임 자료 (집의 모양) ・이유나 근거를 제시하여 발표 한다
	가설과 비교 하기	T.모둠에서 세웠던 예상과 비교하여 발표해 봅시다.	S1예상과 같이 집의 구조가 달랐는데 그것은 기후 때문이었습니다. S2예상과 달리 집의 재료가 다른 것은 지형의 영향이 더 크다는 것을 알았습니다.	・예상과 비교하여 발표한다.
	원리나 법칙 발견 하기	T.집의 모양에 영향을 주는 것에는 무엇이 있습니까?	S1기후가 있습니다. S2산이나 바다와 같은 지형도 있습니다. S3자연환경도 있습니다.	
정리 (7')	학습내 용 정 리 및 차시 예고	◆학습 내용 정리하기	・공부한 내용 생각하며 학습 내용 이해하기	・컴퓨터(학습 정리-1'30")
	오늘날 과 비 교하기	T.옛날의 집과 오늘날의 집의 모양을 비교해 볼 때 다른 점은 무엇입니까?	S1오늘날의 집은 옛날과 달리 주로 아파트 모양으로 이루어져 있습니다. S2오늘날의 집은 편리한 구조로 되어 있습니다. S3옛날의 집은 기후에 영향을 많이 받았지만 오늘날은 기후에 관계가 없습니다.	・오늘날과 비교하여 생각해 본다.

2. 수업 내용에 대한 교사의 개념틀

(1) 지식의 구조

본시 수업에서 교사가 학생에게 획득시키려는 지식을 사전에 계획된 지도안을 바탕으로 분석하면 [그림 16]과 같다. 이것은 지도안에 나타난 발문과 예상되는 학생의 반응에서 추출하여 만든 것으로, 모리와케(森分)의 지식의 구조 [그림 6]을 90° 회전시킨 형태이다. 이 수업은 사회과 수업계획에서 레벨 1의 사실과 레벨 2의 개념, 레벨 3의 일반화로 지식이 체계적으로 구성되어 있다. 그리고 인간의 문화 활동의 산물인 집이 지방에 따라 다양한 형태로 나타나고 있으며(사실), 그 모양은 '기후'나 '지형'과 밀접한 관련이 있다(개념)는 것으로부터 '기후나 지형 등 자연환경이 다르기 때문에 지방별로 집의 모양이 다르다.'(일반화)라는 더 보편적이면서 설명력이 높은 일반적인 지식을 획득시키려는 교사의 의도를 읽을 수 있다.

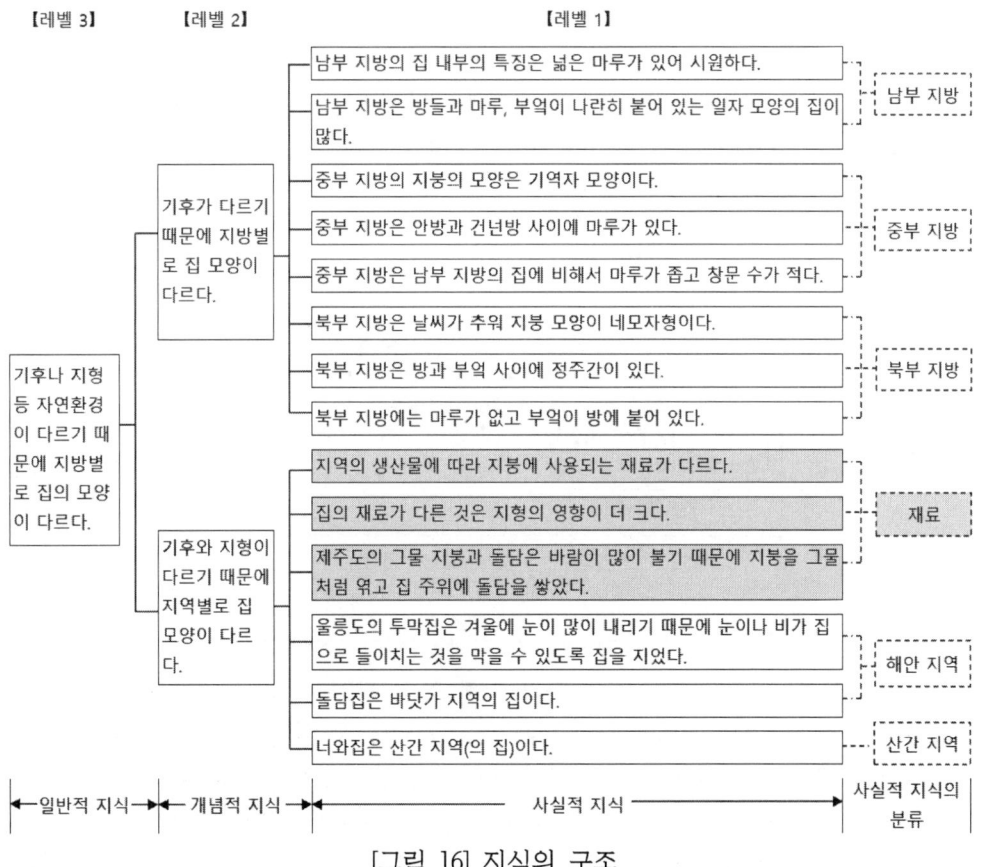

[그림 16] 지식의 구조

그러나 이 지식의 구조에는 다음과 같은 문제점이 보인다. [그림 16]의 우측에 있는 '사실적 지식의 분류'를 보면 대부분 각 지방이나 지역별 집의 특징에 대한 것이다. 그렇지만 지식의 구조도의 음영 부분에 나타난 사실적 지식은 집 모양에 영향을 미치는 요인 중 '재료'에 대한 내용이다. '기후와 지형이 다르기 때문에 지역별로 집모양이 다르다'고 하는 개념적 지식에는 '재료' 요인에 해당하는 사실적 지식과의 관련이 없어 '재료' 요인이 가려져 있다.

본시 수업의 목표와 [그림 16]의 개념적 지식, 그리고 사실적 지식인 '집의 재료가 다른 것은 지형의 영향이 더 크다'라는 서술로부터 교사가 지방별 집 모양에 영향을 주는 요인 중 '재료' 요인을 '지형' 요인에 포함시켜 해석하고 있는 것으로 이해할 수 있으나, 이에 대한 더욱 명확한 관계 설정 내지 설명이 필요해 보인다.

(2) 교사의 개념틀

교사가 본시 수업을 통해 학생에게 무엇을, 어떻게 획득시키고자 하는지를 고찰하여 도식화한 것이 [그림 17]이다. [그림 17]의 왼쪽 부분은 [그림 18]의 인문환경과 자연환경간의 상호 관계(인과관계)를 90° 회전시켜 나타낸 것으로, 수업에서 교사가 다루려는 내용을 지도안을 바탕으로 작성한 것이다. 그 오른쪽에는 왼쪽에서 도출된 일반적인 지식을 화살표로 나타내고 있다. 이것은 [그림 16] 지식의 구조의 레벨 3에 해당하는 것이다.

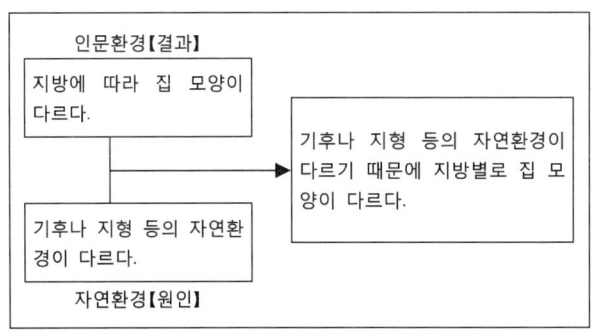

[그림 17] 교사의 개념틀

[그림 17] 교사의 개념틀 추출 과정을 좀 더 상세하게 알아보자.

교사는 본시 학습 목표를 '지방에 따라 다른 집의 모양과 특징을 비교할 수 있다.'와 '주생활의 모습이 기후와 지형에 따라 다른 까닭을 말할 수 있다.' 두 가지로 설정하고 있다. 따라서 인간과 자연의 관계를 어떻게 바라보고 있는가에 주목할 필요가 있다. 인간이 자연과 어떠한 관계에 있는가에 따라 지리 현상이 달라지기 때문이다.

인간은 지형, 기후 등 자연환경의 영향을 받으면서도 그것에 적응하고 또 극복, 이용하면서 생활을 영위하고 있다. 인간의 주거 형태를 결정하는 요인으로는 자연적, 사회적, 문화적, 역사적 여러 요인이 있지만 가옥이라는 물리적 구조물로서의 기능에는 기후가 중요한 요소(5)가 된다. 특히 우리나라는 좁은 국토에도 불구하고 복잡한 지형 등의 요인에 따라 지역별로 기후가 다양하게 나타난다. 이 특성은 인간의 문화 경관에도 영향을 미쳐 가옥의 경관이 지역에 따라 다양하게 나타나는 하나의 요인이 되고 있다. 한국의 전통 가옥에는 지형과 기후 특성이 잘 반영되어 있는 것이다.

이와 같은 한국의 가옥 형태에 나타나는 지리 현상을 교사는 [그림 18]과 같이 인문환경과 자연환경의 상호 관계로 파악하고 있다.

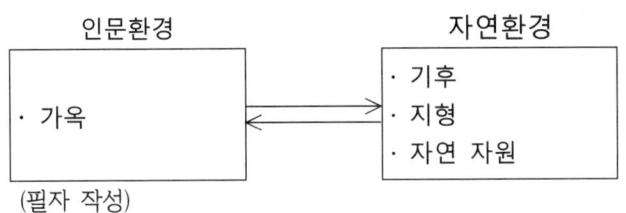

[그림 18] 인문환경과 자연환경의 상호 관계

그리고 [그림 16]의 지식의 구조에서 '기후나 지형 등의 자연환경이 다르기 때문에 지방별로 집 모양이 다르다.'라고 하여, 지방에 따라 집 모양이 다르게 나타나는(인문환경) 원인을 기후나 지형 등 자연환경이 다르기 때문(자연환경)이라는 인과관계로 파악하고 있다. 즉 인문환경과 자연환경을 인과관계로 해석한 것이다. 이것이 본시 수업에서 교사가 학생에게 획득시키려는 교사의 개념틀 [그림 17]인 것이다.

3. 교사의 개념틀을 학생이 획득하기 위한 준비

교사는 이상에서 검토한 개념틀을 학생에게 획득시키기 위해 학생 실태 조사, 지리적 개념·법칙 추출, 교수·학습 과정을 조직화하였다.

(1) 학생 실태 조사

먼저 교사는 위에서 서술한 지식의 구조와 개념틀을 획득시키기 위한 기초 자료를 얻기 위해 다음과 같은 실태 조사(총 32명)를 실시하였다.

본시 학습과 직접 관련 있는 내용으로 '조상들의 생활 모습에 대한 관심도', '한옥에 대한 인지도', '탐구학습을 위한 기본 학습 능력'이라는 세 항목을 관찰과 설문지 조사를 통해 분석하였다. 그 결과는 다음의 〈표 5〉와 같이 정리하고 있다.

〈표 5〉 학생 실태 조사

1) 조상들의 생활 모습에 대한 관심도

영역	조 사 내 용			반응한 수
	의생활	식생활	주생활	
관심도	9	13	10	f
	28.1	40.6	31.3	%

2) 한옥에 대한 인지도

영역	수준	조 사 내 용	구분	
			f	%
한옥의 종류를 알고 있는가?	상	한옥의 종류를 5가지 이상으로 알고 있다.	2	6.2
	중	한옥의 종류를 3~4가지 정도 알고 있다.	12	37.5
	하	한옥의 종류를 1~2가지 정도만 알고 있다.	18	56.3
한옥의 재료를 알고 있는가?	상	한옥 만드는 재료를 3가지 이상 알고 있다.	3	9.4
	중	한옥 만드는 재료를 2가지 정도 알고 있다.	13	40.6
	하	한옥 만드는 재료를 1가지 정도만 알고 있다.	16	50.0

3) 탐구학습을 위한 기본 학습 능력

영역	수준	조 사 내 용	구분	
			f	%
가설을 설정할 수 있는가?	상	자신이 가진 자료와 경험을 이용하여 가설을 설정할 수 있다.	5	15.6
	중	가설을 설정할 수 있다.	8	25.0
	하	가설 설정이 미흡하다.	19	59.4
자료를 이용하여 가설을 검증할 수 있는가?	상	다양한 자료를 이용하여 가설을 검증할 수 있다.	3	9.3
	중	자료를 이용하여 가설을 검증할 수 있다.	7	21.9
	하	자료를 이용한 가설 검증이 미흡하다.	22	68.8

조사 결과를 보면, 1) 조상들의 생활 모습에 대한 관심도에서는 식생활에 대한 관심도가 40.6%로 가장 높게 나타난다. 이 수업에서 다루는 주생활에 대해서는 31.3%를 차지하고 있으며 식생활 다음으로 관심을 많이 가지고 있다. 2) 한옥의 종류에 대한 인지도 조

사는 '한옥의 종류'와 '한옥의 재료' 두 항목으로 나누어져 있다. 한옥의 종류에 대해서는 '1~2개 이상 알고 있다'는 학생이 56.3%로 가장 많고, '5개 이상 알고 있다'는 학생은 6.2%로 가장 적다. 그리고 '한옥의 재료'에서도 '1가지 정도만 알고 있다.'는 반응이 50%로 가장 많고, '2가지 정도 알고 있다'는 40.6%, '3가지 이상 알고 있다.'는 9.4%로 가장 적게 나타나고 있다. 3) 탐구 학습을 위한 기본 학습 능력은 가설 설정 능력과 가설 검증 능력 두 항목으로 구성되어 있다. 가설 설정 능력은 '가설 설정이 미흡하다'가 59.4%로 가장 많지만 '자신이 가진 자료와 경험을 이용하여 가설을 설정할 수 있다.'는 15.6% 정도이다. 가설 검증 능력은 '자료를 이용한 가설 검증이 미흡하다.'가 68.8%로 가장 많고, '다양한 자료를 이용하여 가설을 검증할 수 있다.'가 9.3%로 가장 적게 나타나고 있다.

〈표 5〉와 같은 조사 결과와 해석에 따라 교사는 다음과 같은 지도 대책을 세우고 있다.

1) 조상들의 생활 모습에 대한 관심도

   학생들은 조상들의 생활 모습 중 먹는 것과 관련된 식생활 영역에 가장 높은 관심도를 가지고 있었다. 주생활 영역에 대하여 직접 체험하거나 경험한 경우는 적으나 TV나 사극 드라마를 통한 간접 체험으로 인해 관심이 있는 편이므로, 홈페이지를 활용하여 주생활과 관련된 다양한 시사 자료나 동영상 및 사진 자료를 제공함으로써 학생들의 본시 학습 효율을 높일 계획이다.

2) 한옥에 대한 인지도

   본시와 관련하여 학생들의 한옥에 대한 사전 인지도가 낮은 것을 보완하기 위하여 장기 학습 과제를 선정하고, 간접 체험할 수 있는 다양한 사이트를 안내하며 가족과 함께 체험하는 활동 과제를 제시하여 가정과 생활 주변에서 한옥에 대해 다양한 경험을 할 수 있도록 할 계획이다.

3) 탐구학습을 위한 기본 학습 능력
   ○ 가설 설정 능력 보완: 학생 스스로가 주어진 학습문제에 맞는 가설을 설정할 수 있도록 하기 위해 주제와 관련된 자료를 조사하는 방법 및 가설과의 관련성 파악 방법을 지도하고, 가설을 설정하여 진술하는 방법을 예시 자료를 통해 안내할 계획이다. 이를 통해 가설 설정을 자신의 단순한 경험이나 상식적인 측면에서 제시하기보다는 여러 가지 자료와 과제를 바탕으로 제시할 수 있도록 할 계획이다.
   ○ 가설 검증 능력 보완: 보다 객관적이고 타당한 가설 검증을 하기 위해 가설 검증에 필요한 자료의 종류 및 형태를 안내하고, 자료 내용을 가설 검증에 어떻게 활용하는가에 대한 방법을 지도할 계획이며, 아울러 가설 검증은 학습문제 및 가설에 비추어 제시해야 함을 안내할 것이다.

(2) 지리적 개념·법칙의 추출

교사는 [그림 16]의 지식의 구조를 획득시키기 위해 다음의 교재 연구를 통해 지리적 개념을 선정·추출하고 있다.

본시에서 다루는 집을 교사는 한국 전통의 건축 양식으로 지어진 집인 '한옥'으로 한정하고 있다. 사회과학이나 지리학에 따르면 한옥의 종류로 초가집, 기와집, 너와집, 귀틀집 등이 있으며 북부, 중부, 남부 지방, 또한 해안과 산간 지역에 따라 그 형태가 다르다. 남부 지방은 개방형으로 방과 마루, 부엌이 나란히 붙어있는 'ㅡ'형 집이 많다. 그리고 방과 방 사이에 넓은 마루가 있고 창문과 방문이 많다. 중부 지방은 절충형으로 'ㄱ'자처럼 보이는 집이 많다. 안방과 건넌방 사이에 마루가 있고, 남부 지방의 집에 비해 바닥이 좁고 창문의 수가 적다. 북부 지방은 폐쇄형으로, 마루가 없고 방들이 서로 붙어있어 'ㅁ'자 모양으로 보인다. 또한 방과 부엌 사이에는 정주간이 있다.

이상과 같은 남부, 중부, 북부 지방의 기후조건과 이에 따라 각각 나타나는 집의 형태를 바탕으로 하여 교사는 '기후조건에 따라 특정한 집 모양이 형성되었다'라는 지리적 개념을 추출하고 있다. 이것은 [그림 16]의 지식의 구조의 레벨 2에 나타난 '기후가 다르기 때문에 지방별로 집 모양이 다르다.'와 관련 있는 개념적 지식이며, 레벨 1의 사실적 지식으로부터 인과관계를 파악함으로써 추출된 것을 알 수 있다.

그리고 특수한 지역에 나타나는 집을 통해 [그림 16]의 레벨 2 아래의 '기후와 지형이 다르기 때문에 지역별로 집 모양이 다르다.'라는 개념적 지식을 추출하고 있다.

해안가에 있는 집으로는 울릉도의 투막집이 있다. 이것은 겨울에 눈이 많이 내리기 때문에 눈이나 비가 집으로 들이치는 것을 막을 수 있도록 지어진 집이다. 그리고 제주도의 그물 지붕과 돌담은 바람이 많이 불기 때문에 지붕을 그물처럼 엮고 집 주위에 돌담을 쌓은 것이다. 산간 지역에 나타나는 너와집은 널빤지로 지붕을 이은 집이다. 이것은 수목이 울창한 산간 지역에서 주로 볼 수 있으며, 너와와 너와 사이에 틈새가 있고 환기가 잘 되기 때문에 연기도 잘 빠진다. 여름에는 시원하고 겨울에는 눈으로 덮여 따뜻하다.

이러한 내용의 교재 연구를 통해 추출된 개념적 지식을 통해 교사는 설명력이 더 높은 일반적인 지식인 레벨 3의 '기후와 지형 등의 자연환경이 다르기 때문에 지방별로 집 모양이 다르다.'를 학생들에게 획득시키려는 것이다. 즉 사실 지식으로부터 개념, 일반화로 지리 및 사회과학의 연구 성과에 근거한 과학적, 체계적인 것으로 구성되어 있는 것이다.

(3) 교수·학습 과정의 조직화

추출된 개념을 학생들에게 더 과학적이고 체계적으로 획득시켜 교사의 개념틀에 근접시키기 위해 교수·학습 과정을 개념 탐구 과정으로 조직하고 있다.

기후와 지형 등의 자연환경은 도시에서 생활하고 있는 학생들의 일상적인 인식과는 거리가 있다. 그래서 교사는 개념 탐구 활동을 도입함으로써 학생이 지닌 상식적인 개념에서 탈피하여 과학적 개념을 획득하도록 돕고 있다. 또한 단편적·사실적 지식에 머물지 않고 지리 현상이나 사건, 개념 간의 인과관계를 파악하도록 준비하고 있다.

탐구 과정은 '탐구문제 파악 → 가설 설정 → 탐구 → 가설 검증 → 일반화·응용 단계'로 설계하고 있다. 또한 탐구 활동이 원활하게 진행될 수 있도록 다음과 같은 '비교하기'와 '발문'을 마련하고 있다.

1) 비교하기
본시에서 비교하기는 다음과 같이 3단계로 구성되어 있다.
1단계: 남부, 중부, 북부 지방을 비교하여 [그림 16]의 레벨 2의 '기후가 다르기 때문에 지역에 따라 집의 모양이 다르다'라는 개념을 인식시킨다.
2단계: 해안가나 산간 지역을 비교하여 레벨 2 아랫부분의 '기후와 지형이 다르기 때문에 집 모양이 다르다'라는 개념을 인식시킨다.
3단계: 정리 단계의 비교하기로 탐구 과정에서 얻은 지리 개념을 가지고 현재와 비교하는 사고 활동이다.

2) 발문의 구조화
탐구능력을 촉진하는 중요한 수단으로 다음의 다섯 가지 발문을 마련하고 있다. [그림 19]는 교수·학습 과정의 5단계별(탐구문제 파악, 가설 설정, 탐구, 가설 검증, 일반화·응용) 주요 발문을 나타낸 것이다.

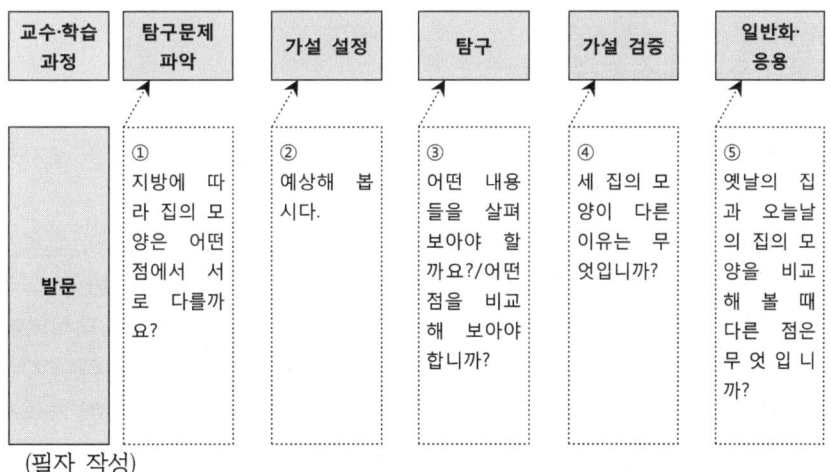

(필자 작성)

[그림 19] 교수·학습 과정의 발문의 구조

발문 ①은 기술적(技術的) 발문으로 학생들에게 문제점을 제기하고 탐구에 대한 동기를 부여하고 있다.

발문 ②는 가설적 발문으로 이를 통해 학생들은 연역적 추리를 하게 된다.

발문 ③은 탐구 방법에 대한 구체적인 사고를 조성하는 것이다.

발문 ④는 인과관계적 발문으로 학생들의 개념적 지식 획득을 촉진하는 발문이다.

발문 ⑤는 비교 발문으로 현재와 비교함으로써 일반화된 지식을 전이·응용시키는 장을 제공한다.

이 수업은 이 다섯 가지 발문을 중심으로 구조화되어 [그림 16]의 지식의 구조(레벨 1, 레벨 2, 레벨 3)를 만들어 내고 있으며, 학생의 사고력 향상과 인식 성장을 돕고 있다. 이러한 발문은 [그림 19]에 나타난 바와 같이 교수·학습 과정에 대응하여 구조화되어 있다.

4. 수업계획과 실제 수업의 비교

이상과 같이 이 수업은 교사의 개념과 관념에 의해 계획되었다. 하지만 실제 수업에서 학생들은 다양한 요인에 의한 변수가 존재하기 때문에 반드시 교사가 의도한 대로 실현되는 것은 아니다. 그렇다면 수업계획과 실제 수업이 어떠한지 비교해보자.

수업은 상당히 복잡한 현상으로 특히 학생들의 다양한 요인으로 인한 변수 때문에 수업지도안 전체와 실제 수업의 전체 진행을 상호 비교함으로써 수업이 교사가 의도한 대로 진행되었는지, 학생 전체의 개념 변용은 어떻게 이루어지고 있는지 등을 파악하는 것은 의미 있다.

(1) 지도안의 구조 및 실제 수업의 전개

본시 수업은 40분으로 구성되어 있으며 14/17 차시에 해당한다. 〈표 6〉은 교사의 수업 계획과 실제 수업에 나타난 학생의 개념틀을 비교한 것이다.

〈표 6〉의 왼쪽에는 지도안의 구조, 오른쪽에는 실제 수업의 전개가 이중선으로 구분되어 있다. 그리고 실제 수업의 전개에는 수업 과정과 교사의 지도, 학생의 반응, 그리고 학생 집단이 획득한 개념적 지식과 P학생과 L학생이 획득한 개념적 지식이 제시되어 있다. 이 중에서 교사의 지도와 학생의 반응은 이 수업의 실제 수업 기록에 근거하여 작성한 것이며, 수업 과정, 학생 집단이 획득한 개념적 지식, P학생과 L학생이 획득한 개념적 지식은 연구자가 분석한 결과를 나타낸 것이다. 〈표 6〉을 통해 이 수업의 수업계획과 실제 수업의 전반적인 흐름, 그리고 교사의 의도와 실제 수업에서 학생이 획득한 개념적 지식을 파악하고 비교할 수 있다.

<표 6> 지도안의 구조와 실제 수업의 전개

지도안의 구조	과정		실제 수업의 전개		학생들이 획득한 개념적 지식	P학생이 획득한 개념적 지식	L학생이 획득한 개념적 지식
	단계	내용	교사의 지도	학생의 반응			
■탐구 문제의 파악 · 학습 분위기 조성 · 지방에 따라 '집 모양'은 어떻게 다를까?	파트 I (T1~T9)	학습 분위기 조성 탐구 문제의 제시	· 학습 목표 확인 T8 지방에 따라 집 모양이 어떻게 다를까?	· 공부할 문제 확인	지방에 따라 집의 모양은 다르다.		
■가설 검증 및 탐색 · 용어 정의 및 가설 설정 · 예상해 봅시다. S 지방별로 집 모양이 다른 것은 기후 때문이다. S 지방별로 집의 재료가 다른 것은 그 지역의 생산물 때문이다. 기후나 재료 등이 다르기 때문에 집 모양이 다르다.	파트 II (T10~T35)	용어의 정의 가설 설정 개인·그룹의 예상	T12~15 우리나라 전통 건축 양식으로 지은 집이다. T16~21 지방에 따라 어떤 점이 다를까요? 그룹별로 예상을 정해보도록 하겠습니다.	P11 우리나라의 전통 집을 한옥이라고 하는 것 같습니다. P14~15 집을 짓는 재료가 다를 것이라 생각합니다. P21 기후에 따라, 지형에 따라, 자연환경에 따라 다르다고 (예상)했습니다. P22 (집의) 구조가 다를 것 같습니다. P23 기후에 따라 다를 것 같습니다.	한옥의 의미 기후나 지형 등의 자연환경이 달라서 집 모양이 다르다.	기후가 다르기 때문에 집 모양이 다르다.	집의 구조가 다르기 때문에 지방별로 집 모양이 다르다.
· 집 형태의 비교, 집과 지붕의 재료, 기후의 특징 · 과제 학습에서 해온 보고서 자료, 집 평면도, 사진이나 그림 자료 등을 이용한다.		조사 방법	T25 어떤 내용을 알아야 확인 할 수 있을까요? T31 어떤 자료를 가지고 알아볼까?	P25~28 기후, 집의 구조, 한옥의 특징을 알아봅니다. P30~31 사회와 사회과 탐구, 준비해온 자료와 숙제 자료를 활용합니다. P33~35 경험이나 책, (집)모형을 사용합니다.			
■가설 검증 · 집 모양과 특징의 비교 관점을 알아본다. 집 내부 구조, 지붕의 모습, 집과 지붕의 재료를 비교.	파트 III (T36~T70)	비교 관점의 설정	T38 비교 관점은 어떤 점을 서로 비교해보면 모양과 특징을 확실하게 알 수 있을까?	P39~43 집의 구조, 지형, 그 지방의 특징과 기후를 알아봐야 합니다. P45~48 외부의 모습, 평면도, 모형을 봐도 좋습니다. P50 재료도 있습니다.			
· 비교 내용 발표 S 북부 지방은 날씨가 추워 지붕 모양이 ㅁ자형으로 되어 있으나(이하 생략) · 세 집의 다른 점은? S 지붕의 모양이 다릅니다.(이하 생략)		검증 활동 및 발표	T54 모둠에서 활동한 것을 발표해 보겠습니다. T60 세 집의 차이점, 다른 점은 무엇일까?	P51 (그룹활동) P54~P74 북부 지방과 중부 지방과 남부 지방으로 나눴을 때, 북부 지방의 외부 구조는 부엌(이하 생략) P76~77 기후에 따라 다른 집으로, 지방에 따라 눈이 많이 오거나 하는 것 같습니다.(이하 생략)			
· 집 모양이 다른 이유 파악하기 S 기후, 지형 때문입니다. 기후나 지형 등의 자연환경이 다르기 때문에 집 모양이 다르다.			T65 그럼 세 집이 이렇게 다른 이유는 무엇일까요?	P81 기후와 자연환경이 다르기 때문입니다. P83 눈이 많이 오는 울릉도 지방에는 그에 대비해서 돌 같은 재료로 집을 만든 것 같습니다. P86 지형이나 주변에서 구할 수 있는 재료가 달라서(이하 생략)	기후나 지형, 재료 등의 자연환경이 다르기 때문에 집 모양이 다르다.	기후가 다르기 때문에 집 모양이 다르다.	기후와 자연환경이 다르기 때문에 집 모양이 다르다.
· 가설과의 비교 S 예상한 것과 같습니다.(이하 생략) · 원리·법칙의 발견 기후나 지형 등의 자연환경이 다르기 때문에 집 모양이 다르다.	파트 IV (T71~T75)	일반화	T71 제일 처음에 세운 예상과 비교해서 이야기해 볼까요? T73 집의 모양에 영향을 미치는 것은 무엇인가요?	P87 비슷한 것 같습니다.(이하 생략) P90 기후입니다. P91 자연환경도 있는 것 같습니다.	기후나 지형 등의 자연환경이 다르기 때문에 집 모양이 다르다.		
■정리 · 학습 내용의 정리, 현재와 비교, 차시 예고 기후나 지형 등의 자연환경이 다르기 때문에 집 모양이 다르다.	파트 V (T76~T107)	학습 정리 현대와의 비교 차시 예고	T76 공부한 내용을 정리해 봅시다. T89 오늘날의 집과 옛날 집의 차이점? T103 다음 시간에 어떤 내용을 하게 될까요?	Pa101 기후 P102 지형, 자연환경 P104~P107 옛날에는...현재는...(생략) P120 집의 모양을 살펴보기 위한 현장 체험 학습을 할 것 같습니다.	기후나 지형 등의 자연환경이 다르기 때문에 집 모양이 다르다.	기후나 지형, 자연환경이 다르기 때문에 집 모양이 다르다.	지방에 따라 집 모양이 다른 이유는 기후, 지형의 자연환경 때문이다.

(2) 수업계획과 실제 수업의 비교

여기에서는 교사가 계획한 개념틀과 실제 수업에서 학생이 획득한 개념틀을 중심으로 비교한다.

이 수업에서는 〈표 6〉과 같이 대부분 교사가 계획한 대로 진행되고 있다. 학생의 개념 변용은 〈표 6〉의 실제 수업의 전개 중 파트Ⅱ에서부터 파트Ⅴ에 걸쳐 확인할 수 있다.

파트Ⅱ의 가설 설정 단계에서 교사는 지역에 따라 집 모양이 다른 이유는 '기후'나 '재료' 등을 예상하였다. 한편, 학생들은 모둠별로 기후와 재료, 지형, 자연환경, 집의 구조 (P14~P23) 등을 그 원인으로 예상하고 있다. 학생들은 교사가 예상한 것을 포함하여 더 많은 요인을 인식하고 있다.

가설을 검증하는 파트Ⅲ에서 해안가와 산간 지역에 있는 집의 사례를 제시하며 '집 모양이 다른 것은 기후와 지형이 다르기 때문이다.'라는 개념적 지식을 획득시키려 한 교사의 계획과 비교해보면 학생들은 지방에 따라 집의 모양이 다른 이유로 '기후와 지형, 재료 등의 자연환경(P76~P86)'을 언급하고 있다. 교사의 개념틀보다 기후, 지형 외에 재료를 추가하여 넓은 시야에서 개념을 획득하고 있다. 이것을 나타낸 것이 [그림 20]이다.

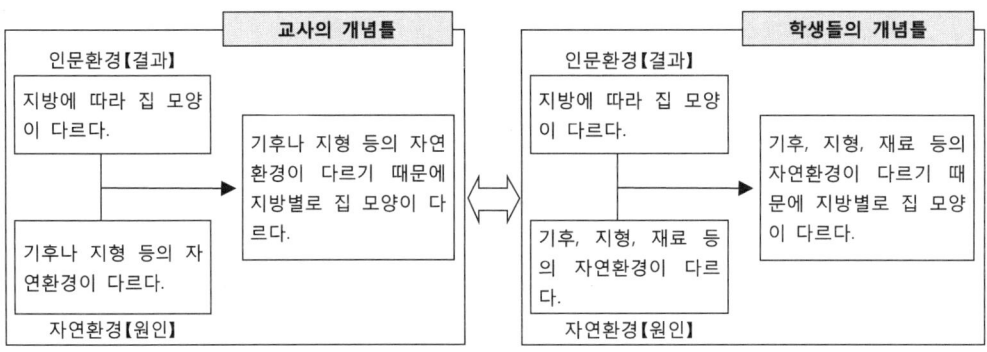

[그림 20] 파트Ⅲ에서 교사의 개념틀과 학생들이 획득한 개념틀 비교

그러나 학생이 말한 '재료'가 파트Ⅱ에서 교사가 예상한 학생의 대체적 개념틀인지, 아니면 지형에 포함된 요소인지 분명하지 않다.

파트Ⅳ에서 교사는 '기후와 지형 등의 자연환경이 다르기 때문에 지방별로 집 모양이 다르다.'라는 지리적 개념을 획득할 것으로 예상하였다. 실제 수업에서도 학생들은 교사가 예상한 대로 일반적인 개념을 획득하고 있다(P87~P91).

이상, 파트Ⅱ에서 파트Ⅳ까지 교사의 계획과 학생이 획득한 개념틀을 비교한 결과 학생들은 대체적으로 교사의 개념틀을 획득해 나가고 있으며, 이때 과학적이고 체계적으로 획득하고 있음을 알 수 있다.

5. 수업 내용에 대한 학생의 개념틀 변용

개별 학생의 대체적 개념틀과 개념틀 변용을 교사의 개념틀과 비교·분석해보자.

(1) 학생의 대체적 개념틀

본시 수업에서 학생의 개념틀은 파트Ⅱ의 예상 단계에서 학생의 노트 기록을 통해 확인할 수 있다. 특히 학생이 세운 가설(예상)은 잠정적인 일반화로 현상에 나타나는 사실과 개념, 개념과 개념 간의 관계 파악에 의하여 세워질 수 있는 것(6)이므로 학생의 개념틀 파악에 용이하다.

이 수업에 나타난 학생의 개념틀 사례로 L학생을 살펴보자.

[그림 21]과 같이 L학생의 경우 집 모양이 지방에 따라 다른 이유로 '집의 구조가 다르기 때문에 집 모양이 다르다(노트)'라는 기록을 남겼다. 이것을 교사의 개념틀과 비교하면, 교사는 지방에 따라 집의 모양이 다른 원인을 '자연환경과 인문환경' 간의 인과관계로 파악하였다. 그러나 L학생은 지역에 따라 집 모양이 다른 원인을 '인문환경과 인문환경' 간의 인과관계로 파악하고 있음을 [그림 21]에서 알 수 있다.

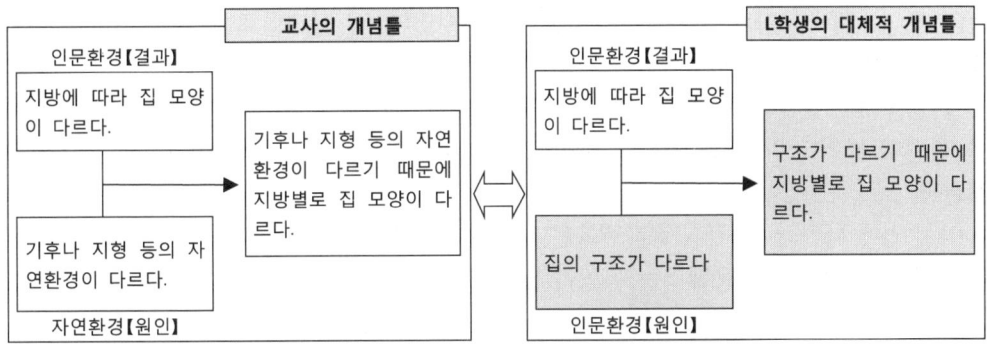

[그림 21] L학생의 대체적 개념틀

사회과학적 관점에서 해석하여 본질적인 원인을 추구하는 교사와는 달리, L학생은 상식적인 인과관계에서 피상적인 해석을 하고 있다. 이것이 이 수업에 나타난 대체적 개념틀이다.

이와 같은 대체적 개념틀이 발생한 원인에는 다음의 두 가지를 생각할 수 있다.

먼저 교사는 '지역에 따라 집의 모양이 다른 이유'를 사회과학적 관점에서 해석하고 있지만 L학생은 상식적인 관점에서 해석한 것이다. 교사가 추구하는 것은 과학적, 인과관계적 인식이지만, L학생은 상식적인 인과관계적 인식에 머물러 있다. 즉 특별하게 학습하지 않아도 누구나 인식할 수 있는 상식적인 수준의 인식이다.

또한 교사는 '지방에 따라 집의 모양이 다르다'라는 지리 현상(결과)에 대하여 그 본질적인 원인을 탐색하는 관점에서 해석하고 있지만, L학생은 피상적인 해석을 하고 있다. 피상적인 해석만으로는 상식에 얽매여 좀 더 체계적이고 과학적인 개념을 형성하거나 획득하지 못하고 일상적인 수준에 머문다.

L학생이 상식적이고 피상적인 해석을 한 원인은 과학과에서 나카지마(中島伸子, 2000)의 연구(7)에서 힌트를 얻을 수 있다. 즉 지리 현상을 해석할 때 L학생의 일상 경험이 상식적인 틀과 결합하여 기존의 틀로 편의적으로 해석한 것으로 추측할 수 있다. 그러나 실제 어떠한 이유에 기인하는지는 L학생과의 면담 등을 통해 확인하는 작업이 필요하다.

(2) 학생의 개념틀 변용

그렇다면 학생의 개념틀이 수업 과정에서 어떻게 변용해 가는지 살펴보자.

본시에서 학생의 개념틀 변용은 〈표 6〉에 나타난 바와 같이 파트Ⅱ에서 파트Ⅴ에 걸쳐 이루어지고 있다. 따라서 가설 설정 단계인 파트Ⅱ와 일반화 단계인 파트Ⅳ·Ⅴ 단계를 보면 학생의 개념 변용을 확인할 수 있다.

학생의 개념 변용은 수업 전사 자료와 노트, 학습 활동 상황 등을 바탕으로 개별 학생의 개념 변용 과정을 분석할 수 있다. 이때 수업의 각 단계별로 학생의 개념틀이 어떻게 변용해 가는지를 분석하여 나타낸다. 이 수업의 경우 동기 유발(Ⅰ), 가설 설정(Ⅱ), 가설 검증(Ⅲ), 일반화(Ⅳ), 학습 정리(Ⅴ)의 다섯 파트로 나눌 수 있다. 교사의 발문에 대한 학생의 발언(답변)과 노트에 기록한 결론에 주목하여 학생의 개념틀 변용 과정을 추출한다.

이 수업에 나타난 학생의 개념 변용은 교사의 개념틀과 비슷한 형태로 변용해가는 유형과 대체적 개념틀이 변용해가는 유형이 있다.

1) 교사의 개념틀과 비슷한 형태로 변용해가는 유형
교사가 의도한 대로 변용해가는 유형에 해당하는 사례에는 P학생이 있다.

파트Ⅱ의 예상 단계에서 "이 문제에 대해 예상을 해보자.(T16)"라는 교사의 발문에 대하여 P학생은 "기후가 다르기 때문에 집 모양이 다르다.(P89)"를 집 모양이 다른 이유로 예상하고 가설을 세우고 있다. 그리고 이것을 음미·검증하는 방법으로 평면도 및 집 모형(P47) 비교하기를 생각하고 있다.

파트Ⅲ에서는 교사의 T51(탐구 안내)와 T54(탐구 활동에 대한 발표를 촉진하는 발문)에 대하여 P학생은 지방별 집의 구조와 기후와의 관련을 비교 조사(P68)함으로써, 파트Ⅱ에서 세운 가설을 검증하고 있다. 또한 P69의 "북부 지방은 춥고, 중부지방은 추운 곳도 있고 따뜻한 곳도 있고, 남부지방은 대체로 따뜻하다"라는 발언에서 각 지방별 기후를 파악하고 있고, 평면도와 모형 자료를 통해 '一자, ㄴ자, ㅁ자(형태의 집)'을 확인하면서 이들 간의 인과관계를 인식하고 있음을 알 수 있다. 기후에 따라 집의 모양이 다르게 나타난다는 것을 과학적으로 인식하고 있는 것이다.

그리고 파트Ⅳ·Ⅴ에서는 교사의 "제일 처음에 세운 예상과 비교해서 이야기해 볼까요?(T71)"라는 발문에 대하여 P학생은 "기후에 따라 집의 모양이 다르다고 했는데 기후나 지형과 자연환경에 따라서도 다르다는 것을 알았습니다.(P89)"라고 발언하면서 교사가 의도한 개념을 포함하면서 질적으로 더 높은 수준의 개념을 획득하고 있다. 이것은 교사의 "이 세 집의 차이점, 다른 점은 무엇일까?(T60)"라는 발문을 통한 P학생의 추구 활동과 다른 학생들의 발표 활동에 기인한다고 판단된다.

이러한 P학생의 개념 변용은 노트의 '지형, 기후 등의 자연환경 때문에 집 모양이 다르다'라는 기록을 통해서도 확인할 수 있다. 즉, P학생은 집 모양이 다른 원인이 기후와 지형이라는 자연환경에 있음을 인식하고 있는 것이다.

이상과 같이 P학생은 교사가 의도한 대로 집의 모양과 자연환경 간의 인과관계를 과학적으로 인식하고 변용시켜 나가고 있다. 이것을 나타낸 것이 [그림 22]이다.

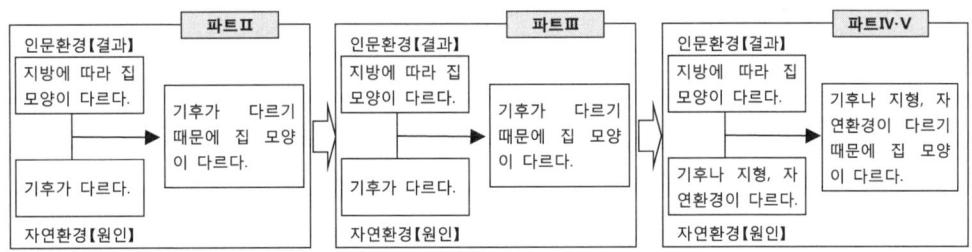

[그림 22] P학생의 개념틀 변용

2) 대체적 개념틀을 변용시켜 나가는 유형

대체적 개념틀이 변용해 나가는 유형에는 앞에서 언급하였던 L학생의 사례가 있다.

L학생은 파트Ⅱ에서 가설(예상)로 '집의 구조가 다르기 때문에 집의 모양이 다르다(노트)'를 기록하고 있어서 대체적 개념틀이 확인되었다. 그렇다면 이러한 대체적 개념틀이 어떻게 변용해 가는지 살펴보자. [그림 23]은 [그림 22] 작성 과정과 동일하며 [그림 21]의 대체적 개념틀이 파트Ⅲ, 파트Ⅳ·Ⅴ 단계에서 어떻게 변용해 가는지 나타내고 있다.

파트Ⅲ에서 L학생은 "비교 관점은 어떤 점을 서로 비교해보면 모양과 특징을 확실하게 알 수 있을까?(T38)"라는 교사의 발문에 대하여 "집의 구조인 것 같습니다.(P39)"라고 답하여 예상을 검증하기 위한 비교 관점으로 '집의 구조'를 언급하고 있다. 또한 "세 집이 이렇게 다른 이유는 무엇일까요? 집의 모양이 다른 이유는 무엇일까?(T65)"라는 발문에 대해서는 "기후와 자연환경이 다르기 때문입니다.(P81~P82)"라고 발표하고 있다. 여기에서 '집의 구조가 다르기 때문에 집 모양이 다르다'라는 당초의 가설에서 관점의 전환이 이루어져 개념 변화가 일어났음을 알 수 있다. 교수·학습 과정을 통해 조금 더 과학적 인식에 근접하면서 변용하고 있는 것이다. 이러한 L학생의 개념 변화를 촉진시킨 것으로 다음의 두 가지를 생각할 수 있다.

먼저 파트Ⅱ의 수업 구조의 영향이다. 파트Ⅱ에서 개개인의 예상을 모둠에서 의논하는 활동이나 다른 모둠의 의견을 듣는 활동 등의 상호 작용으로 인하여 당초 예상을 변경한 것은 아닌지 생각할 수 있다.

다음으로 교사의 발문에 따른 사고 활동이다. 교사의 "세 집의 차이점, 다른 점은 무엇일까?(T60)"라는 발문을 통한 사고 활동의 결과 개념 변화가 일어난 것이다. 이 발문과 함께 제시된 자료는 L학생이 속한 모둠의 사진 자료 한 장과 다른 모둠의 자료이다. 이러한 자료를 각각 비교함으로써 집 모양이 기후나 지형적인 요인에 의해 명확하게 다름을 인식하게 된 것으로 판단된다.

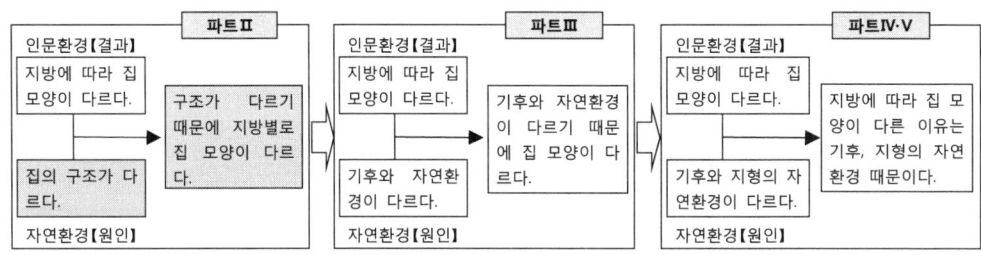

[그림 23] L학생의 대체적 개념틀 변용

파트Ⅳ·Ⅴ에서는 "오늘 새롭게 알게 된 것은?(T100)"이라는 발문에 대하여 "지방에 따라 다른 집의 모양이 다른 이유를 알게 되었습니다.(P116)"라고 발표하고 있다. 그리고 '지방에 따라 집의 모양이 다른 이유는 기후, 지형의 자연환경 때문이다(노트)'라고 적고 있기 때문에 '집의 구조가 다르기 때문에 집의 모양이 다르다'라는 학생의 대체적 개념틀이 최종적으로는 교사의 개념틀과 유사한 형태로 변용하였음을 확인할 수 있다.

이상에서 서술한 두 학생의 개념 변용 사례를 통해 이 수업에서 학생의 개념 변용은 교사의 지도를 바탕으로 학생 스스로의 추리와 탐구 과정을 통해 이루어져 '기후와 지형 등의 자연환경이 다르기 때문에 지방별로 집의 모양이 다르다.'라는 일반적인 지식, 법칙의 획득에 도달하고 있는 것을 알 수 있다.

6. 수업의 특질 및 과제

본 절에서는 초등사회과 수업 중 개념의 인과관계적 획득을 추구하는 수업분석을 HAL 틀을 활용하여 분석하였다. 사례 수업은 지방에 따라 집의 모양이 다른 이유에 대하여 탐구하고 그 인과관계의 획득을 추구하는 학습이었다. 검토 결과 이 수업의 특질과 과제는 다음과 같이 정리할 수 있다.

(1) 수업의 특질

교사의 수업계획, 준비, 실천 과정 및 수업에서 학생의 개념 변용을 검토한 결과 다음의 네 가지 수업의 특질을 찾을 수 있었다.

첫째, 지리적 개념을 과학적·체계적으로 획득하도록 구성·계획되어 있다.

이 수업에서는 '지방에 따라 집의 모양이 다른 이유'를 학생들이 추리하고 그것을 검증하는 과정을 통해 집의 모양과 자연환경 간의 인과관계를 파악하면서 '기후와 지형 등의 자연환경이 다르기 때문에 지방별로 집의 모양이 다르다.'라는 지리적 개념을 획득하도록 구성되어 있다.

이러한 지리적 개념은 과학적 탐구과정을 통해 [그림 16]의 지식의 구조와 같이 지리 현상의 사실적인 지식에서 개념적 지식, 일반적인 지식으로, 그리고 [그림 16]의 상부(기후 요인)에서 하부(기후와 지형 요인)로 체계적으로 획득하도록 구성되어 있다.

둘째, 교사가 학생의 학습을 적극 지원함으로써 학생들이 주체적으로 탐구하고 스스로 개념을 획득해 나가도록 구성된 수업이다.

수업계획 단계에서 교사는 [그림 19]에 나타난 5가지의 구조화된 발문을 준비하고, 학생의 개념 탐구 활동을 촉진하는 지도를 통해 학생 스스로가 개념을 획득하도록 구성하였다.

셋째, 수업 과정을 통해 학생이 지리적 개념을 과학적, 체계적으로 획득하는 수업이다.

수업실천에서 학생의 개념 변용을 나타낸 [그림 20]과 [그림 22], [그림 23]에서 알 수 있듯이, 학생은 지리 현상을 인과관계적으로 이해하면서 지리 개념을 획득하고 있다. 그리고 교사가 의도한 [그림 16]의 지식의 구조와 같이 체계적으로 획득하고 있다.

넷째, 개념 탐구 과정을 통해 학생이 대체적 개념틀을 변용시키고 과학적 인식을 획득해가는 수업이다.

L학생의 사례 [그림 23]에서 확인한 바와 같이 본시 수업은 학생 스스로가 문제를 발견하고 예측, 검증하는 개념 탐구 과정을 통해 학생의 대체적 개념틀이 교사의 개념틀과 비슷한 형태로 변용해가고 있다.

이상과 같은 개념 획득형 사회과 수업은 일반적·추상적인 개념을 효과적으로 이해시키는 장점이 있지만, 추상적인 개념을 학생이 어떻게 이해하였는지 우려되는 상황이 가끔 발생한다. 이러한 점에서 본 절에서 학생의 개념 변용을 밝힌 것은 큰 의의가 있다.

(2) 수업의 과제 및 개선 방향

이 수업은 이상에서 서술한 바와 같이 교사가 의도한 대로 진행한 수업이다. 그러나 이 수업에도 몇 가지 과제 및 문제가 있다.

첫째는 수업계획 단계에서 지식의 구조를 더 명확하게 설정하여 학생들이 좀 더 논리적이고 과학적인 인식을 획득하도록 계획해야 한다. 특히 이 수업의 경우는 학생의 개념 획득을 추구하고 있기 때문에 보다 체계적인 계획이 필요하다. 이미 [그림 16]의 지식의 구조에서 지적하였듯이 개별적 사실 지식 간의 관련을 고려할 필요가 있다. 이를 위해서는 먼저 수업계획 단계에서 지식의 구조를 고려하여 명시하는 것이 효과적이다. [그림 16]의 지식의 구조는 연구자가 수업의 구조를 파악하기 위해 지도안을 바탕으로 작성한 것이다. 이것을 교사가 의도적으로 작성함으로써 과학적이고 체계적인 개념 형성을 도울 수 있다. 그리고 학습지도 단계에서 이 지식의 구조를 의식하면서 지도하게 된다면 학생들은 더 체계적으로 개념을 획득할 수 있을 것이다.

둘째는 수업실천 단계에서 학생의 대체적 개념틀을 활용하여 학생의 인식을 심화시킬 필요가 있다. 특히 '재료'에 대한 학생의 개념 변화·형성이 분명하지 않는 것이 문제이다. 그 해결 방법으로는 다음 두 가지를 생각할 수 있다. 먼저, [그림 16]과 〈표 6〉에 나타난 바와 같이 재료가 수업계획에서 지형의 요소에 포함되어 있는 경우이다. 실제 수업에서 학생이 재료를 어떻게 지형에 포함하여 이해하였는지 확인하는 과정이 필요하다. 다음으로 재료가 수업계획 단계에서 교사가 예상한 학생의 대체적 개념틀인 경우이다. 이 경우에는 실제 수업에서 학생의 대체적 개념틀을 발견하였을 때 이것을 적극 활용하여 좀 더 깊이 사고하는 과정이 필요하다.

이러한 과제로부터 개념의 인과관계적 획득을 추구하는 사회과 수업의 개선 방향으로 수업계획 단계에서 지식의 구조를 더 명확하게 설계하기, 수업실천 단계에서 학생의 대체적 개념틀을 활용하여 학생의 인식을 심화시키기를 제안할 수 있다.

이상 검토한 개념의 인과관계적 획득을 추구하는 사회과 수업은 개념의 과학적·체계적인 획득을 추구하고 있으며, 교사는 조력자로 학생의 주체적인 탐구를 촉진하도록 구성되어 있다. 또한 수업에서 학생들은 개념 탐구 과정을 통해 대체적 개념틀을 변용시켜 더 과학적인 인식을 획득해 나가는 수업이 이루어졌음을 알 수 있다.

[주 및 참고문헌]

(1) 정문성, 구정화, 설규주(2012). 초등사회과교육. 교육과학사. p.158.
(2) 교육부(1997). 초등학교 교육 과정. p.112.
(3) 이 수업에서 '지방'은 북부, 중부, 남부 지방과 같이 넓은 범위에서 '지역'은 시·군·구의 범위, 또는 특수한 기후와 지형 등에 따라 특별한 경관이 나타나는 일정 영역으로 사용되고 있다.
(4) 이 수업은 부산광역시 교육연구정보원 인터넷 방송국(http://muse.busanedu.net/vod/index.asp?type=4&order=1, 2008. 11. 1 인출)에 우수 수업으로 공개되고 있다.
(5) 강성철(2003). 기후와 인간생활. 다락방. p.127.
(6) 정세구 외(1975). 사회과 탐구수업. 화신출판사. p.46.
(7) 中島伸子(2000)『知識獲得の過程：科学的概念の獲得と教育』風間書房.

제 2 절 개념의 종합적 획득을 추구하는 초등사회과 수업

본 절에서는 개념 획득형 사회과 수업 중 개념의 종합적 획득을 추구하는 수업을 사례로 그 특질을 밝히고자 한다. 분석 대상은 '인구의 도시 집중 원인'으로 2008년 부산의 S 초등학교에서 공개된 5학년 수업[1]이다.

1. '인구의 도시 집중 원인'의 개요 및 지도안

(1) 단원 및 수업의 개요

이 수업은 5학년 '우리가 사는 지역(총 18 차시)' 단원에 해당한다.

이 단원에서는 서로 대비되는 지역인 도시와 촌락이 각각 독특한 위치와 분포, 기능적인 특징을 가지고 있으면서도 상호 보완적인 관계를 맺고 있음을 이해하고, 최종적으로는 지역 문제와 그 해결을 통해 지역 발전에 기여할 것을 주요 내용으로 하고 있다.

이 단원은 도입, 정리와 함께 '도시 지역의 생활'과 '촌락 지역의 생활'의 두 소단원(주제)으로 구성되어 있다. '도시 지역의 생활'(3/18~10/18)은 도시의 경관적 특징, 사회적 특징과 도시 분포 및 입지와 도시화의 과정, 기능적 특징을 파악하고 인구 밀집, 환경의 파괴와 오염 등 복합적인 도시 문제를 이해하게 한다. '촌락 지역의 생활'(11/18~17/18)에서는 자연환경, 촌락의 입지와 기능 및 산업 활동, 생활 모습을 조사하여 촌락의 지역성을 파악하고, 특히 촌락 지역의 개발 사업의 의미를 국토의 균형적 발전 및 도시와 촌락 지역의 상호 보완적 관계에서 파악하도록 한다.

'인구의 도시 집중 원인' 수업은 '도시 지역의 생활'에 해당하는 한 차시(7/18)이며 도시로 인구가 집중하는 원인을 다루고 있다[2].

(2) 지도안

[자료 6] 수업 ③의 지도안

단원	2. 우리가 사는 지역 (7/18)	대상	30명 (남14, 여16명)
주제	(1) 도시 지역의 생활	장소	5-1 교실
제재	②도시로 몰려들고 있어요		
학습목표	• 인구 이동 원인에 대한 조사 활동에 관심을 가지고 적극적으로 참여할 수 있다. • 조사 활동을 통해 도시로의 인구 집중 원인을 말할 수 있다.		
학습조직	(개인 과제) 대집단 학습 → 모둠 학습 → 대집단 학습		
학습 형태	• 과제 조사 학습 • 소집단 학습 • 탐구 학습		

단계 (시간)	학습 과정	교수·학습 활동		자료(*) 및 유의점(·)
		교사	학생	
문제 확인 (5′)		◎'노래 부르기'로 분위기 조성		• 시선 집중
		◆ 전시학습 상기 T:전 시간에 공부한 우리나라 인구 이동의 특징에 대해 말해볼까요?	S:시대별, 지역간 인구 이동 현상에 대해 말한다.	
		◆ 동영상 보기 T:선생님도 자료를 준비했는데 함께 보고 어떤 내용인지 말해봅시다. T:이처럼 도시에 인구가 집중하는 원인이 무엇이라고 예상하나요?	• TV 시청 S:사람들이 촌락에서 떠나 도시로 모여든다는 내용입니다. S:도시 인구 집중의 심각성에 관한 내용입니다. S:각자 자신의 예상한 내용과 예상 이유를 발표한다.	*뉴스 자료 (도시의 인구 집중 문제)
가설 설정		◆ 학습 문제 찾기 T:조사하기로 한 과제는 무엇입니까? T:오늘은 조사한 내용으로 어떤 공부를 하기로 했나요? 학습 문제 제시하기	• 조사한 내용을 각자 확인 S:우리가 예상한 것을 확인하기 위해 도시의 인구 집중 원인을 알아보는 것입니다. S:다양한 방법으로 조사를 하는 것입니다. 등 S:도시의 인구 집중 원인을 알아보기로 하였습니다.	• 전 차시에 의논한 학습 문제 생각하기
	학습 문제 확인	도시로의 인구 집중 원인을 알아봅시다.		• 판서

문제 추구 (탐색)		◆ 모둠 과제 확인 T:모둠별로 어떤 내용을 어떤 방법으로 조사를 하였는지 말해 봅시다.	S:우리 모둠은 직접 고장 사람들에게 설문지를 돌려 도시로 온 까닭을 알아보았습니다. S:부모님과 친척들에게 전화나 설문지를 돌렸습니다 S:설문 조사, 메일, 전문통계 검색, 인터넷 검색 등 다양한 조사 활동을 말한다.	・정확한 조사를 위해 다양한 조사활동에 중점
		T:왜 여러 가지 방법들을 사용하여 조사하기로 했나요? T:조사 활동을 하면서 어떤 생각이 들었습니까?	S:정확한 원인 조사를 하기 위해서입니다. S:설문 조사를 하는 것이 재미있으나 힘들었습니다. 등	・정확한 정보를 얻기 위해 다양한 자료의 필요성 인지
	학습 활동 안내	◆ 학습 순서 알기 T:여러분들이 조사한 자료를 가지고 오늘은 어떤 순서로 공부를 해 볼까요?	S:조사한 것을 발표합니다. S:개인이 한 것을 모둠에서 토의를 하고 토의가 끝나면 우리 반 친구들에게 발표를 하면 좋겠습니다. S:각 모둠이 조사한 것을 발표하고 다른 모둠 것과 비교, 정리를 합니다.	・학습 흐름을 파악
(4´)	(대집단 활동)	T:학습 순서 안내 <학습 순서> ▶ 탐구 전문가들의 토의 ▶ 탐구 전문가들의 보고 (설문 통계, 전문 통계, 등 다양한 조사 내용 발표) ▶ 분석을 통한 정리 활동		* 활동 안내 카드 제시
		▶ 탐구 전문가들의 조사 내용 토의		
	활동 1	◆ 모둠 토의 T:지금부터 각 주제에 따라 조사한 내용을 모아보고, 친구들과 의견을 나누어 봅시다.	・다양한 조사 활동 결과 토의 S:각 개인별, 모둠별로 조사한 자료를 모아 서로 의견을 나누고 조사 결과를 토의한다. -설문 조사 모둠은 통계를 내어 칠판에 기록한다. ・부모님, 친척 설문 통계 ・이웃 사람들의 설문 통계 ・다른 고장의 설문 통계 ・메일을 이용한 설문 통계 ・도서관을 찾았어요 ・신문, 뉴스 스크랩 이야기	* 설문 조사, 각종 사이트, 신문, 홍보물 조사 자료 * 사회 학습장 정리(포스트잍 활용) ・토의할 때의 유의점 지키기

문제 해결 (증거 제시) (21')		◆ 발표 자료 만들기 T:각 모둠에서의 통계 자료와 조사 자료를 토대로 통계표와 발표할 자료를 만들어 봅시다.	・통계표와 결과표 만들기 S:각 모둠은 발표 자료를 각자의 역할에 따라 만든다. ・간단히 만든 보고서는 모둠의 발표에 활용하거나 전시 자료로 한다.	* 사진 자료와 하는 일 등 간단히 기록 ・참여도 평가 ・주어진 시간 내에서만 제작함
	활동 2	▶ '탐구 전문가'들의 보고 T:이제부터 모둠 발표를 하겠습니다. 잘 듣고 질문이나 보충을 하기 바랍니다. 그리고 모둠이 만든 보고서는 수업 후에는 학급 게시판에 전시를 하겠습니다.	・바른 자세로 듣기 S:미완성 모둠도 자세를 바르게 하여 듣고, 준비된 만큼만 발표한다. -모둠 순서에 따라 발표 후에 조사 내용의 출처를 말한다. -질문이나 보충할 내용이 있으면 발표가 끝난 후에 한다.	* 확대 통계표 * 실물 화상기, 설문지 등 각종 자작 자료 ・발표 후 보충 및 질문에 역점
	모둠 활동	・설문지를 이용한 통계 -부모님, 친척 설문 통계 -이웃 사람들의 설문 통계 -다른 고장의 설문 통계 ・메일 등을 이용한 설문 통계 -다른 도시 사람들의 설문 ・전문자료 조사 내용 ・신문, 뉴스 스크랩 이야기	・통계표 작성 개인 통계→모둠 통계→전체 통계 ・통계표와 조사한 내용과의 비교	・역할이 고르게 배정되게 하며, 내용 전달에 중점을 둠 * 전체 통계표 지도, 그래프 등
			발표 내용을 들으며 간단히 사회 학습장에 메모한다	・메모하는 습관 기르기
정리 및 일반화	정리 (대집단 활동)	▶ 분석 및 정리 활동 ◆비교・정리하기 T:앞의 설문 통계표를 보고 어떤 사실을 알게 되었나요? T:오늘 공부한 내용을 다시 정리해 봅시다.	S:도시로 몰리는 이유는 부모님의 직장 때문입니다. S:교육 문제, 편리한 생활 등 때문입니다. S:화면을 보며 교사와 함께 도시의 인구 집중 원인을 정리한다. S:도시의 편리한 점이나 좋다고 생각하는 점 때문에 인구가 도시로 이동합니다.	・인구의 도시 집중 원인을 파악함 * PPT자료

| (10') | 내면화 | T:도시의 인구 집중 원인을 공부하면서 생각한 점을 말해봅시다. | S:도시가 편리하기도 하지만 주택, 교통 등 많은 문제점을 가지고 있습니다.
S:도시로 인구가 몰려 촌락에는 인구가 너무 적은 것이 문제일 것 같습니다.
S:다음에는 도시의 문제점에 대한 공부도 하고 싶습니다. | ・도시와 촌락의 문제점에 관심을 가지게 한다. |
| | 차시 예고 | ◆차시 예고
T:여러분의 생각대로 다음에는 도시의 문제점에 대해 공부하겠습니다. 그에 대해 조사를 하기 바랍니다. | S:모둠원들의 의견을 모아 조사할 내용을 정한다.
S:자리를 정돈한다. | ・쉬는 시간을 이용하여 모둠원들이 의논 |

2. 수업 내용에 관한 교사의 개념틀

(1) 지식의 구조

본시 수업에서 교사가 학생에게 획득시키려는 지식의 구조를 분석하면 [그림 24]와 같다. 이것은 지도안에 나타난 교사의 발문과 예상되는 학생의 반응, 그리고 교사가 사전에 준비한 파워포인트 자료에서 추출하여 작성한 것이다.

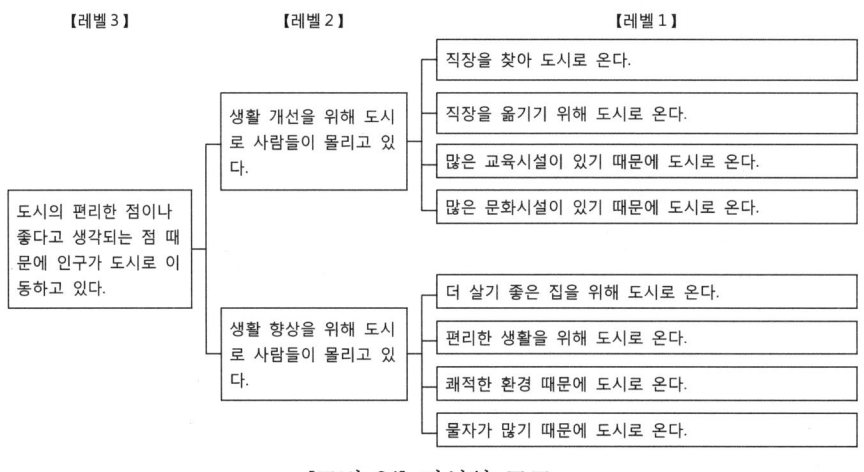

[그림 24] 지식의 구조

이 수업은 레벨 1에 나타난 사회현상의 다양한 사실 지식에서 레벨 2, 3에 나타난 '인구의 도시 집중 원인'이라는 사회과학적 개념으로 구성되어 있다. 이 수업도 앞서 살펴본 개념의 인과관계적 획득을 추구하는 수업과 마찬가지로 사실 이해형 수업보다는 높은 수준의 지식을 추구하고 있으며 체계적으로 구성되어 있다. [그림 24]의 지식의 구조에 나타난 바와 같이 체계적이면서 단계적으로 구성되어 있어 레벨 3에 나타난 '도시의 편리한 점이나 좋다고 생각되는 점 때문에 인구가 도시로 이동하고 있다'라는 일반적·설명적 개념을 획득시키려는 것이다.

(2) 교사의 개념틀

수업을 통해 학생들에게 획득시킬 일반적·설명적 개념을 교사가 어떤 것으로 보고 있고 이것을 어떻게 획득시키려 하는지 고찰하여 도식화한 것이 교사의 개념틀 [그림 25]이다.

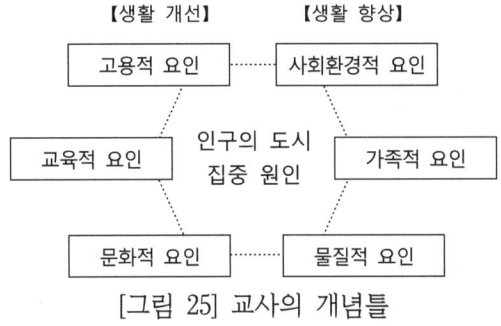

[그림 25] 교사의 개념틀

교사의 개념틀 [그림 25]를 추출하는 과정을 검토해보자.

[자료 6]의 지도안에 나타난 바와 같이 교사는 본시 학습 목표로 '인구 이동 원인에 대한 조사 활동에 관심을 가지고 적극적으로 참여할 수 있다.'와 '조사 활동을 통해 도시로의 인구 집중 원인을 말할 수 있다.' 두 가지를 설정하고 있다.

본시에서 다루는 학습 주제는 '도시 지역의 생활' 중 '도시의 인구 집중'이라는 사회현상이다. 이것은 지리학 연구에서 밝혀진 바와 같이 우리나라에서 1960년대부터 시작된 공업화 현상으로, 많은 인구가 도시로 이동하여 도시의 인구는 과잉상태가 되고 농·어업·산촌의 인구는 과소상태(3)가 된 사회현상이다. 주요 요인으로는 경제적인 요인, 삶의 질에 관한 요인, 그리고 지방 재정 요인, 교육 요인, 공공 서비스 요인, 국가 정책 요인 등 다양하다(4). 그리고 인구 이동의 동기는 개별적으로 이동하는 인구 특성뿐만 아니라 이동 목적지에 따라 달라진다.

이상과 같은 우리나라의 인구 도시 집중 현상과 그 원인에 대해 교사는 다음의 6가지 요인으로 보고 있다.

첫째는 취업이나 직장과 관련된 고용 요인, 둘째는 진학 또는 자녀의 교육 환경을 위해 이동하는 교육적 요인, 셋째는 인간의 문화생활과 관련된 문화적 요인, 넷째는 교통이나 생활환경과 관련된 사회환경적 요인, 다섯번째는 결혼과 가족의 재결합을 목적으로 하는 가족 요인, 마지막으로 생활에 필요한 물건이나 물자와 관련된 물질적 요인이다. [그림 25]는 교사가 일반적, 설명적인 개념 획득을 위한 하나의 개념도로 학생에게 획득시키고자 하는 개념틀이다. 한편, 교사는 사전에 준비한 파워포인트 자료를 통해 고용, 교육, 문화적 요인을 '생활 개선' 그리고 사회환경, 가족, 물질적 요인을 '생활 향상'으로 정리하고 있다.

교사는 이 6가지 요인을 설정함으로써 학생들에게 인구 집중에는 다양한 요인이 작용한다는 것을 파악하게 하여 '인구의 도시 집중 원인'이라는 사회과학적 개념을 획득시키려는 것이다.

3. 교사의 개념틀을 학생이 획득하기 위한 준비

그렇다면 이상과 같은 교사의 개념틀을 학생이 획득하기 위해 교사는 무엇을 어떻게 준비하고 있는지 지도안을 통해 살펴보자.

(1) 학생 실태 조사

먼저 교사는 학생의 실태를 조사함으로써 본시 수업계획의 기반을 마련하고 있다.
교사는 학생 실태를 관찰, 면접, 질문지, 자기 평가를 통해 다음과 같이 분석하고 있다.

> 사회과 흥미도에서는 20% 정도의 학생들만 사회과를 재미있게 받아들이고 있다. 그 이유로는 아동들이 내용이 어렵다고 생각하거나 과제 해결에 시간이 많이 걸리고 부모님의 도움이 있어야 과제 해결이 가능하다고 하여 부담감을 느끼고 있었다. 학생들이 선호하는 사회과 학습 조직에 대해서는 57.5%의 학생이 소집단 협력학습에 높은 열의와 흥미를 보였다. 그러나 조사 활동에 참여 정도는 내용에 따라 다르지만 66.6%의 학생들이 관심을 가지고 있다.

이 결과를 통해 교사는 소집단 협력학습과 함께 학생들이 흥미를 가지고 참여할 수 있는 생활 주변의 경험과 접목시킨 학습이 필요한 것으로 판단하고 있다.

(2) 교재 연구

이상의 학생 실태 조사에 따라 교사는 다음과 같은 교재 연구를 하고 있다.
5학년 '사회 5-1' 교과서는 인구의 도시 집중의 원인을 특정 지역을 사례로 서술하지 않고 우리나라의 일반적인 사회현상으로 서술하고 있다. 그 원인으로 '각종 문화·교육 시설이 많다', '생활에 편리한 시설이 많다', '교통 시설이 발달하였다', '공장이나 회사가 많다'의 네 가지(고용, 교육, 문화, 사회환경적 요인)를 제시하고 있다. 지리학 연구 성과에 기반한 교재 연구를 바탕으로 교사는 교과서에 제시된 요인보다 넓은 시야에서 '인구의 도시 집중 원인'을 탐구하여 파악하고 있다. 그러면 교사는 자신의 개념틀을 학생들에 어떻게 획득시키고자 하는가?

[자료 7] 교과서 '사회 5-1'

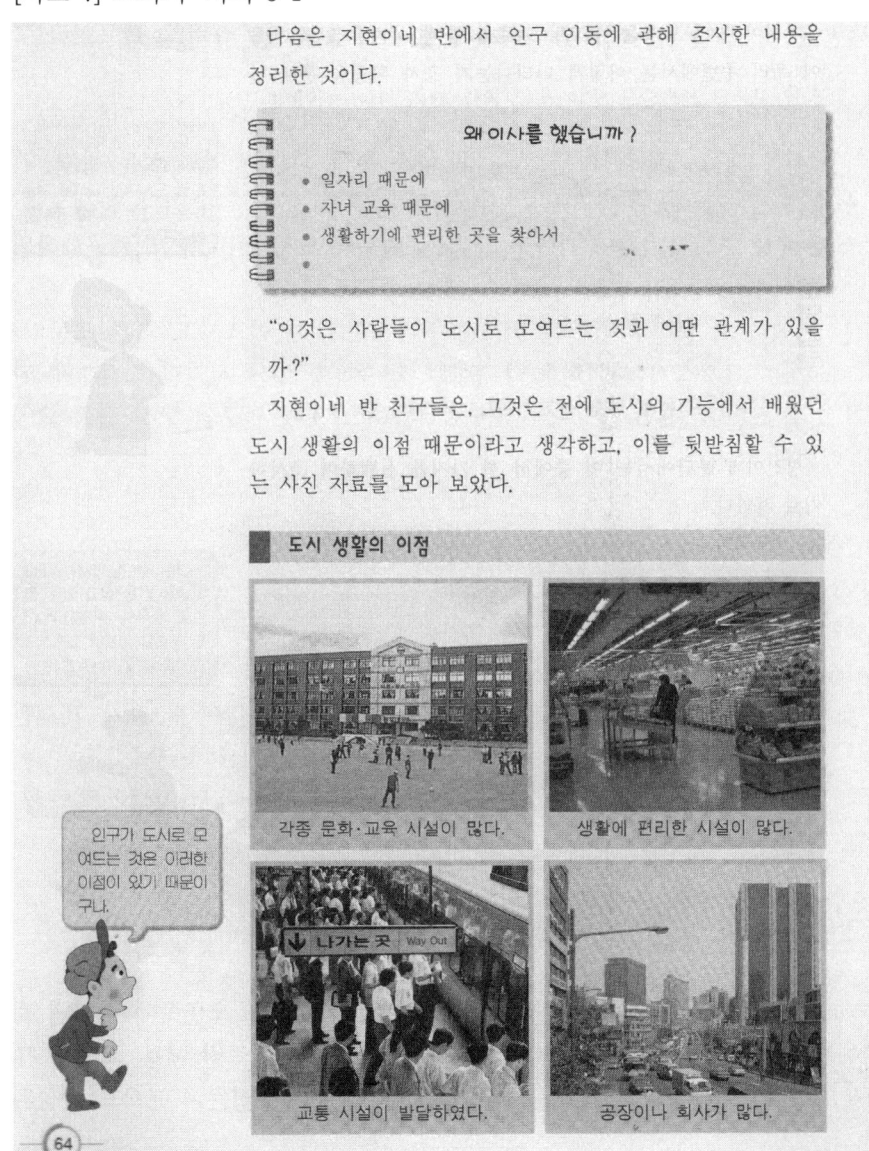

(3) 수업의 기본 설계

교사는 이전 단계의 학생 실태 조사 및 교재 연구를 통해 교과서 내용을 교재 측면과 방법적 측면에서 재구성하였다.

교재 측면을 검토하면 학생들이 친숙한 지역에서 학습할 수 있도록 지역 교재를 수업에 도입함으로써 학생의 흥미·관심과 학습 참여에 대한 동기를 부여하여 학생들이 구체적으로 경험할 수 있는 지역적인 현상을 통해 추상적인 '인구의 도시 집중 원인'이라는 사회과학적 개념을 쉽게 획득하도록 설계하고 있다.

방법적 측면에서는 개념학습을 위해 다음과 같은 지역 조사 활동과 비교 활동이라는 학습 전략을 수립하고 있다.

먼저 학생 실태에 따라 모둠별로 조사 활동을 한다. 구체적인 지역 조사 방법으로는 부모, 친척, 이웃 등을 대상으로 한 설문 조사 및 설문 통계, 다른 지역의 설문 통계, 메일을 이용한 설문 통계, 도서관 문헌 자료, 신문, 뉴스 스크랩 조사 등이 있다. 학생들의 조사 활동 경험을 통해 추상적인 사회과학적 개념인 '인구의 도시 집중 원인'을 구체적으로 이해하고 탐색하게 한다.

다음으로는 지역 조사 활동에서 얻은 정보를 공유하기 위해 발표하고, 다른 모둠의 조사 결과와 비교하여 유사점과 차이점을 추출한다. 단순하게 부산 지역만 조사하게 되면 인구의 도시 집중 요인이 제한된다. 다른 지역과 비교함으로써 인구의 도시 집중 요인을 좀 더 깊이 이해할 수 있는 것이다.

이와 같은 지역 조사와 비교 활동을 마련함으로써 학생들이 [그림 24]의 지식의 구조와 교사의 개념틀을 학생들이 획득해 나가도록 설계하고 있다.

4. 수업계획과 실제 수업의 비교

이상과 같이 수업은 교사의 개념과 관념에 따라 계획되고 실천되지만, 학생 개개인의 다양한 요인이라는 변수가 존재하기 때문에 반드시 교사가 의도와 계획대로 실천되는 것만은 아니다. 여기에서는 수업계획에서 교사의 개념틀과 실제 수업에서 학생이 획득한 개념틀을 비교·검토한다.

(1) 지도안의 구조 및 실제 수업의 전개

〈표 7〉은 지도안에 나타난 구조를 왼쪽에, 실제 수업의 전개를 오른쪽에 나타낸 것이다. 오른쪽에는 실제 수업을 발언에 따라 네 파트로 나누어 각 파트별 내용, 교사의 지도, 학생의 반응, 형성된 학생들의 개념틀을 제시하고 있다. 본시 수업은 40분으로 구성되어 있다.

第 5 장 개념 획득형 사회과 수업분석

<표 7> 지도안의 구조와 실제 수업의 전개

지도안의 구조	실제 수업의 전개				형성된 개념틀
	과정		교사의 지도	학생의 반응	
	단계	내용			
■복습·예상·학습 문제 확인	파트Ⅰ (T1~T10)	복습과 학습 문제 확인	·전시 학습 복습과 학습 문제 제시	·전시 학습 상기 ·학습 문제 확인 - 도시로 인구가 집중하는 원인을 알아봅시다.	
■모둠 과제 확인 T:모둠별로 어떤 내용을 어떤 방법으로 조사를 하였는지 말해 봅시다. S:고장 사람들에게 설문지를 돌려 도시로 온 까닭을 알아보았습니다. ■학습 순서	파트Ⅱ (T11~T26)	과제 해결 방법 탐색	·과제를 어떤 방법으로 해결했는지 발표하겠습니다.(T11)	·우편을 이용(P17), 설문지를 돌려서(P18) 알아보았습니다.	
		예상	·왜 부산으로 (사람들이) 올까 자기가 예상한 것을 발표해 봅시다.(T13~T14)	·교육 문제 때문에(P21), 일자리를 찾기 위해서(P23)입니다.	
		검증 과정 탐색	·내 예상이 맞나 원인 조사를 해보고 검증해 봅시다. 어떤 순서로 했으면 좋을지 자유롭게 이야기해 봅시다.(T17)	·예상을 먼저하고 그룹 토의 한 다음에 발표한 다음 보충하고 정리합니다.(P28)	
■모둠 토의 T:지금부터 각 주제에 따라 조사한 내용을 모아보고, 의견을 나누어 봅시다. ■발표 자료 만들기 ■모둠 발표	파트Ⅲ (T27~T49)	개인 통계	·개인 통계 발표해 볼 사람?(T27)	·(인구 이동의 이유로는) 직장이 12, 교육 11, 주택은 없고, 교통 1명 문화는 없는 걸로 합계 24명입니다.(P44)	Ⅰ-Ⅳ Ⅱ 요인
		모둠 통계	·조사한 자료를 가지고 그룹 토의 하세요.(T31)	·모둠 토의 ·직장 34명, 교육 8명, 주택 11명, 생활편리 10명, 문화시설 3명, 쾌적한 환경 1명, 그 외 9명(P46의 활동 결과로부터)	
		모둠 발표	·(모둠)발표를 해주세요(T43)	·저의 아버지는 (일자리 때문에) 부산으로 왔습니다.(P56) ·반송 지역은 대부분 직장 문제 때문에 이사를 많이 오셨습니다.(P62~P65) ·부산의 지역은 직장이 29명으로 제일 많이 이사를 했습니다. 그다음으로 교육, 주택과 기타가 세번째로 많았습니다. 그리고 생활편리 문제와 문화시설 문제도 많았습니다. 마지막으로 쾌적한 환경이 가장 적었습니다.(P66~P72) ·편의시설, 직장, 그리고 교육시설 때문입니다.(P83) ·강원도 조사에서는, 58%가 직장 문제 때문에 고향을 떠났다고 했습니다.(P86)	
■비교·정리 T:앞의 설문 통계표를 보고 어떤 사실을 알게 되었나요? S:도시로 몰리는 이유는 부모님의 직장, 교육 문제, 편리한 생활 등 때문입니다. Ⅰ-Ⅳ Ⅱ 요인 T:오늘 공부한 내용을 다시 정리해 봅시다.	파트Ⅳ (T50~T75)	정리 및 일반화	·통계표 자료를 기초로 만들었습니다. 이것을 보고 알 수 있는 것을 발표해 봅시다.(T50) ·인구 이동은 무엇 때문에?(T51) ·선생님과 함께 정리해 보겠습니다. 수업하면서 느낀 점을 발표해 봅시다.(T55)	·직장 때문에 이동한 것이 제일 많습니다.(P89) ·부모, 친척, 서울, 반송 등에서 합하면 직장이 제일 많고 교육이 많습니다.(P90) ·다른 곳은 모두 직장이 제일 많았는데 서울에서 교육이 가장 많은 것이 신기하였습니다.(P97) ·생활 편리 문제와 문화시설 문제, 쾌적한 환경과 기타가 있습니다.(P101) ·기타에는 결혼 문제가 있습니다.(P102)	Ⅰ-Ⅳ Ⅱ 요인 Ⅴ Ⅲ
S:화면을 보며 교사와 함께 도시의 인구 집중 원인을 정리한다. Ⅰ-Ⅳ Ⅱ 요인 Ⅴ Ⅲ-Ⅵ ■차시 예고			·직장, 교육, 주택, 문화시설은 우리 생활을 좀 더 고치기 때문에 이것을 생활개선이라고 분류했습니다.(T61)	·PPT를 보면서 응답하기(P104~P108)	Ⅰ-Ⅳ Ⅱ 요인 Ⅴ Ⅲ-Ⅵ
		차시 예고	·다음 시간에는 무엇을 공부할까요?(T70)	·도시에서 생기는 여러 가지 문제점(P115)과 해결점(P116)에 대해 알아볼 것 같습니다.	

※ Ⅰ, Ⅱ, Ⅲ, Ⅳ, Ⅴ, Ⅵ은 각각 고용, 교육, 문화, 사회환경, 가족, 물질적 요인을 의미한다.(지도안, 실제 수업을 통해 연구자가 작성)

(2) 수업계획과 실제 수업의 비교

〈표 7〉은 교사가 의도한 수업계획(지도안과 미리 준비한 파워포인트 자료)에 학생들이 획득할 것으로 예상한 개념틀과 실제 수업에서 학생들이 획득한 개념틀을 비교하기 위해 연구자가 분석하여 작성한 것이다.

수업계획과는 달리 실제 수업에서 학생의 개념 변용이 현저하게 나타난 부분은 파트Ⅲ과 Ⅳ의 음영 부분이다.

교사는 학생들의 생활 기반인 부산 지역과 기타 지역을 조사 대상으로 계획하여 학생들이 생활 경험에서 이해하기 쉽고 흥미를 가지고 학습에 임하도록 수업을 계획하였다. 조사 지역으로 부산 지역은 제시되어 있지만 다른 지역은 특정하지 않았다.

그러나 학생들은 신변지역인 부산에 대한 조사뿐만 아니라 인구 이동 특성이 두드러지게 나타나는 지역인 서울과 경기도, 강원도를 조사하고 있다. 또한 수업이 진행됨에 따라 조사한 각 지역 간 자료를 비교하여 유사점과 차이점을 발견하고 있다.

비교 단계에서 교사는 인구의 도시 집중 원인에 대한 학생의 답변으로 교육적인 요인과 고용 요인, 사회환경적 요인을 예상하고 있었다. 그러나 실제 수업에서는 이미 전 단계에서 교사가 예상한 요인 외에도 문화적 요인, 가족적 요인을 언급하며 교사가 설정한 개념틀보다 넓은 시야에서 인구의 도시 집중 원인이라는 개념을 획득하고 있다. 즉, 학생이 획득한 인구의 도시 집중 원인에 대한 개념틀은 어떤 특정 요인뿐만 아니라 사회 제 과학의 개념적 지식에 가까운 보다 복합적인 것을 형성하고 있다. 이러한 관계를 그림으로 나타내면 [그림 26]과 같다.

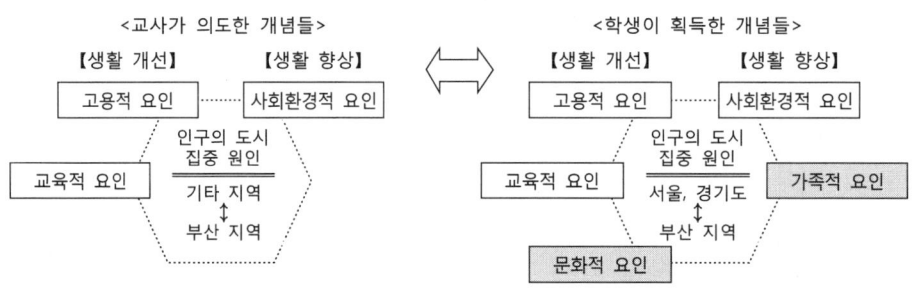

[그림 26] 파트Ⅲ·Ⅳ에서 교사의 개념틀과 학생이 획득한 개념틀의 비교

[그림 26]의 왼쪽에는 교사가 의도한 개념틀이 오른쪽에는 실제 수업에서 학생들이 획득한 개념틀이 나타나 있어 교사와 학생의 개념틀을 상호 비교하기에 용이하다.

실제 수업에서 "서울 부산은 줄어들고 있는 것을 알 수 있습니다. 그 이유는 서울 부산은 땅값이 비싸서 사람들이 그 주위에 있는 위성 도시로 이사를 가기 때문입니다.(P85)"라는 학생의 발언은 1990년대 이후 주요 대도시의 인구가 감소하고 대도시 주변 지역의 인구가 증가하는 새로운 국면으로 진입(5)하고 있는 새로운 인구 이동 현상의 발견과 함께 그 배경에 있는 원인을 파악하는 것이다. 그리고 인구 이동의 역동적인 특성을 개념적으로 파악하여 지금, 현재 일어나고 있는 현상을 다루는 지역 학습이다.

학생들은 이와 같이 인구 이동의 원인뿐만 아니라 인구 이동의 유사성과 상이성을 파악함으로써 인구 집중이라는 사회과학 개념을 과학적으로 더 깊이 획득하고 있다.

이상, 수업계획 및 실제 수업을 비교해 봄으로써 학생의 '인구의 도시 집중 원인'이라는 개념 획득 과정을 고찰하였다. 실제 수업에서는 학생들이 지역 조사 활동과 비교 활동을 통해 복합적인 개념 형성 과정을 생성하고 보다 폭넓은 원인을 발견하여 교사의 개념틀을 포함한 더 확장된 개념적인 지식을 습득해 나가고 있음을 알 수 있었다.

5. 수업 내용에 대한 학생의 개념틀 변용

본시 수업에서 학생의 개념틀에 큰 변화가 나타난 부분은 파트Ⅲ과 파트Ⅳ이다.

파트Ⅲ에서는 개별 조사 결과(Ⅲ-1)와 모둠 조사 결과(Ⅲ-2)를 비교함으로써 학생들이 더욱 폭넓은 시야에서 인구의 도시 집중 원인을 인식하고 있다. 그리고 파트Ⅳ에서는 모둠 조사 결과를 바탕으로 다른 모둠의 조사 결과와 비교하고, 나아가 학급 전체의 조사 결과를 확인하면서 인구의 도시 집중 원인이라는 사회과학적 개념을 획득해 나가고 있다.

그렇다면 학생의 개념틀이 어떻게 변용하면서 사회과학적 개념을 형성해 나가는지 구체적인 사례를 통해 그 변용·형성 과정을 검토해보자.

교사의 발문에 대한 특정 학생의 응답에 주목하고, 그 학생이 지닌 개념틀의 변용·형성 과정을 추출한다. 그리고 교사의 예상과 유사한 형태와 다른 형태의 두 사례를 분석한다.

(1) G학생의 개념틀 변용·형성

먼저, 교사가 의도한 개념틀과 일치하는 형태로 변용해 나가는 대표적인 사례로 G학생의 변용 과정을 검토해보자.

G학생은 파트Ⅲ-1 단계에서 실제 조사를 통해 자기 부모의 경험담을 통해 도시 인구 집중의 원인을 '직장'으로 인식하고 있어 '고용적 요인'을 확인하고 있다. 그리고 파트Ⅲ-2 단계에서는 G학생이 속한 모둠의 통계 조사에서 인구의 도시 집중 원인을 "직장 34명, 교육 8명, 주택 11명, 생활편리 10명, 문화시설 3명, 쾌적한 환경 1명, 그 외 9명(P46의 활동 결과로부터)"라고 하여 고용 요인, 교육적 요인, 사회환경적 요인, 문화적 요인의 네 요인을 도출하고 있다. 친숙한 자기 가족의 통계에서부터 학급 전체의 가족 통계를 살펴봄으로써 새로운 요소를 통합하면서 개념을 확장시키고 있다.

파트Ⅳ에서는 다른 모둠과 학급 전체의 통계 자료를 비교하면서 G학생은 "각 사람들이 그 지역으로 간 인구 이동의 원인(직장, 교육, 주택, 생활 편의, 문화 시설, 쾌적한 환경 등)을 알 수 있었습니다.(P94)", "다른 곳은 모두 직장이 제일 많았는데 서울에서 교육이 가장 많은 것이 신기하였습니다.(P97)", 그리고 "제가 보충하겠습니다. 기타에는 결혼 문제가 있습니다.(P102)"라고 발언하며 물질적인 요인 외의 다섯 가지 요인을 인식하고 있다. 이러한 발언 내용을 통해 G학생은 인식을 복합적으로 변용시켜가면서 교사의 개념틀에 가까운 형태로 형성해 나가고 있음을 알 수 있다. 이와 같이 G학생은 개념 형성 방법으로 요인을 누가적으로 획득하고 있다. 이 인식의 변용 과정을 나타낸 것이 [그림 27]이다. [그림 27]은 파트Ⅲ-1, 파트Ⅲ-2, 그리고 파트Ⅳ 단계에 나타난 G학생의 개념 변용 과정으로, 각 단계별 개념틀을 한눈에 파악할 수 있다. G학생은 요인의 누가적인 형태로 개념 변용이 이루어지고 있는 것이다.

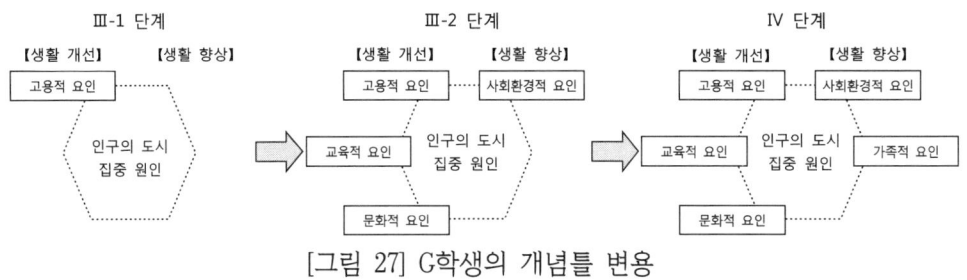

[그림 27] G학생의 개념틀 변용

(2) D학생의 개념틀 변용·형성

교사의 개념틀과 다른 형태로 변용하는 유형의 사례로 D학생을 살펴보자.

D학생은 파트Ⅲ-1 단계에서 구체적인 강원도 지역 조사를 통해 인구의 도시 집중 원인을 인식하고 있으며, 그 원인으로 고용적 요인 한 가지를 언급하고 있다. 파트Ⅲ-2 단계에서는 모둠 활동을 통해 "편의 시설, 직장, 그리고 교육시설(P83~P85)" 때문에 인구가 이동하고 있다고 인식하고 있다. 이러한 발언은 고용 요인, 교육적 요인, 문화적 요인에 해당하는 것으로 인구 집중의 원인에 대해 단일적인 인식에서 복합적인 인식으로 변용하는 것이다. 그리고 파트Ⅳ에서는 인구의 도시 집중 원인으로 "(교육 문제와 직장 문제), 생활 편리 문제와 문화시설 문제, 쾌적한 환경과 기타가 있습니다.(P101)"라고 발표하면서 전 단계에서 확인한 요인에 사회환경적 요인을 추가하면서 인식을 확장시키고 있다. 이 변용 과정을 나타낸 것이 [그림 28]이다.

이상의 사례에서 D학생보다 G학생이 학습 내용을 좀 더 체계적으로 이해하고 있다고 판단된다. D학생은 '인구의 도시 집중 원인'이라는 개념을 네 가지의 부분적 속성(요소)으로 이해하고 있다. 그렇지만 G학생은 다섯 가지 속성으로 이해하고 있는 것이다. 즉 G학생이 D학생보다 더 넓은 시야에서 개념을 파악하고 있다.

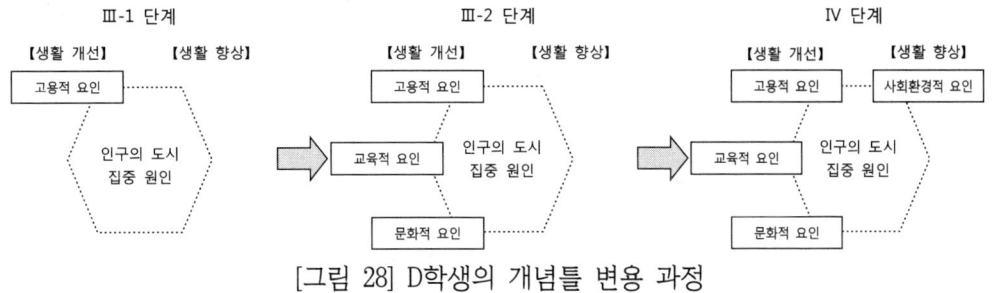

[그림 28] D학생의 개념틀 변용 과정

6. 수업의 특질 및 과제

이상으로 초등사회과 수업 중 개념의 종합적 획득을 추구하는 사회과 수업 사례를 HAL 틀을 이용하여 분석하였다. 사례 수업은 인구의 도시 집중 원인이라는 사회현상의 사회과학적 개념에 대하여 관련된 다양한 대상의 공통적인 특성을 탐구하고 그 의미를 구조적으로 인식하는 개념학습이었다. 이 수업의 특질과 과제는 다음과 같이 정리할 수 있다.

(1) 수업의 특질

이 수업의 특질은 다음 네 가지로 정리할 수 있다.
첫째, 사회과학적 개념을 토대로 구성된 수업이다.
[그림 24]의 지식의 구조와 [그림 25]의 교사의 개념틀을 보면 본시 수업에서는 우리나라에서 나타나는 사회현상인 '인구의 도시 집중'을 사례로 그 원인을 추구함으로써 '인구의 도시 집중 원인'이라는 사회과학적 개념 형성을 시도하고 있다.
둘째, 교사에 의해 지역 교재로 재구성된 지역 학습이다.
지역 교재의 유효성에 대해 이와타(岩田一彦, 1980)[6]는 학생들이 친근감을 가지고 구체적인 사고를 할 수 있고, 지역 교재를 찾을 경우 학생들에게 자료를 작성하게 할 수 있는 점 등을 언급하고 있다. 서재천(1987: 181)은 지역 사회에 나타나는 현상을 소재로 학습하는 것은 학생의 이해를 촉진하고 심화할 수 있는 학습의 능률면에서 효과적이라고 적시하고 있다. 이렇듯 지역 교재는 추상적인 개념을 이해하는 데 효과적이다. 본시 수업에서도 '인구의 도시 집중의 원인'이라는 추상적인 개념 획득을 위해, 교사는 지역 교재로 재구성하여 학생들의 효과적인 개념 이해를 돕고 있다.
셋째, 학생들의 개념 변용이 단계적, 누가적으로 이루어지고 있다.
교사는 인구의 도시 집중 원인이라는 개념을 고용, 교육, 문화, 사회환경, 가족, 그리고 물질적인 요인의 6가지로 설정하고 있다. 실제 수업에서 학생들은 [그림 27], [그림 28]과 같이 G학생과 D학생 모두 교사가 의도한 개념틀 범위 내에서 개념을 누가적으로 획득하고 있다. 그리고 [그림 24]의 지식의 구조를 보면 레벨 1의 사실 지식에서 레벨 2, 3의 개념적 지식으로, 또한 레벨 2의 상부(생활 개선)에서부터 하부(생활 향상)로 진행하면서 개념을 형성하고 있다.

넷째, 복합적인 개념 변용·형성을 도모하여 학생의 인식을 더욱 확장시키는 수업이다.

수업에서 학생의 지식 획득은 학생의 자주적인 지역 조사·비교 활동을 통해 더욱 폭넓게 변용되고 있다. 〈표 7〉과 [그림 27]에 나타난 바와 같이 학생들은 인구의 도시 집중 원인을 각각 구체적인 지역 장면에서 조사함으로써 개인 조사 활동과 다른 모둠의 조사 내용을 비교하면서 더 복합적인 인식으로 확장해 나가고 있다.

이상 개념의 종합적 획득을 추구하는 사회과 수업은 사회현상에 나타나는 복잡 다양한 원인에 대한 종합적인 획득을 시도하고 있으며, 수업에서 학생들의 개념 변용이 단계적이고 누가적으로 이루어져 학생의 인식이 점차 확장되고 있음을 알 수 있다.

(2) 수업의 과제 및 개선 방향

본시 수업은 개념 획득형 사회과 수업 중 개념의 종합적 획득을 추구하는 수업이었다. 이 수업의 과제와 문제로는 다음의 세 가지가 있다.

첫째는 개념 획득형 사회과 수업의 중핵이 되는 개념과 개념틀 형성, 명시화 문제이다.

개념학습의 목표는 사회과학이 설명하는 일반적인 개념을 학생들에게 획득시키는 것이다. 이 목표는 개념학습의 대상이 되는 개념이 어떠한 구조로 되어 있는지 확인해야 잘 달성할 수 있다. 따라서 지식의 구조도를 작성한 후 지도하는 것이 효과적이다. 본시 수업 지도안에는 지식의 구조와 교사의 개념틀이 정리되어 있지 않아 연구자가 이것을 정리하여 명시하였다. 이러한 작업을 교사가 사전에 수행하면 수업을 통해 도달할 목표와 내용, 틀이 더 명확해질 것이다.

둘째는 개념의 종합적 획득을 추구하는 사회과 수업에서 그 획득 과정을 조직화하는 문제이다.

본시 수업에서는 학생들에게 개념을 획득시키기 위한 학습 방법으로 지역 조사와 비교 활동을 마련하고 있다. 그러나 비교 활동의 단계 설정과 지역 설정이 문제로 지적될 수 있다. 이 수업에서는 비교 활동을 〈표 7〉의 파트Ⅲ 단계의 모둠별 발표를 통한 인구 이동 현상의 비교에서 설정하고 있다. 그 전에 각 지역의 인구 이동 현상을 개별적으로 학습한다면 유사한 내용이 단순하게 반복되는 것처럼 보이겠지만 상호 비교하면서 학습하게 되어 각 지역의 인구 이동 현상 간의 관련성이 드러나 높은 학습 효과를 얻을 수 있다. 그 효과를 더 높이기 위해 교사가 대상이 되는 특정 지역을 지정하여 조사·비교하게 하는 것이 좋다. 학생들이 지역 조사를 하는 단계에서부터 도입하여 수업을 계획함으로써 학생의 사고를 더 심화시킬 수 있는 것이다.

셋째는 개념의 종합적 획득을 추구하는 사회과 수업의 효과성 문제이다.

더 좋은 효과를 위해서는 개념을 더 깊이 이해해야 한다. 수업에서 학생의 개념 획득 과정은 G학생과 D학생을 사례로 검토하였다. 두 학생이 획득한 개념(요인)과 그 획득 과정을 살펴보면 [그림 24] 지식의 구조의 상부(생활 개선)는 비교적 순조롭게 획득하고 있지만, 하부(생활 개선) 요인에 대한 인식은 상대적으로 어려워하는 것을 알 수 있다. 상부의 요인은 한국 사회에서 비교적 큰 비중을 차지하고 있는 도시의 인구 집중 원인인 반면에 하부 요인은 그에 미치지 않기 때문으로 판단된다. 따라서, 이러한 개념(요인) 획득을 요인의 수(數)뿐만 아니라 깊이 인식시키기 위해서는 사회현상의 배경을 깊이 읽어낼 수 있기 위한 지도 방법을 강구해야 한다.

이와 같은 과제를 통해 개념의 종합적 획득을 추구하는 사회과 수업의 개선 방향으로 수업계획 단계에서 지식의 구조를 명시하기, 학생의 개념 획득 과정을 고려하여 조직화하기, 학생이 개념을 더 깊이 이해하기 위한 효과적인 방안 탐색 등을 제안한다.

개념의 종합적 획득을 추구하는 사회과 수업을 검토한 결과, 제시된 사회현상의 다양한 원인을 종합적으로 획득할 것을 추구하고 있으며, 학생은 이것을 단계적이고 누가적으로 개념변용을 해나감으로써 인식이 점차 확대되고 있는 것을 알 수 있다.

[주 및 참고문헌]

(1) 부산광역시 교육연구 정보원 인터넷 방송국(http://muse.busanedu.net/vod/index.asp?type=4&order=1, 2008. 11. 1 인출)에서 우수 수업 동영상으로 소개된 수업이다.
(2) 이 수업은 도시의 인구 집중 원인이라는 사회과학적 개념의 이해에 중점을 두고 있다. 그러나 소단원 구성 측면에서 보면 이 지식을 활용하여 다음 차시에서는 '도시 문제의 해결 방안'에 대하여 인구가 도시에 집중됨으로써 새로운 문제가 발생하는 것을 이해시켜 사회현상에 대한 새로운 지식을 형성하는 구조로 되어 있다.
(3) 서재천(1987). 국민학교 지역사회학습의 의의와 유형. 사회과교육. 제20호. p.181.
(4) 하상근(2005). 지역간 인구이동의 실태 및 요인에 관한 연구. 지방정부연구. 제9권 제3호. p.310.
(5) 최은영(2004). 지역간 인구이동의 공간적 특성 분석. 서울시정개발연구원. p.64.
(6) 岩田一彦(1980)「地域に教材を求める単元構成の条件」『教育科学 社会科教育』No.201.

제 3 절 개념의 발전적 획득을 추구하는 초등사회과 수업

본 절에서는 개념 획득형 사회과 수업 중 개념의 발전적 획득을 추구하는 수업을 사례로 그 특질을 해명한다. 분석 대상은 '시장의 역할'이며, 2008년 6월 11일 대구 M초등학교에서 공개된 것이다[1].

1. '시장의 역할'의 개요 및 지도안

(1) 단원 및 수업의 개요

본시 수업은 4학년 1학기 교과서 '사회 4-1'의 3개 단원 중 '2. 우리 시·도의 발전하는 경제'에 해당한다.
이 단원은 한 지역의 자연·인문 환경에 관한 주요 사실, 현상, 특징 등에 대한 지식을 바탕으로 지역 특유의 자원들을 이용하여 주요 생산 활동이 이루어지고 있음을 다룬다. 또한 지역의 생산 및 소비 활동은 다른 지역의 물자 유통과 깊은 관계가 있고, 지역간 상호의존이 증대됨으로써 지역 경제 문제들이 개선될 수 있다는 취지에서 설정되었다[2].
이 단원은 '(1) 우리 시·도의 자원과 생산 활동'과 '(2) 서로 돕는 경제생활'의 두 소단원(주제)으로 구성되어 있으며 내용은 다음과 같다.
'(1) 우리 시·도의 자원과 생산 활동'(2/16~8/16)에서는 지역의 주요 산업의 현황과 그 산업에 이용되는 자원의 개발, 해외로 진출하고 있는 기업의 활동, 지역 경제 발전을 위한 지방 자치 단체의 역할, 경제 개발에 관한 주민들의 의사 결정 등.
'(2) 서로 돕는 경제생활'(9/16~15/16)에서는 경제 발전에 따른 생산 및 직업의 분화, 물자 교환의 필요와 화폐의 기능, 시장의 기능과 유통의 중요성, 경제생활에서의 다양한 상호의존의 모습 등.
1 차시(1/16)는 단원 도입, 마지막 차시(16/16)는 단원 정리 학습이다. 사례 수업은 '(2) 서로 돕는 경제생활'에 해당하며 13/16 차시로 지역 시장의 발달과 기능을 다룬다.

(2) 지도안

[자료 8] 수업 ④의 지도안

단원	2-② 서로 돕는 경제 생활 2) 경제 활동의 중심지			
학습주제	지역 경제 발전을 위한 시장의 역할 알아보기			
학습목표	• 우리 고장의 시장이 지역 경제 발전을 위한 역할을 설명할 수 있다.(지식·이해) • 시장이 지역의 경제 활동에 영향을 주는 사례 자료를 수집·활용할 수 있다.(기능) • 지역 경제 발전을 위하여 관심을 가진다.(가치·태도)			
학습단계	학습요소	교수·학습 활동	시간(분) / 사고활동	자료(○) 및 유의점(※), 평가(·)
문제 파악	문제접근	◎ 자료①을 보고 여러 종류의 시장 알아보기를 통해 학습 문제 접근하기 • 자료①을 보고 냉장고를 구입하는 방법 말해보기 · 인터넷 쇼핑으로 구입할 것이다. · 대형 할인점에서 구입할 것이다. 등 • 시장의 종류 알아보기 · 재래시장, 백화점, 대형 할인점 등이 있다.	5' / 선택	①냉장고를 구입하려는 ○○이 가족의 고민 동영상 ②재래시장 살리기 캠페인 신문 자료
	시장과 경제의 관계	◎ 자료②를 활용하여 시장과 경제 관계 이해하기 • 자료②의 내용 알아보기 · 경제 발전을 위해 시장을 살리자는 내용입니다. · 재래시장을 이용하자는 캠페인을 합니다.	비교 추론 종합	
	학습 문제 파악	◎ 학습 문제 파악하기 • 자료①과 ②를 관련지어 학습 문제 정하기 ♣ 시장은 대구의 경제 활동을 위해 어떤 도움을 주는가?		
가설 설정	시장의 중요성	◎ 자료③을 활용하여 시장의 중요성 알아보기 • 우리 고장의 시장이 없어진다면 어떻게 될지 생각해 보기 · 부모님이 일자리를 잃게 된다. · 다른 고장에 물건을 사러 가야 한다. · 대구 경제가 발전하지 못한다. 등	5' / 예측	③시장 이용 모습 PPT ※줄줄이 발표일 경우 시장이 없을 경우 자유롭게 상상하여 말하도록 한다.
	시장의 역할 예상	◎ 대구의 경제 발전을 위한 시장의 역할 예상 해보기 • 시장은 대구 경제 발전을 위해 어떤 도움을 줄까? · 많은 일자리를 제공해 줄 것이다. · 고장끼리 서로 다른 생산품을 사고 팔 수 있을 것이다. · 다른 고장 사람들에게 우리 고장을 알릴 수 있을 것이다. · 대구 경제를 발전시킬 것이다. 등	추론 예상	※다양한 생각을 이야기할 수 있도록 자유롭고 허용적인 분위기를 조성한다.

탐색	예상 검증을 위한 방법 탐색	◎ 문제 해결을 위한 방법 탐색하기
		• 예상한 내용을 확인하기 위한 방법 알아보기
		· <예상1> 많은 일자리를 제공해 줄 것이다.
		  - 경제가 발전하려면 많은 일자리가 필요한데 시장에 있는 상점과 여러 가지 시설을 찾아보고 일자리와 관련이 있는지 알아본다.
		· <예상2> 고장끼리 서로 다른 생산품을 사고 팔 수 있을 것이다.
		  - 시장에서 유통되는 물건을 찾아보고 다른 고장의 물건도 쉽게 살 수 있고 우리 고장의 물건도 판매되는지 알아본다.
		• 예상을 검증할 수 있는 내용들을 어떤 자료에서 찾아야 할지 알아보기
		· 설문 조사 자료, 인터넷 자료, 교과서, 현장 학습 보고서, 대구 관광지도 등
		
		◎ 예상을 검증할 수 있는 증거 찾기
			15' / 분류
			분석
			비교
			해석	

		<모둠별 학습 순서> ① 모둠별 예상 선택하기 ② 모둠원 각자 예상에 맞는 자료 찾기 ③ 찾은 자료를 예상과 관련지어 설명하기 ④ 자유롭게 질문, 보충하기 ⑤ 발표 준비하기			※모둠별로 학습자의 흥미와 수준에 맞는 가설을 선택하여 학습한다.

증거 제시 및 검증	가설 검증	• 모둠별로 세운 예상을 검증하기 위한 자료 찾기(자료④)
		 ・<예상1>해결을 위한 자료 찾기
		  - 상점의 종류 : 채소 가게, 생선 가게, 옷 가게, 반찬 가게 등
		  - 시장의 상점 수
		  - 여러 가지 부대시설의 종류 : 주차장, 휴게실, 주유소, 물품 보관소 등
		  - 시장과 관련된 여러 가지 일 : 운반, 배달, 정리, 포장, 조사, 경매 등
		 ・<예상2>해결을 위한 자료 찾기
		  - 시장에서 판매되는 우리 고장 생산품 : 의류, 옷감, 이불, 안경, 우산 등
		  - 시장에서 판매되는 다른 고장의 생산품 : 농산물, 수산물, 전자 제품 등
		  - 고장의 물건을 알리기 위한 노력 : 축제(한방 문화 축제, 서문시장의 한복 쇼)와 다양한 행사(경품 행사, 노래 경연 대회 등)
		◎ 증거 자료 제시로 예상 증명하기(자료⑤)
		 • 모둠별로 준비한 자료를 근거로 시장이 지역 경제 발전에 주는 도움 발표하기(자료⑤)
		  ・<예상1>에 대한 증거 자료 제시하고 확인하기
		   - 시장에는 상점의 종류와 일하는 사람의 수가 많다.
		   - 사람들은 시장에서 여러 가지 일을 한다.
		   - 여러 가지 부대시설이 많으므로 지역 사람들에게 많은 일자리를 제공해 준다.
		  ・<예상2>에 대한 증거 자료 제시하고 확인하기
		   - 우리 고장과 다른 고장의 물건을 살 수 있어 생활이 편리해진다.
		   - 우리 고장의 물건을 팔 수 있다.
		   - 축제와 행사를 통해서 고장의 물건을 알리거나 판매한다.
		 • 제시하는 근거의 타당성을 생각하며 발표를 듣고 질문과 보충하기
		 • 예상에 적합한 자료인지 생각해 본다.
		 • 예상과 관련된 내용인지 확인한다.
		 • 오류나 부족한 부분은 수정하고 보충한다.
			10'	요약 분석 비교	④교과서, 현장학습 보고서, 사진, 그림, 대구 관광지도, 컬러풀 대구 등
					※교사는 순시를 통해 모둠 구성원이 모두 토의에 참여할 수 있도록 도와준다.
					※교실에 있는 자료를 자유롭게 활용하도록 한다.
					⑤실물화상기
					・가설에 맞는 자료를 활용하여 설명할 수 있는가?
					※모둠별 발표시 자유롭게 질문, 보충할 수 있도록 한다.

일반화	정리	◎ 학습 내용 정리하기
		 ◦ 이번 시간을 통해 알게 된 점 발표하기
		  ・시장은 고장 사람들에게 편리하고 물건을 싸게 살 수 있게 해준다.
		  ・상점의 수가 많고 여러 가지 부대시설이 있어 일자리를 제공해 준다.
		  ・시장은 다른 고장의 생산품을 쉽게 살 수 있게 해준다.
		 ◦ 경제 활동을 위한 시장의 역할 정리하기
		          시장은 지역의 경제 활동을 담당하는 중요한 곳이다.
			5'	종합	※시장이 경제 활동을 담당하는 중요한 곳임을 알도록 한다.
					・시장의 중요성을 알고 있는가?

	차시 예고	◎ 차시 과제 안내하기 ◦ 우리 집에서 사용하는 물건 중 한 가지 선택하여 손에 오기까지의 과정 조사하기			

2. 수업 내용에 관한 교사의 개념틀

(1) 지식의 구조

본시 수업에서 교사가 무엇을 학생에게 획득시키려는지 지식의 구조를 검토해보자.

수업을 통해 교사가 학생에게 획득시키고자 하는 지식을 구조화하여 시각적으로 나타낸 것이 [그림 29]이다. 이것은 지도안에 나타난 교사의 발문과 예상되는 학생의 반응에서 추출하여 작성한 것이다. [그림 29]와 같이 교사는 레벨 1의 사실 지식에서 레벨 3, 4의 개념적 지식, 레벨 5의 일반적인 지식인 '시장은 지역의 경제 활동을 담당하는 중요한 곳이다.'를 획득시키려 의도하고 있다. 레벨 1의 사실적 지식을 보면 학생들이 생활하는 지역의 시장에 나타나는 구체적인 현상이다. 지역에 대한 이해를 바탕으로 개념 형성을 시도하는 것이다. 이 수업도 앞 절의 개념의 인과관계적 획득을 추구하는 사회과 수업이나 개념의 종합적 획득을 추구하는 사회과 수업과 마찬가지로 사실 이해형 수업보다 높은 수준의 지식을 다루고 있으며 체계적으로 구성되어 있다. 특히, 개념적 지식이 두 레벨(레벨 3, 4)로 구성되어 최종적으로 레벨 5에 나타난 '시장은 지역의 경제 활동을 담당하는 중요한 곳이다.'라는 일반적인 개념을 획득하도록 계획된 것이다.

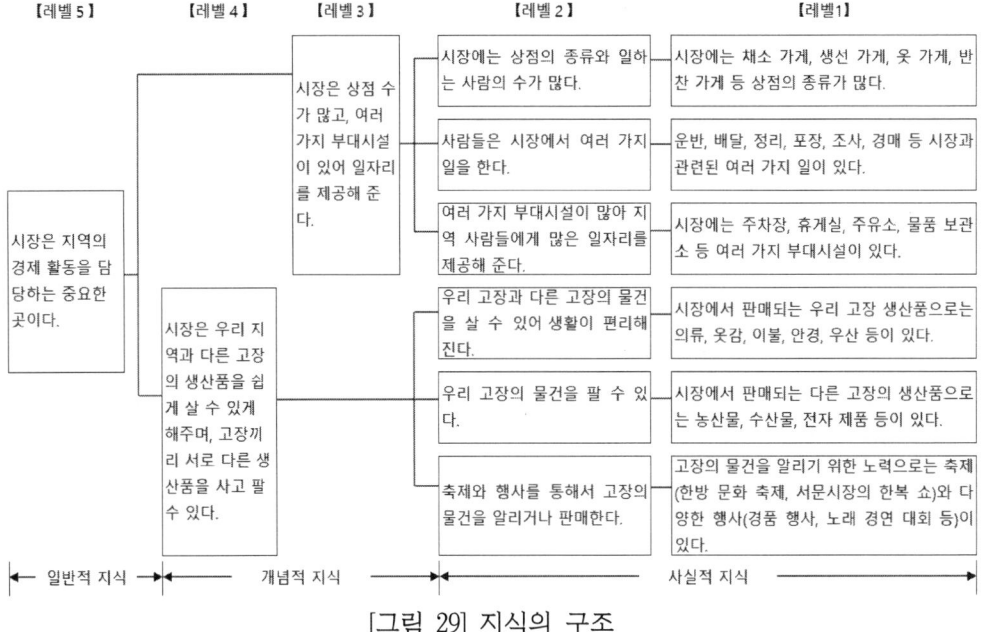

[그림 29] 지식의 구조

(2) 교사의 개념틀

지식의 구조 [그림 29]의 기저에는 어떠한 교사의 개념틀이 있는지 고찰해보자.

교사의 개념틀을 시각화하면 [그림 30]과 같다. 이것은 [그림 29] 지식의 구조를 90° 회전시킨 형태로, 레벨 3의 교환 장소, 레벨 4의 교환 기구에 대한 이해를 바탕으로 최종적으로는 시장의 경제적 역할에 대한 이해를 추구하고 있음을 나타내고 있다.

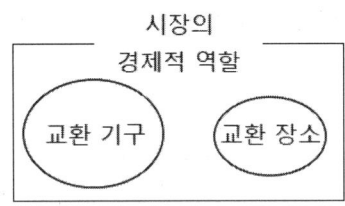

[그림 30] 교사의 개념틀

구체적으로 [그림 30] 교사의 개념틀을 추출하는 과정을 고찰해보자.

교사는 본시 수업 목표를 지식·이해, 기능, 가치·태도의 세 영역으로 나누어 각각 '①우리 고장의 시장이 지역 경제 발전을 위한 역할을 설명할 수 있다. ②시장이 지역의 경제 활동에 영향을 주는 사례 자료를 수집·활용할 수 있다. ③지역 경제 발전을 위하여 관심을 가진다.'로 설정하고 있다.

특히 지식·이해 영역 목표인 '①우리 고장의 시장이 지역 경제 발전을 위한 역할을 설명할 수 있다.'를 획득시키기 위해, 교사가 지역 시장의 지역 경제 발전을 위한 역할에 대하여 어떻게 파악하고 있는지 검토해보자.

시장은 재화나 서비스의 교환이 이루어지고 가격이 결정되는 장소나 기구를 말한다(3). 시장에 대하여 교사는 물자 간에 이루어지는 물물 교환이나 화폐를 매개로 하는 화폐 교환 등 교환 기능으로서의 시장의 경제적 역할을 학생들에게 이해시키려 한다.

교환 기능 중 하나로 [그림 29]의 레벨 3에 '시장은 상점 수가 많고, 여러 가지 부대시설이 있어 일자리를 제공해 준다.'로부터 교사는 교환이 이루어지는 장소로서의 시장을 상정하고 있다. 교환 기능 중 두 번째로는 레벨 4 '시장은 우리 지역과 다른 고장의 생산품을 쉽게 살 수 있게 해주며, 고장끼리 서로 다른 생산품을 사고팔 수 있다.'를 통해 교환 기구(메커니즘)로서의 시장의 역할 획득을 계획하고 있다.

지식의 구조 [그림 29]에서 개념적 지식이 레벨 3과 레벨 4로 그 레벨을 달리하고 있는 것을 통해 두 가지 모두 시장의 교환 기능의 범주에는 있지만 교환 장소에 관한 지식은 교환 기구를 이해하는 데 필요한 전 단계 또는 디딤돌이 되는 지식임을 알 수 있다. 그리고 레벨 3을 포함한 하위 지식은 주로 지역 시장에 나타나는 구체적인 현상 이해에 중점을 두고 있다.

이상 살펴본 바와 같이 교사는 '교환 장소'로서의 지역 시장의 기능, 그리고 '교환 기구'로서의 기능을 통해 '시장의 경제적 역할'이라는 일반적인 지식을 학생에게 획득시키려는 것을 알 수 있다. 이것이 이 수업에서의 교사의 개념틀이다[그림 30].

3. 교사의 개념틀을 학생이 획득하기 위한 준비

이와 같은 개념틀을 학생이 획득하기 위해 교사는 학생 실태 조사, 교재 연구 및 경제 개념의 추출, 교수·학습 과정을 조직하고 있다. [그림 31]은 이 세 가지 준비 내용을 개략적으로 나타낸 것이다.

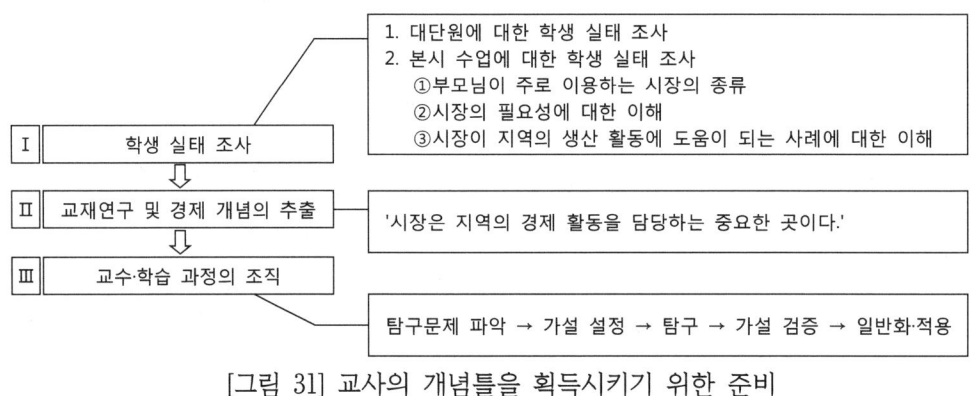

[그림 31] 교사의 개념틀을 획득시키기 위한 준비

(1) 학생 실태 조사

교사는 지식의 구조와 개념틀을 학생에게 획득시키기 위해 먼저 해당 단원과 본시 수업에 대한 학생 실태를 조사하고 있다.
먼저 대단원에 대한 학생 실태 조사는 다음과 같다(지도안).

> 이 단원에서는 시·도 지역의 독특한 자연환경 모습과 그에 따른 주민들의 유통, 생산 활동을 파악하여 자연환경과 주민 생활 모습과의 관계 및 지역 간의 상호 의존 관계를 이해해야 한다. 그러나 본 학급의 학생들은 우리 고장의 지역적인 특성이 대도시임을 알고 있는 정도이며 지역에 따라 생산 활동, 생활 모습, 경제적 특성이 달라짐을 이해하는 학생이 몇 명에 불과하나 '경제'라는 개념에 대해 이해하고 있는 편이다. 따라서, 주변 현장이나 생활환경에 대해 관심을 가질 수 있도록 일상생활에서 경험을 많이 하고, 체계적으로 조사하거나 사례를 찾아보는 활동을 통해서 자연스럽게 '경제'를 감지하도록 하며 구체적인 생활 경험과 현장의 자료를 수업 활동에 활용하여 학생들의 관심을 높이고 우리 고장을 좀 더 실제적으로 이해할 수 있도록 지도한다.

다음으로 본 수업에 대한 학생 실태 조사에 대해서는 〈표 8〉과 같이 조사·분석하고 지도 대책을 마련하고 있다.

〈표 8〉 학생 실태 조사 분석

1) 부모님이 주로 이용하는 시장의 종류 알아보기 (N = 31)

시장의 종류	대형 할인점	백화점	인터넷 쇼핑	재래시장	기타
결과	8(25.8%)	1(3.2%)	1(3.2%)	12(38.7%)	9(29%)

2) 시장의 필요성을 잘 이해하고 있는가?

구분	3가지 이상 알고 있다.	1~2가지 알고 있다.	전혀 알지 못한다.
결과	7(22.6%)	22(71%)	2(6.4%)

3) 시장이 고장의 생산 활동을 돕는 사례를 알고 있는가?

구분	3가지 이상 알고 있다.	1~2가지 알고 있다.	전혀 알지 못한다.
결과	3(9.6%)	11(35.5%)	17(54.8%)

(지도안으로부터)

〈표 8〉의 조사 결과를 통해 각각 다음과 같은 지도 대책을 마련하고 있다.

1)을 조사한 결과, 재래시장이 가장 많았고 다음으로 대형 할인점, 인터넷 쇼핑, 백화점으로 3가지가 비슷하게 나타났다. 학생들도 원하는 물건을 구입할 때 어떤 시장을 이용하는 것이 더 경제적인가에 대하여 여러 측면에서 비교하도록 한다. 책, 학용품, 가방 등을 구입할 때 가격, 시간, 편리성 등을 비교해 본 후 더 유리한 시장을 이용할 수 있도록 지도한다.

2)를 조사한 결과, 시장의 필요성을 1가지 이상 알고 있는 학생들이 93%로 대부분 이해하나 전혀 알지 못하는 학생도 2명이 있었다. 시장 견학 계획서를 세우고 직접 견학을 통하여 시장의 필요성을 실제로 체험할 수 있는 기회를 갖도록 한다.

3)을 조사한 결과, 우리 고장에서 이루어지는 생산 활동과 시장과의 관련성을 1가지 이상 이해하고 있는 학생이 45%로 낮은 편이다. 시장은 직접 생산 활동을 하지는 않지만 돕고 있는 사례를 찾아보도록 하여 경제 활동의 중요한 역할을 담당하고 있음을 이해할 수 있도록 지도되어야겠다.

(2) 교재 연구 및 경제 개념의 추출

교사는 위의 학생 실태 조사를 바탕으로 다음의 두 가지 교재 연구를 통해 경제 개념을 추출하여 확정하고 있다.

첫째, 단원 수준에서 다루는 개념을 파악한 후 본시 학습에서 형성하려는 일반적인 개념을 추출한다. 교사는 단원 지도 계획을 교육과정에 제시된 내용을 분석하여 소단원 '2

서로 돕는 경제생활'에서는 생산과 분업, 직업, 협력, 화폐의 필요성, 시장의 필요성, 시장의 경제적 역할, 생산과 유통, 상호의존 등의 경제적 개념을 추출하고 있다[4]. 이 중 본시 수업에서는 '시장의 경제적 역할'을 일반적인 개념으로 설정하여 지역 시장의 경제적 역할을 주요 학습 내용으로 구성하고 있다.

둘째, 전시 학습에서 형성된 개념을 바탕으로 하위 개념지식을 추출한다. 전시 학습에서는 ①물물 교환 놀이를 통해 화폐의 필요성을 알아보기 위해 알뜰시장을 열었다. 그리고 ②지역 사람들이 많이 이용하는 시장 설문 조사 및 시장에 대한 현장 학습을 통해 지역 시장의 필요성을 탐색하였다. 전시에서 학습한 '화폐'와 '시장의 필요성' 개념을 바탕으로 본시에서는 '시장의 경제적 역할'이라는 일반적 개념 획득을 설계하고 있다. 이때 교사는 '시장의 경제적 역할'로 '교환'을 상정하고 있다. 그리고 이것을 학생이 생활하고 있는 지역에 대한 이해와 함께 개념 형성을 동시에 추구하기 위해 다음의 두 하위 개념을 추출하고 있다.

학생의 지역 시장에 대한 조사 활동이나 경험을 통해 교환의 장을 제공해 주는 장소로서 시장의 기능([그림 29]의 레벨 3)과 보다 더 추상적인 교환 행위나 메커니즘(mechanism)으로서 시장의 기능([그림 29]의 레벨 4)이 두 하위 개념이다. 이와 같은 시장의 두 교환적 기능으로부터 지식의 구조의 레벨 5 '시장은 지역의 경제 활동을 담당하는 중요한 곳이다.'라는 일반적인 지식을 획득하도록 계획하고 있다.

(3) 교수·학습 과정의 조직화

이상 추출된 경제적 개념은 추상적이기 때문에 다음의 [그림 32]와 같은 탐구과정으로 조직하여 학생이 지역 현상이나 개념을 주체적으로 획득하도록 설계하였다[5].

[그림 32]의 탐구 과정 중 학생의 탐구적 사고를 발전시키는 데 가장 중요한 것이 가설 설정 단계이다. 여기서 교사는 다음의 두 발문을 준비하여 학생들이 더 높은 수준의 개념을 획득하도록 돕고 있다.

첫째 발문은 '우리 고장의 시장이 없어진다면 어떻게 될지 생각해보자.'이다. 최종 생산품이 거래되는 장소로 그리고 그 장소가 없어진다면 어떤 일이 발생할지에 대하여 학생이 자신의 경험을 통해 친숙한 것에서부터 시장의 중요성에 대하여 인식하도록 돕고 있다. 두 번째 발문으로는 '시장은 대구 경제 발전을 위해 어떤 도움을 줄까?'이다. 앞선 발문과 답변을 바탕으로 하여 더욱 발전적인 사고를 요구하는 학생의 추론과 예상을 심화시키려는 것이다. 이것이 본시 수업에서 주요 발문으로 설정되어 있다.

그리고 예상한 내용을 탐구하는 단계에서는 학생의 생활권인 대구 지역의 시장 조사 자료를 바탕으로 검증하여 일반적인 개념을 형성하도록 계획하고 있다.

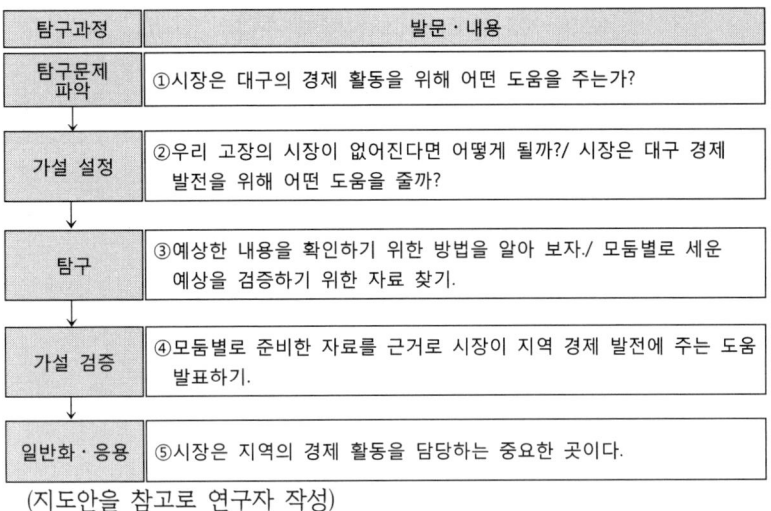

(지도안을 참고로 연구자 작성)

[그림 32] 탐구에 따른 교수·학습 과정

교환 장소로서의 시장의 기능에 대한 검증은 지역 학습의 장점을 살려 학생의 삶의 터전인 대구 지역의 시장의 종류나 시설, 그곳에서 일하고 있는 사람들 등 지역 시장의 구체적인 현상으로 파악한다. 교환 기구적인 시장의 기능은 지역 시장에서 판매되고 있는 지역 물건이나 다른 지역에서 온 물건을 조사하는 활동을 통해 이해시킨다. 모두 지역을 교재로 하고 있지만 특히 전자에서는 지식의 특성상 대구 지역의 시장 그 자체에 대한 이해에 중점을 두고 있으며, 후자는 전자를 이해한 다음 더 추상적인 개념을 이해하도록 계획하고 있다. 즉, 지역 자체에 대한 이해와 함께 이를 통해 사회과학적 개념의 획득을 목표로 삼고 있다.

이와 같이 교사는 시장의 지역 경제를 위한 역할에 대하여 지역 시장의 구체적인 현상 이해와 함께 일반적인 개념의 획득을 계획하고 있다.

4. 수업계획과 실제 수업의 비교

지금까지 교사가 의도한 수업계획을 검토하였다. 그러나 수업은 매우 복잡한 현상으로 학생들의 다양한 요인에 의한 변수가 상존하기 때문에 교사가 의도한 대로 반드시 실현되는 것만은 아니다. 실제 수업이 수업계획과 비교하여 어떻게 진행되었는지 살펴보자.

(1) 지도안의 구조 및 실제 수업의 전개

이 수업은 40분으로 구성되어 있으며, 13/16 차시에 해당되는 것이다. 〈표 9〉는 교사가 계획한 수업과 실제 수업에서 학생들이 획득한 개념틀을 비교한 것이다.

〈표 9〉 지도안의 구조와 실제 수업의 전개

지도안의 구조	실제 수업의 전개					학생들이 획득한 개념틀	S학생이 획득한 개념틀	N학생이 획득한 개념틀
	과정		교사의 발문	학생의 반응				
	단락	내용						
■문제 파악 ·냉장고를 구입하는 방법 ·시장과 경제 관계 이해하기 ·학습 문제 파악하기	파트 I (T1~T32)	학습 분위기 조성 탐구 문제 파악	·학습 문제 확인 T26:그럼 오늘 어떤 내용을 공부할까요?	·학습 문제 확인 P30:시장이 경제 발전에 도움이 되는 점인 것 같습니다.				
■가설 설정 ·시장의 중요성 ·우리 고장의 시장이 없어진다면 어떻게 될지 생각해 보기 ·시장의 역할 예상 해보기 ·시장은 대구 경제 발전을 위해 어떤 도움을 줄까? ·많은 일자리를 제공한다. ·고장끼리 서로 다른 생산품을 사고 팔 수 있다. ·다른 고장 사람들에게 우리 고장을 알릴 수 있다. ·대구 경제를 발전시킨다. [시장 A B]	파트 II (T33~T43)	가설 설정 개인 예상	T33: 우리반 친구들이랑 고장 사람들이 시장을 이용하는 모습을 봤습니다. 만약 이러한 시장이 없다면 어떻게 될까요? T35: 시장은 우리 대구 경제 활동에 어떤 도움을 줄 것 같나요?	P43, P47:경제 발전이 안된다. P44:시장이 없다면 싱싱한 물건을 못산다. P45:경제 생활이 어려워질 것 같다. P46:다른 곳으로 (물건을) 사러 가야한다. P48, P49:일자리가 없어진다. P50:가정에 조금 피해를 입는다. P53:일자리를 더 많이 늘려 경제를 발전시켜 준다. P54:일자리를 만들어 준다. P55:특산물을 널리 알려 준다. P56:특산물을 알려, 우리 구를 알려 대구 물건을 많이 팔아 경제 발전에 도움이 될 것 같다. P57:경제를 발전 시킬 수 있다. P59:주민들에게 필요한 물건을 팔고 우리 고장에 없는 물건을 살 수 있다.	[시장 A B]	[시장 A B]	[시장 A B]
■탐구 ·예상한 내용을 확인하기 위한 방법 알아 보기 〈예상1〉 많은 일자리를 제공해 줄 것이다. 〈예상2〉 고장끼리 서로 다른 생산품을 사고 팔 수 있을 것이다. ·모둠별로 세운 예상을 검증하기 위한 자료 찾기 ①상점의 종류, 시장의 상점 수, 여러 가지 부대 시설의 종류, 시장과 관련된 여러 가지 일 [시장 B] ②시장에서 판매되는 우리 고장 생산품, 시장에서 판매되는 다른 고장의 생산품, 고장의 물건을 알리기 위한 노력 [시장 A] ■증거 제시 및 검증 모둠별로 준비한 자료를 근거로 시장이 지역 경제 발전에 주는 도움 발표하기 ·제시하는 근거의 타당성을 생각하며 발표를 듣고 질문과 보충하기 [시장 A B]	파트 III (T44~T70)	탐구 방법 가설 검증·발표 그룹 예상·검증	T44:일자리와 관련해서 확인하는 공부를 하겠는데, 이것들을 어떻게 알아볼까요? T47:서로 다른 고장의 물건을 교환한다고 했는데 이것을 알아보기 위해 무엇을 알아볼까요? T50:학습 안내입니다. 예상(을 선택합니다.) 두 번째는 자료 찾기입니다. 그 다음은 발표 준비하고 질문 보충을 하면되겠습니다. T63:발표해 봅시다.	P61:사회 책을 보고 시장의 일자리가 얼마나 많은지 알아 본다. P63:시장에 관련된 책을 찾아본다. P65:그 지역의 환경과 물건을 알아본다. P66:우리 시장에서 팔리고 있는 물건과 다른 고장에서 팔리고 있는 우리 물건을 살펴 본다. P71:시장에는 상인도 있고, 시장에는 가게 주인, 배달원, 한식점 등 여러 사람들이 있기 때문에 직업이 많습니다. 그 점포에서 일하는 사람이 많기 때문에 일자리를 얻게 된다. (이하 생략) P75:여기는 매천 농산물 시장의 관리 사무실이다. 여기 사람들은 시장 관리를 한다. (이하 생략) P83:시 매직을 통해 우리 고장의 의류나 섬유들을 팔 수 있다. (중략) 시장에서 우리 고장에 의류나 옷들을 팔고 서문시장과 약령시에서 큰 도움을 준다. P84:이 물건들은 다른 고장에서 온 물건이다. 이렇게 다른 고장에서 물건이 들어오면 우리 고장의 경제가 발전할 것이라고 생각했고, 그럼 이처럼 우리 고장도 다른 고장에 물건을 보내니까 경제 활동에 도움을 준다고 생각한다. (이하 생략)	[시장 A B]	[시장 A B]	[시장 A B]
■일반화 ·학습 내용 정리 [시장 A B] ·차시 과제 안내하기	파트 IV (T71~T81)	일반화	T71:이번 시간을 통해 알게된 점은 뭡니까? T76:이(정리 문장) 안에 뭐가 들어가는지 잘 모르겠습니다만, 뭐가 들어갈까?	P87:일자리의 종류를 알게 됐다. P88:시장이 경제 활동에 도움을 많이 준다는 것을 알게 됐다. P89, 90:지역 경제와 관련된 시장의 역할을 알게 되었다. P99:시장은 지역의 경제 활동을 담당하는 중요한 곳이다.	[시장 A B]	[시장 A B]	[시장 A (B)]

※ A: 교환 기구, B: 교환 장소

(2) 수업계획과 실제 수업 비교

교사가 계획한 개념틀과 실제 수업에서 학생이 획득한 개념틀을 비교해보자.

이 수업은 〈표 9〉에 나타난 바와 같이 교사가 계획한 대로 진행되고 있다. 학생의 개념 변용은 〈표 9〉의 파트Ⅱ에서부터 파트Ⅳ에 걸쳐 나타난다.

파트Ⅱ의 가설 설정 단계에서 교사는 학생 개개인의 생각을 이끌어 내고 각자가 생각한 것을 학급내 집단 학습을 하는 가운데 음미하는 과정(6)을 통해 지역 시장의 경제적 역할에 대해 다음의 두 가지 가설을 도출해내고 있다.

수업계획에서 교사는 지역 경제를 위한 시장의 역할에 대하여 '많은 일자리를 제공해 줄 것이다./ 고장끼리 서로 다른 생산품을 사고팔 수 있을 것이다./ 다른 고장 사람들에게 우리 고장을 알릴 수 있을 것이다.' 등 시장의 두 기능(교환 장소, 교환 기구)을 상정하였다. 실제 수업에서 교사는 "시장은 우리 대구 경제활동에 어떤 도움을 줄 것 같나요?(T35)"라는 발문을 통해 가설을 설정하도록 돕고 있다. 이 발문에 대하여 학생들은 "일자리를 더 많이 늘려 경제를 발전시켜 줍니다.(P53)"나 "일자리를 만들어 준다.(P54)"고 발언하였다. 교사는 이러한 발언을 바탕으로 첫 번째 가설로 '일자리를 제공해주는 곳'으로 정리하고 있다. 여기서 학생들이 시장의 교환 장소적 기능을 획득하고 있음을 확인할 수 있다. 그리고 "특산물을 널리 알려줍니다.(P55)", "특산물을 알려, 우리 구를 알려 대구 물건을 많이 팔아 경제 발전에 도움이 될 것 같습니다.(P56)", "제 생각에는 생산 활동에 도움을 줄 것 같습니다.(P58)", "주민들에게 필요한 물건을 팔고 우리 고장에 없는 물건을 살 수 있습니다.(P59)"라는 학생들의 추가적인 답변을 통해 교사는 두 번째 가설로 "고장의 물건을 판매하니까 서로 다른 고장의 물건을 판매하고, 상업하니까 우리 이것을 교환이라고 합시다.(T43)"라고 정리하고 있다. 여기서 학생들이 교환 기구로서의 시장의 기능을 획득하고 있음을 알 수 있다.

파트Ⅲ의 탐구·가설 검증 단계에서 교사는 '①많은 일자리를 제공해 줄 것이다. ②고장끼리 서로 다른 생산품을 사고팔 수 있을 것이다.'라는 두 개의 가설(교환 장소, 교환 기구로서의 기능)을 학생들이 탐구하고 검증할 것을 예상하였다. 실제 수업에서 학생들은 모둠별로 ①과 ② 중에서 한 가지를 가설로 선택하여 탐구 및 검증하는 활동을 한다. 가설 ①을 검증한 학생들은 다음과 같이 발표하였다.

"시장에서는 상인도 있고, 시장에는 가게주인, 배달원, 한식점 등 여러 사람들이 있기 때문에 직업이 많습니다. … (중략) … 그 점포에서 일하는 사람이 많기 때문에 일자리를 얻게 됩니다. 서문 시장에는 보물상가, 도매상가, 침구점, 여러 가지 상가가 있습니다. 거기서 일하는 사람들은 일자리를 얻을 수 있습니다. (이하 생략) (P71)"

"여기는 매천 농산물 시장의 관리 사무실입니다. 여기 사람들은 시장 관리를 합니다.

그리고 여기에는 물건을 운반하는 그림입니다. 이 그림은 한 아저씨께서 주유소에서 일하는 모습입니다.(P75)"

교사가 예상한 대로 상점의 종류, 시장의 상점 수, 다양한 부대시설의 종류, 시장과 관련한 다양한 작업 환경 등을 조사하여 지역 시장의 모습과 함께 이를 통해 교환하는 장으로서 시장의 기능을 검증하고 있다.

한편, 가설 ②를 선택하여 검증한 학생들은 다음과 같이 발표하고 있다.

"이것은 '시 매직'을 통해 우리 고장의 의류나 섬류들을 팔 수 있습니다.(P83)"
"이 물건들은 다른 고장에서 온 물건입니다. 이렇게 다른 고장에서 물건이 들어오면 우리 고장의 경제가 발전할 것이라고 생각했고, 그럼 이처럼 우리 고장도 다른 고장에 물건을 보내니까 경제 활동에 도움을 준다고 생각합니다. 이것들은 다른 고장에서 우리 고장의 물건과 교환해서 가져온 것들입니다.(P84)"

이러한 발언은 교사가 예상한 바와 같이 '시장에서 판매되는 우리 고장 생산품, 시장에서 판매되는 다른 고장의 생산품, 고장의 물건을 알리기 위한 노력' 등을 조사하여 확인하는 것이며, 이러한 과정을 통해 교사의 개념틀을 획득하고 있다.

파트Ⅲ에서 학생들이 개념을 획득하는 과정을 교사의 개념틀과 비교하여 시각화한 것이 [그림 33]이다. 이것을 통해 이 수업이 교사가 예상한 대로 진행되고 있음을 알 수 있다.

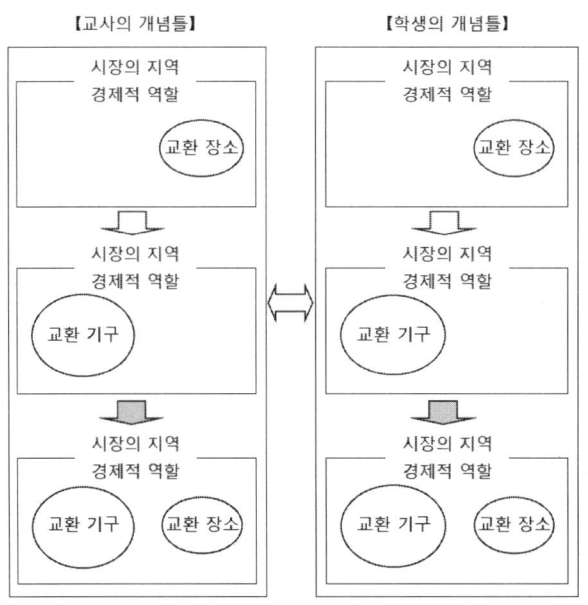

[그림 33] 파트Ⅲ에서 교사의 개념틀과 학생의 개념틀 비교

5. 수업 내용에 대한 학생의 개념틀 변용

실제 수업에서 개별 학생들의 개념틀 변용 과정을 검토해보자. 이때 교사의 발문에 대한 학생의 반응과 발언에 주목하여 학생의 개념틀 변용 과정을 추출한다.

학생의 개념틀 변용은 파트Ⅱ에서 파트Ⅳ에 걸쳐 나타난다. 따라서 가설 설정 단계인 파트Ⅱ와 탐구 및 검증 단계인 파트Ⅲ, 일반화 단계인 파트Ⅳ 단계로 나누어 그 변용 과정을 살펴본다. 이 수업에 나타나는 개념 변용은 교사의 개념틀과 유사한 형태로 변용하는 유형과 다소 다른 형태로 변용하는 유형이 있다.

(1) 교사의 개념틀과 유사한 형태로 변용하는 유형

이것은 교사가 의도한 대로 변용해가는 유형이며 이에 해당하는 전형적인 사례로 S학생이 있다.

먼저 파트Ⅱ의 가설 설정(예상) 단계에서 "고장 사람들이 시장을 이용하는 모습을 봤습니다. 만약 이러한 시장이 없다면 어떻게 될까?(T33)"라는 교사의 발문에 대하여 S학생은 "우리 대구 사람들의 일자리가 반 이상 줄어들 것 같습니다.(P48)"라고 답하면서 [그림 29] 지식의 구조 레벨 2의 상단에 해당하는 시장의 기능을 예상하고 있다. 그리고 "시장은 우리 대구 경제 활동에 어떤 도움을 줄 것 같나요?(T35)"라는 발문에 대해서는 "특산물을 알려, 우리 구를 알려 대구 물건을 많이 팔아 경제 발전에 도움이 될 것 같습니다.(P56)"라고 발표하고 있다. 이것은 [그림 29] 레벨 2의 하단 부분을 예상하고 있는 것이다. 이와 같은 발언을 통해 파트Ⅱ에서는 S학생은 교환 장소로서의 시장과 교환 기구로서의 시장의 기능을 구체적인 장면을 통해 인식하고 있는 것을 확인할 수 있다.

파트Ⅲ에서 S학생은 교환 장소로서 시장의 역할에 대해 탐구 및 검증한 후에 발표한 다른 모둠의 발표에 대하여 "서문 시장이나 다른 시장에 상점이 있으므로 더 많이 있을 것 같습니다. 일자리가.(P72)"라는 자신의 예상을 근거로 한 보충 발언을 하였다. 다른 모둠의 구체적인 지역·현상을 바탕으로 한 조사 내용을 인식한 다음에 자신의 생각을 덧붙여 재확인하는 모습을 통해 S학생은 교환 장소로서 시장의 기능을 획득하고 내면화하고 있음을 확인할 수 있다.

그리고 S학생은 자신이 세운 가설인 교환 기구로서 시장의 기능에 대하여 자료를 조사하고 검증한 후, 다음과 같이 발표하고 있다.

"이것은 시 매직을 통해 우리 고장의 의류나 섬류들을 팔 수 있습니다. 시장에서 우리 고장에 의류나 옷들을 팔고 서문 시장과 약령시에서 큰 도움을 줍니다.(P83)"

"대구의 생활 84쪽을 펴주십시오. 이 물건들은 다른 고장에서 온 물건입니다. 이렇게 다른 고장에서 물건이 들어오면 우리 고장의 경제가 발전할 것이라고 생각했고, 그럼 이처럼 우리 고장도 다른 고장에 물건을 보내니까 경제 활동에 도움을 준다고 생각합니다. 이것들은 다른 고장에서 우리 고장의 물건과 교환해서 가져온 것들입니다.(P84)"

S학생은 교환 기구로서 시장의 기능을 검증하기 위해 지역(대구) 시장의 교환 시스템, 다른 지역과의 구체적인 교환 상황 등을 조사함으로써 지역 시장이 경제 발전에 기여하고 있음을 인식하고 있다.

또한 파트Ⅳ의 정리 학습에서 본시 학습을 통해 알게 된 점이나 좀 더 알고 싶은 것, 궁금한 점에 대하여 묻는 교사의 발문에 대하여 S학생은 다른 학생의 발언에 추가하여 "시장은 아니지만 시장과 관련된 우리 고장의 경제를 발전시키는 것이 무엇인지 알고 싶습니다.(P93)"라고 발표하면서 더 발전적인 학습을 향한 의욕을 보이고 있다.

지금까지 검토한 S학생의 개념 변용을 교사의 개념틀과 비교하여 시각화한 것이 [그림 34]이다. [그림 34]에서 S학생은 교사가 의도한 대로 시장의 교환적 역할을 단계적이고 과학적으로 인식하면서 변용해나가는 것을 알 수 있다.

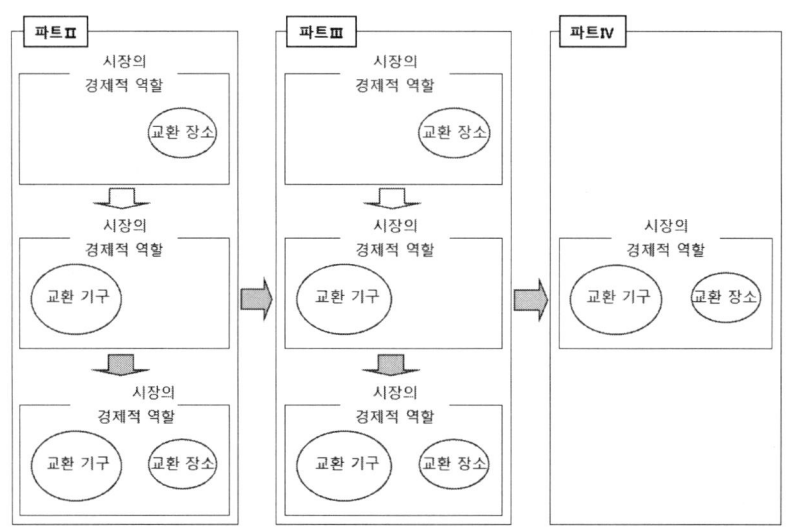

[그림 34] S학생의 개념틀 변용

(2) 교사의 개념틀과 다른 형태로 변용하는 유형

교사의 개념틀과 다른 형태로 변용해 나가는 유형의 전형적인 사례로 N학생을 살펴보자.

파트Ⅱ의 가설 설정(예상) 단계⑦에서 N학생은 "만약 이러한 시장이 없다면 어떻게 될까?(T33)"라는 교사의 발문에 대하여 "저는 일자리가 없어진다(고 생각합니다)(P49)"라고 발언하고 있다. 교환 장소로서 시장의 역할을 예상한 것이다.

파트Ⅲ에서는 이전 단계에서 세운 가설을 탐구하고 음미하고 있으며, 그 내용을 다음과 같이 발표하여 검증하고 있다.

> "시장에서는 상인도 있고, 시장에는 가게 주인, 배달원, 한식점 등 여러 사람들이 있기 때문에 직업이 많습니다. 또 그런 직업 중에서 운전자, 상인, 포장점 등이 있습니다. 또 우리 시도에 우리 고장의 큰 시장인 팔달시장, 칠성시장, 서문시장은 점포가 엄청 많기 때문에 그 점포에서 일하는 사람이 많기 때문에 일자리를 얻게 됩니다. 서문 시장에는 보물 상가, 도매상가, 침구점, 여러 가지 상가가 있습니다. 거기서 일하는 사람들은 일자리를 얻을 수 있습니다.(P71)"

이 발표에서 N학생은 시장의 역할을 교환의 장과 관련시켜 지역 시장에 있는 다양한 직업, 상점의 종류와 수에 대한 조사 자료를 근거로 검증하고 있는 것을 확인할 수 있다. 그러나 N학생은 파트Ⅳ까지 교환 기구와 관련된 시장의 역할 인식이 누락되어 있다. 학습 과정이나 다른 모둠의 발표를 통해 교환 기구로서의 역할에 대한 인식을 함께 심화시켰을 가능성을 배제할 수는 없지만 그 획득 여부가 불투명하다.

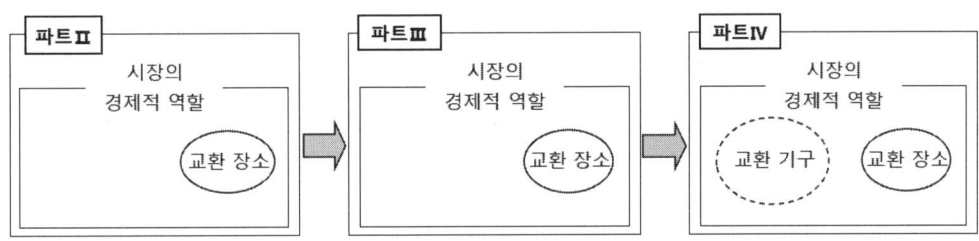

[그림 35] N학생의 개념틀 변용

지금까지 검토한 S학생과 N학생의 사례를 통해 이 수업에서 학생의 개념 변용은 시장의 교환 기능 중 '교환 장소'에서 '교환 기구'로 획득해 나가는 것을 알 수 있다. 여기에서 교환 기구는 4학년 학생들이 이해하기에 다소 어려운 개념인 것에 비하여 교환 장소는 학생의 실생활 개념과 연계하기 쉬운 개념임을 추측할 수 있다.

6. 수업의 특질 및 과제

이상, 개념 획득형 사회과 수업 중 개념의 발전적 획득을 추구하는 사회과 수업 사례를 HAL 틀을 활용하여 분석하였다. 사례 수업은 지역 시장의 경제적 역할을 탐구하고 시장의 교환 장소 기능에서 교환 기구 기능으로 개념을 발전시켜 인식해 나가는 학습이었다.

이 수업의 특질과 과제를 정리하면 다음과 같다.

   (1) 수업의 특질

   이 수업의 특질로는 다음의 다섯 가지가 밝혀졌다.
   첫째, 지역 학습과 개념 학습의 연계를 시도하는 수업이다.
   [그림 29]의 지식의 구조에 나타난 바와 같이, 이 수업은 레벨 1 지역 시장의 사례를 통한 사실 지식, 레벨 3, 4의 경제학적 개념 지식, 레벨 5의 일반적 지식을 획득하도록 계획되어 있다. 그리고 레벨 3과 레벨 4가 개념적 지식으로 나뉘어져 있는 것을 통해 레벨 3을 포함한 하위 지식에서는 학생이 살고 있는 지역에 대한 이해에 중점을 두고 있는 점과 레벨 4, 5의 경제 개념과 원리를 획득하기 위한 기반이 되는 지식으로 구성되어 있다. 이와 같이 이 수업은 학생들이 생활하는 지역의 시장에 나타나는 다양한 현상에 대한 이해와 함께 경제 개념을 획득하도록 구성되어 있다.
   둘째, 학생들이 생활하고 있는 지역의 구체적인 사례와 경제 개념을 왕복하는 학습 과정을 통해 사회과학적 개념을 획득하도록 구성되어 있다.
   이 수업은 학생들의 생활 공간인 대구시의 시장 경제 활동을 바탕으로 다음과 같은 탐구 과정을 통해 자주적·과학적으로 개념을 획득하도록 설계되었다. 먼저, 예상 활동을 통해 [그림 29]의 레벨 3, 레벨 4의 개념을 추출한다. 그리고 예상을 검증하기 위한 방법을 찾는 과정에서 [그림 29] 레벨 2의 지식 내용을 확인한다. 나아가 레벨 1의 구체적인 사례를 탐구하고 레벨 2, 3, 4로 진행하며 검증함으로써 일반적인 개념인 레벨 5를 획득하도록 구성되어 있다.
   셋째, 실제 수업에서 학생들은 시장의 현재적(顯在的) 기능에서부터 잠재적(潛在的) 기능으로 획득해 나간다.
   〈표 9〉와 [그림 34], [그림 35]에서 학생들은 교환 장소로서의 시장의 기능을 먼저 인식한 후 교환 기구로서의 기능을 인식해 나가는 것을 알 수 있다. 교환 장소로서의 기능은 시장이 기본적으로 최종 생산품의 거래가 이루어지는 곳이기 때문에 지역 시장에서의 사전 조사 활동을 통해 상점의 종류와 수, 그리고 그곳에서 일하는 사람들의 모습 등 비교적 눈으로 확인할 수 있는 현재적 요소이다. 한편 교환 기구로서의 기능은 물물 교환과 화폐를 매개로 한 화폐교환이 있다. 특히 후자는 지역 시장에서 주로 이루어지는 것이지만 그 본질은 상품의 가치와 재화를 교환하는 잠재적인 행위이기 때문에 학생들에게는 구체적으로 확인하기 어려운 요소이다. 따라서 학생들은 먼저 교환 장소 개념을 획득한 후 교환 기구 개념을 획득해 나가고 있다.
   넷째, 학생은 탐구 과정을 통해 생활 세계인 지역 시장에 나타나는 다양한 현상을 이해하면서 사회과학적 개념을 체계적으로 획득하고 있다.
   탐구 과정에서 학생은 자신의 직간접적인 경험을 살려 지역 경제를 위한 시장의 역할에 대한 가설을 설정하고 있다. 가설을 검증하기 위해 지역 시장 조사 및 각종 자료를 통해 그 근거를 발견함으로써 지역 시장에 나타나는 여러 가지 현상을 이해하면서 단순한 구체적인 사실적 지식에서 추상적인 일반적 지식으로 순차적으로 확대시키면서 개념을 획득하고 있다([그림 34] 참조).

다섯째, 나선형의 원리에 따라 학습함으로써 학생의 개념이 확장·심화되고 있다.

〈표 9〉와 S학생, N학생의 사례 분석에서 학생은 시장의 '교환 장소'적 기능과 '교환 기구'적 기능을 자신의 지역 생활 경험과 관련지으면서 나선형적으로 학습하고 있다. 이 때 교사는 S학생과 같이 개념에 대하여 어느 정도 예측을 잘하는 학생에게는 개념을 좀 더 심화시키고 있고, 개념 획득이 어려운 학생에게는 개념 획득을 확장시키고 있다.

이상 개념의 발전적 획득을 추구하는 사회과 수업은 학생이 생활하고 있는 지역에 대한 이해와 함께 이것을 통해 개념 획득을 목표로 하고 있다. 그리고 실제 수업에서 학생들은 탐구 과정을 통해 자신이 사는 지역 시장의 여러 현상을 습득하고 시장의 현재적 기능에서 잠재적 기능으로서의 역할이라는 사회과학적 개념을 체계적으로 획득하고 있다.

(2) 수업의 과제 및 개선 방향

본시 수업의 과제로는 다음의 두 가지를 들 수 있다.

첫째, 지식의 구조를 정리하여 가르칠 개념을 보다 명확하게 설정할 필요가 있다.

[그림 29]의 지식의 구조는 연구자가 수업을 분석하기 위해 작성한 것이다. 이 수업에서는 지식의 체계성이 중요한 개념 획득을 추구하고 있기 때문에, 교사가 지식의 구조를 더욱 명확하게 설계하여 학생들에게 개념을 과학적·체계적으로 획득시켜야 한다. 특히 [그림 29] 지식의 구조 레벨 5의 일반적인 지식이 상당히 추상적인 개념이기 때문에 학생이 레벨 3, 레벨 4와 같은 더 구체적인 개념(교환)을 이용하여 레벨 5의 일반적인 개념을 획득하도록 정리할 필요가 있다.

둘째, 수업에서 학생의 개념 획득 과정을 확인할 필요가 있다.

실제 수업을 보면 교환 장소로서의 시장의 역할에 대해서는 많은 학생들이 시장 견학이나 경험을 통해 비교적 용이하게 인식하고 있다. 그러나 교환 기구적인 역할은 소수의 몇몇 학생들만 획득하고 있어 대다수 학생의 개념 획득 여부가 분명하지 않다. 개념학습은 일반적·추상적 개념을 효과적으로 이해시킬 수 있는 장점이 있지만, 그것을 학생이 어떻게 이해하고 있는지 확인해야 한다.

이러한 과제를 통해 개념의 발전적 획득을 추구하는 사회과 수업 개선의 방향으로 수업 계획 단계에서 지식의 구조를 정리해서 가르칠 개념을 더 명확하게 하기, 수업에서 학생의 개념 획득 과정을 확인하기 등을 언급할 수 있다.

이상의 개념의 발전적 획득을 추구하는 사회과 수업을 검토한 결과, 학생의 신변 지역에 대한 이해(사실적 지식의 획득)와 개념을 왕복하는 학습 과정을 통해 지역 시장에서 시장의 현재적 기능으로부터 잠재적 기능으로, 개념을 발전적으로 획득해 나가는 구조이며 학생은 탐구 활동을 통해 개념을 체계적, 발전적으로 획득해 나가고 있음을 알 수 있다.

제 4 절 개념 획득형 사회과 수업분석 결과와 고찰

이상으로 ❶ 인과관계적 획득을 추구하는 수업(이하 '인과') ❷ 개념의 종합적 획득을 추구하는 수업(이하 '종합') ❸ 개념의 발전적 획득을 추구하는 수업(이하 '발전')을 사례로 HAL 틀을 이용하여 분석하였다.

❶ 인과 수업(지방별로 다른 집 모양)은 지방에 따라 다른 집 모양과 그 특징을 비교하고 주거 생활의 모습이 기후와 지형에 따라 다르다는 개념적 지식 획득을 추구한 것이었다. '지방별로 집 모양이 다르다'는 지리 현상을 사례로 학생들에게 그 원인을 예상하게 하고 북부, 중부, 남부 지방의 집 모양을 비교하는 활동을 통해 '기후'에 따른 요인과 해안과 산간 지역 등의 집 모양을 비교하는 활동을 통해 '지형'에 따른 요인이 있다는 것을 탐구 과정을 통해 발견하도록 하였다. 분석한 결과 이 수업은 다음과 같은 구조 및 특징이 밝혀졌다.

첫째, 수업계획 단계에서 교사는 학생이 개념을 효과적으로 획득하도록 개념적 지식을 사실 지식과 대응시켜 체계적으로 구성하고 인과관계를 탐구하는 개념 탐구 과정으로 수업 과정을 조직하고 있다. '기후와 지형 등의 자연환경이 다르기 때문에 지방별로 집 모양이 다르다'라는 개념적 지식을 획득시키기 위해 지방별로 집 모양이 다르게 나타나는 원인을 '기후'과 '지형'의 두 요인으로 나누어 각각 하위에 해당하는 사실적 지식을 배열하고 있다. 둘째, 교사는 조력자로서 학생의 주체적인 탐구 활동을 도와줌으로써 학생이 주체적으로 개념을 획득해 나가는 수업 구성이다. 셋째, 실제 수업에서 학생들은 교사가 계획한 활동을 통해 지방별로 집 모양이 다른 원인을 추구하고 개념적 지식을 논리적으로 획득하고 있다. 넷째, 개념 탐구 과정을 통해 학생의 대체적 개념틀을 교사가 사회과학적 연구 성과를 토대로 한 보다 과학적인 개념틀로 변용시켜가고 있다.

이 수업의 과제로는 다음의 두 가지가 있다. 첫째는 수업계획 단계에서 지식의 구조를 더 명확하게 나타내어 학생에게 더 과학적인 인식을 획득시킬 수 있도록 해야 한다. 둘째는 수업실천 단계에서 학생의 대체적 개념틀을 활용하여 학생의 인식을 더 심화시킬 필요가 있다.

다음으로 ❷ 종합 수업(인구의 도시 집중의 원인)은 조사 활동을 통해 도시 인구 집중의 원인을 종합적으로 획득할 것을 추구한다. 인구가 도시로 집중하는 사회현상을 사례로 그 원인에 대하여 학생이 예상하고 관련 자료를 조사·수집하여 발표한다. 분석 결과 다음과 같은 네 가지가 드러났다.

첫째, 인구의 도시 집중 원인을 사회과학적 개념으로 획득하는 수업이며 그 개념은 고용적 요인, 교육적 요인, 문화적 요인, 사회환경적 요인, 가족적 요인, 물질적 요인의 6가지 요인으로 구성되어 있다. 둘째, 학생이 생활하고 있는 지역을 포함한 여러 지역을 교재로 하여 인구의 도시 집중 원인이라는 사회과학적 개념을 획득하도록 구성되어 있다. 셋째, 지역 조사·비교 활동 등 학생의 자발적인 학습 활동을 통해 학생 스스로가 인구의 도시 집중 원인(개념)에 대한 여러 가지 요인을 종합적으로 획득해 나가고 있다. 넷째, 수업 과정에서 학생의 개념은 고용, 교육, 문화적 요인에 해당하는 '생활 개선' 요인에서부터 사회환경, 가족, 물질적 요인에 해당하는 '생활 향상' 요인으로 순차적으로 종합하면서 획득해 나간다.

　이 수업의 과제로는 다음의 세 가지가 있다. 첫째는 개념과 개념틀 형성을 위해 지식의 구조를 명시화하기, 둘째는 학생 사고를 더 심화시키기 위해 개념 획득 과정을 조직화하기, 셋째는 개념의 종합적 획득을 추구하는 사회과 수업의 효과를 더 높이기 위해서는 개념에 대한 더 깊은 이해가 필요하다는 점이다.

　❸ 발전 수업(시장의 역할)은 지역 시장에 대한 이해와 경제 발전을 위한 시장의 역할이라는 개념 획득을 추구하고 있다. 지역 시장을 사례로 그 경제적 역할에 대하여 학생들이 예상하고 자료 조사를 한 뒤 발표한다. 수업분석 결과 이 수업의 특질로 다음의 네 가지가 밝혀졌다.

　첫째, 학생들이 친숙한 지역의 시장에 대하여 이해하고 '지역 시장의 지역 경제 발전을 위한 역할'이라는 개념을 획득하기 위해 시장의 역할을 '교환 장소'와 '교환 기능'이라는 두 하위 개념으로 조직하고 있다. 둘째, 학생 생활 주변에 있는 시장의 구체적인 사례와 하위 개념(교환 장소, 교환 기능)을 왕복하는 학습 과정을 통해 '지역 시장의 지역 경제 발전을 위한 역할'이라는 보다 상위 개념을 획득하는 수업 구성이다. 셋째, 실제 수업에서 학생들은 자신의 직간접적인 경험을 살려 시장의 지역 경제에 대한 역할에 대하여 가설을 세우고, 가설을 검증하기 위해 지역 시장 조사 및 각종 자료를 통해 그 근거를 찾는 등의 탐구 과정을 통해 '지역 시장의 지역 경제 발전을 위한 역할'이라는 개념을 획득하고 있다. 넷째, 수업 과정에서 학생은 자신의 생활 경험과 결부시키면서 시장의 교환 장소 개념에서 교환 기능 개념으로 발전적으로 하위 개념을 습득하고 '지역 시장의 지역 경제 발전을 위한 역할'이라는 상위 개념을 획득하고 있다.

　이 수업의 과제로는 지식의 구조를 정리하여 가르치려는 개념을 더 명확하게 설정하기, 수업에서 학생의 개념 획득 과정을 확인하기 등이 있다.

　이상의 세 가지 개념 획득형 사회과 수업을 HAL 틀로 분석한 결과, 수업에서 다루는 개념의 내용과 그 획득 방법에 따라 다음과 같은 차이가 있었다. ❶ 인과 수업은 어떤 사회현상이 나타난 결과로부터 그 원인에 대하여 가장 밀접한 관련을 가진 요인을 특정화하는 유형이다. ❷ 종합 수업의 경우에는 어떤 사회현상의 결과로부터 그 현상에 작용하고 있는 원인을 다수 발견하게 하여 그 원인을 상세하게 설명하고 종합적으로 설명하는 유형이다. ❸ 발전 수업은 인과 수업과 유사하지만 특정화한 것을 더욱 높은 수준으로 발전시켜나가는 유형이다. 개념 획득형 수업에서는 공통적으로 개념적 지식을 논리적이고 효과적으로 획득시키기 위해 교사가 사실적 지식과 개념적 지식을 체계적으로 구성하고 있다. 그리고 실제 수업에서 학생들은 생활 주변의 사회현상으로부터 탐구 활동을 통해 개념을 주체적으로 획득해 나가고 있다.

우리나라에서 이 세 가지 개념 획득형 사회과 수업이 이루어지고 있는 데에는 다음의 두 가지 이유가 있다.

첫째, 교과서에 제시되어 있는 내용과 관련 있다.

개념의 인과관계적 획득을 추구하는 사회과 수업의 경우 교과서(사회 5-1)⁽⁸⁾에는 '지방에 따른 집의 모양과 기후의 관계를 정리해 보자.(p.35)'라고 제시되어 있다. 교과서에서 관계 파악을 요구하고 있는 것이다.

다음으로 개념의 종합적 획득을 추구하는 사회과 수업의 경우, 교과서(사회 5-1)에는 인구의 도시 집중 원인으로 '각종 문화·교육 시설이 많다. 생활에 편리한 시설이 많다. 교통 시설이 발달하였다. 공장이나 회사가 많다.(p.64)'가 제시되어 있다. 즉 인구의 도시 집중 원인이라는 개념을 네 가지 요인으로 종합적으로 파악하도록 구성되어 있는 것이다.

두 수업(❶, ❷)에서 검토한 바와 같이 교과서에 제시되어 있는 내용에 따라서 탐구 내용과 형태가 어느 정도 규정되어 있다고 볼 수 있다.

둘째, 단원의 구조와 학생의 실태, 교사의 교육관과 관련이 있다.

❸ 발전 수업의 경우 다음과 같은 단원 구조를 볼 수 있다.

단원 '2 서로 돕는 경제 생활(9/16~15/16)'은 ① 나누어 맡은 생산(9~10/16), ② 경제 활동의 중심지(11~13/16), ③ 서로 도움을 주는 경제 활동(14~15/16)이라는 세 소단원으로 구성되어 있다⁽⁹⁾. 각각 분업과 생산, 시장, 유통을 다루고 있다. ❸ 발전 수업은 '② 경제 활동의 중심지'에 해당하며 11/16 차시에서는 물물 교환을 통한 시장의 필요성을, 12/16 차시에서는 학생이 생활하고 있는 지역 시장에 대한 조사 학습을, 그리고 본시 수업인 13/16 차시에서는 경제 활동을 위한 시장의 역할을 학습한다. 소단원에서 다루어지고 있는 내용과 개념 자체가 발전적인 구조인 것이다. 교사는 이와 같은 단원의 발전적인 구조나 〈표 8〉과 같은 학생의 실태를 고려하여 학생의 자발적인 학습 능력을 함양하기 위하여 탐구학습을 적용한 사회과 수업을 계획·실천하고 있다.

[주 및 참고문헌]

(1) 이 수업은 '대구교육 인터넷 방송'에서 우수 수업으로 소개되고 있다.
http://itv.dgedu.net/pages/teacher/index.jsp?page=teacher_menu01_02.jsp&menuID=719.xml&lesson=01&p1=&p2=1&keyfield=&keyword=&returnPage=/pages/teacher/index.jsp&dirPage=4(2009. 1. 7 인출)

(2) 교육부(2007). 초등학교 교사용 지도서 사회 4-1.

(3) 하영애(2008). 초등학생의 경제개념 인식에 대한 연구: 시장개념을 중심으로. 전주교육대학교. p.31.

(4) 교육과정상 4학년에서는 주로 생산, 시장, 소비 개념과 관련된 내용으로 구성되어 있으며, 부분적으로 희소성, 화폐와 금융, 재정, 국제 경제와 관련된 내용이 언급되고 있다. 교육부(1999). 초등학교 교육 과정 해설.

(5) 개념은 사고의 도구이기 때문에 개념과 개념의 관계는 사고과정, 탐구과정 또는 관계성을 통해서 이루어지고 그 결과 일반화가 형성된다. 이태근 외(1992). 경제교육론. 교학연구사. p.73. 이 탐구 과정을 통해서 새로운 개념 획득을 위해 필요한 가설 설정, 자료 수집, 비교·분석 능력, 종합력 등의 탐구학습 능력에 대하여 교사는 학생의 실태를 조사하고 있다. 그 결과 예상을 세우거나 예상에 맞는 자료를 찾는 능력이 다소 부진하므로 수업 중에 지속적인 교사의 시범과 조언이 필요하다고 분석하고 있다.

(6) 中村哲(1989)「仮説設定に関する社会科指導とその教育技術－白石実践·小四「淡河川·山田川疏水の開発」を手がかりに－」『社会科教育の理論』ぎょうせい. p.343.

(7) 학생이 세운 가설(예상)은 잠정적인 일반화로 경제적인 현상에서의 사실과 개념 및 개념 간의 관계 파악에 따라 세워지는 것이기 때문에 학생의 개념틀 파악에 용이할 것이다.

(8) 교육부(2006). 사회 5-1. 대한 교과서.

(9) 이것은 교사가 작성한 지도안을 바탕으로 하고 있다.

에듀컨텐츠·휴피아
Educontents·Huepia

제 6 장 문제 이해형 사회과 수업분석

제 6 장에서는 문제 이해형 사회과 수업의 성격을 고찰하고 이에 해당하는 사회과 수업 실천을 분석하여 그 구조와 특징을 해명한다. 문제 이해형 사회과 수업은 현대 사회에 나타나는 사회 문제를 학생들에게 이해시키는 형태의 수업이다. 이 유형의 수업에서 다루는 사회 문제는 학습자에게 사회현상의 구체적인 현실을 이해하도록 돕는 역할[1]을 하기 때문에 이것을 이해하기 위한 수업실천은 중요하다. 그러나 문제 이해형 수업실천은 상대적으로 많지 않다.

문제 이해형 수업분석에서는 수업의 구조와 학급 전체 학생 및 개별 학생이 사회 문제를 이해하는 과정을 밝힌다. 이를 위해 〈표 1〉의 수업 중 ⑤를 사례로 HAL의 순서인 [그림 6]에 따라 분석한다. 구체적으로 지식의 구조를 활용하여 교사가 수업에서 다루는 사회 문제를 어떻게 이해하고 구조화하고 있는지를 분석한다. 그리고 학생이 수업에서 사회 문제를 어떻게 이해해 나가는지를 대체적 개념틀을 이용하여 분석한다.

제 1 절 사회 문제의 이해를 추구하는 초등사회과 수업[2]

먼저 문제 이해형 수업의 성격과 그 분석 의의에 대하여 살펴보자.

급변하는 현대 사회에서 각 개인은 개인적 혹은 사회적인 다양한 문제에 대한 합리적 의사결정 능력이나 문제해결 능력을 갖추어야 한다. 이것은 사회과 목표인 '민주 시민으로서의 자질' 함양과도 직결되는 것이다. 이러한 능력을 사회과 수업을 통해 함양하기 위해서는 다음의 두 가지가 전제되어야 한다. 첫째, 교육 내용을 단편적인 지식보다는 사회 문제를 중심으로 구성해야 한다. 사회 문제는 복합적인 내용을 담고 있기 때문에 복잡한 사회 현실 속에서 사회인식에 대한 판단력을 향상시키는데도 효과적이기 때문이다. 둘째, 사회 문제 이해와 사회 문제 해결을 조합시켜야 한다. 사회 문제에 대하여 제대로 이해하는 과정을 거치지 않은 채 사회 문제 해결에만 섣불리 접근하면 혼란을 야기할 수 있고, 단순한 즉흥적인 생각으로 끝나거나 어렵다는 인상만을 남길 우려가 있다. 이러한 우려를 불식시키기 위해서라도 사회에서 발생하는 사회현상이나 문제에 대한 사실과 개념을 이해하고 파악하는 과정 즉, 문제를 이해하는 과정이 반드시 필요하다. 이 과정에 중점을 둔 수업이 〈표 2〉의 '③ 문제 이해형'이다. 그러나 〈표 1〉과 〈표 2〉에 나타난 바와 같이 ① 사실 이해형, ② 개념 탐구형, ③ 문제 이해형, ④ 문제 해결형의 네 유형 중 ③ 문제 이해형에 해당하는 수업은 많이 보이지 않는다. 문제 이해형 수업은 학생들의 합리적 문제해결 능력과 사회 참여 능력을 신장하는데 기초가 되는 직전 단계의 수업으로서 중요한 역할을 하는 것이기 때문에 이에 대한 개발과 연구가 시급하다.

그러나 이 형태의 수업 연구는 미흡하다. 문제 해결을 추구하는 수업은 어느 정도 관심을 받으며 개발, 연구되고 있는 반면에 이 형태의 수업실천과 개발, 연구는 부족한 실정이다. 따라서 이 형태의 수업에서는 어떤 사회 문제를 다루고 있는지, 수업은 어떤 구조이며 학생들은 수업에서 사회 문제를 어떤 과정을 통해 이해하는지 등에 대하여 해명할 필요가 있다.

오하라(尾原康光, 2006)는 교육과정이나 수업에서 다루어지는 사회 문제를 이해하는 방법과 해결책의 도출 방법을 중심으로 다음의 두 가지로 분류하였다[3]. ①사회 문제를 사회에 실재하는 객관적인 상태로 보는 입장, ②사회 문제를 개인·집단의 선택·판단의 차이와 충돌, 문제 제기에 의해 형성·구축되는 것으로 보는 입장이다. ①은 이른바 '사회 문제'이며, ②는 '논쟁 문제'이다. 따라서 사회 문제 이해형 수업은 수업에서 다루는 사회 문제의 성격에 따라 '사회 문제의 이해를 추구하는 수업'과 '논쟁 문제의 이해를 추구하는 수업'으로 나눌 수 있다. 그러나 초등사회과 수업에서 다루어지고 있는 것은 전자뿐, 후자는 찾아보기 어렵다. 따라서 이 장에서는 전자를 사례로 분석한다.

제 2 절 '도시 문제'의 개요 및 지도안

'도시 문제'는 2009년 4월 30일 부산의 B초등학교에서 연구수업으로 공개된 5학년 수업이다.

1. 단원 및 수업의 개요

본시 수업은 5학년 1학기 사회 교과서의 세 단원 중 '2. 우리가 사는 지역'에 해당한다. 이 단원은 도시와 촌락으로 대비되는 지역에 대한 탐구를 통하여 도시와 촌락은 각각 독특한 입지 조건과 분포, 기능적인 특징을 가지고 있으면서도 상호 보완적 관계를 맺고 있다는 것을 이해하고, 최종적으로는 지역의 문제 및 해결을 통한 지역 발전을 주된 내용으로 하고 있다.

이 단원은 '도시 지역의 생활'과 '촌락 지역의 생활'의 두 소단원(주제)으로 구성되어 있으며 내용은 다음과 같다. '도시 지역의 생활(2/17~9/17)'은 우리나라 도시의 경관적 특징, 도시 분포 및 입지와 도시화 과정, 그리고 기능적 특징을 파악하고 인구의 밀집, 환경의 파괴와 오염 등 복합적인 도시의 문제를 이해하게 한다. '촌락 지역의 생활(10/17~16/17)에서는 자연환경, 촌락의 입지와 기능 및 산업 활동, 생활 모습을 살펴봄으로써 촌락의 지역성을 파악하게 한다. 특히, 촌락 지역 개발 사업의 의미를 국토의 균형적 발전과 도시와 촌락 지역의 상호 보완적 관계에서 파악하도록 한다. 그리고 1 차시(1/17)는 단원 도입, 마지막 차시(17/17)는 단원 정리 학습이다.

이 절에서 다루는 수업은 '도시 지역의 생활'에 해당(7/17)하는 것으로 인구의 도시 집중으로 인하여 발생하는 각종 도시 문제를 다룬다. 이것은 다음 차시의 '도시 문제의 다양한 해결 방법 탐색하기' 학습, 즉 문제 해결을 위한 기초가 되는 전(前) 단계의 학습이다.

2. 지도안

본시 지도안은 [자료 9]이다.

[자료 9] 수업 ⑤의 지도안

단계 (시간)	학습내용	교수·학습 활동		자료 및 유의점
		교사	학생	
문제 파악	학습 분위기 조성	◆사진 자료 제시하기 T.사진과 같은 경우라면 어떤 일이 생길 것 같습니까?	▫문제가 무엇인지 생각하며 사진 자료 보기 S1차를 타지 못할 수도 있을 것 같습니다. S2너무 오래 기다려 약속에 늦을 수 있습니다. S3사람들끼리 다툼이 생길 수 있습니다.	·컴퓨터 자료 (사진 4종)
	자신의 경험 이야기 하기	T.위의 사진과 비슷한 경험을 말해 봅시다.	S1차가 막혀 학교에 지각한 적이 있습니다. S2너무 복잡해서 짜증이 난 적이 있습니다.	·경험과 관련하여 자유롭게 발표한다.
	학습 문제 찾기	T.이와 같은 현상은 왜 일어날까요?	S1자동차가 너무 많기 때문입니다. S2인구가 도시로 집중되기 때문입니다.	
	학습 문제 확인	인구 집중으로 인해 생기는 도시 문제는 무엇일까?		·붙임 자료 (도시 문제)
계획 수립 (5′)	도시화 현상 알기	T.도시에 인구 집중 현상이 계속 된다면 어떤 일이 일어날까요?	S1도시의 인구 수가 증가하게 됩니다. S2여러 가지 시설이 부족하게 됩니다. S3여러 가지 불편한 점이나 문제가 생기게 됩니다.	·인구 집중 현상을 중심으로 발표한다.
	탐구 계획 세우기	T.학습 문제를 해결하기 위해서는 어떤 내용을 알아보아야 할까요?	S1도시 문제의 종류를 알아보아야 합니다. S2도시 문제가 발생하는 원인을 알아보아야 합니다. S3도시 문제 때문에 불편한 점을 알아 보면 좋겠습니다.	·탐구 문제를 생각하며 계획을 수립한다.
		T.학습 자료는 어떤 것을 이용하면 좋을까요?	S1각자 해 온 예습과제를 이용하면 좋겠습니다. S2사진이나 그림 자료를 이용하면 좋겠습니다. S3주위에서 들은 이야기나 본 것을 이용하면 좋겠습니다.	
정보 수집 및 처리 (23′)	생활 주변 불편한 점 찾기	T.사람들이 많아서 불편했던 점을 발표해 봅시다.	S1극장에 갔을 때 사람들이 많아 오래 기다린 적이 있습니다. S2가족끼리 나들이 갈 때 차가 막혀 얼마를 한 적이 있습니다.	·인구 집중으로 인한 불편한 점을 찾는다.
	도시 문제 그래프 해석하기	◆그래프 제시하기 T.그래프에 나타난 도시 문제는 무엇입니까?	·그래프에 나타난 문제점 생각하면서 보기 S1자동차 수의 증가로 인한 교통 문제입니다. S2인구가 증가하여 생기는 주택 문제입니다. S3쓰레기 배출량이 점점 증가하여 생기는 환경 문제입니다.	·도시 문제 그래프(4종) ·그래프 해석에 초점을 둔다.
	도시 문제의 내용 분류하기	◆분류 활동 안내하기 <자료 분류 활동 순서> ▪붙임 자료에 도시 문제 적기 - 개별 활동, 모둠 활동 ▪공통점이 있는 도시 문제끼리 분류하기	▫자료의 공통점 찾아 분류하기	·모둠에서 분류한 내용을 칠판에 붙인다. ·모둠 활동판, 붙임자료 ·공통 속성이 있는 것끼리 분류하도록 한다.

	도시 문제를 원인과 결과로 나누기	◆원인과 결과 찾기 안내하기	·도시 문제 원인과 결과 생각하며 토의하기	·학습지 ·붙임 자료 ·모둠 활동판
		<모둠 토의 순서> ■ 도시 문제의 원인과 결과 토의하기 ■ 원인과 결과로 나누어 붙이기 ■ 원인과 결과를 이용하여 한 문장으로 표현하기		
		T.교통 문제의 원인과 결과는 무엇입니까?	S1차량 증가로 인해 교통 체증이 생깁니다. S2교통 체증으로 대기 오염이 생깁니다.	·단어끼리 서로 중복하여 원인과 결과가 될 수 있음을 이해시킨다. ·학생들끼리 질문과 대답이 활발하게 이루어지도록 한다.
		T.주택 문제의 원인과 결과는 무엇입니까?	S1인구 증가로 대도시의 땅값이 오릅니다. S2농촌 인구가 도시로 이동하여 주택이 부족합니다.	
		T.환경 문제의 원인과 결과는 무엇입니까?	S1차량 증가로 대기가 오염됩니다. S2대도시의 인구 증가로 쓰레기의 양이 증가합니다.	
	그밖의 도시 문제 알기	T.그 밖의 도시 문제에는 어떤 것이 있는지 말해 봅시다.	S1범죄가 많이 발생하게 됩니다. S2교통 사고가 많이 발생합니다. S3공기 오염으로 질병이 많이 발생합니다.	·도시의 인구 집중에 초점을 맞추도록 한다.
	도시 문제의 주요 원인 알기	T.도시 문제가 발생하는 주요 원인은 무엇입니까?	S1인구가 도시로 집중되기 때문입니다. S2도시의 수가 점점 늘어나기 때문입니다.	·도시 문제의 원인을 도시화에서 찾도록 한다.
결과 정리 (7')	학습 정리	◆학습 내용 정리하기	·학습 내용 정리 확인하기	·컴퓨터 자료(학습 정리)-1'
	생활화하기	T.도시 문제가 계속 된다면 우리 생활은 어떻게 될까요?	S1자동차가 늘어나 대기 오염이 심각해 질 것 같습니다. S2쓰레기 양이 늘어나서 주변 환경이 더러워질 것 같습니다.	·도시 문제의 심각성을 깨닫도록 한다.
	차시 내용 알아 보기	◆사진 자료 제시하기	·예습 과제를 생각하며 사진 자료 보기	·컴퓨터 자료(사진 4종)-30"
		T.사진 자료를 보고 다음 시간의 예습 과제를 말해 봅시다.	S1도시 문제를 해결하는 여러 가지 방법을 조사해야 할 것 같습니다. S2도시 문제를 줄이기 위한 여러 가지 시설에 대해 조사해 보아야 할 것 같습니다.	
		T.다음 시간 공부를 위해 준비해야 할 자료는 무엇일까요?	S1관련된 사진 자료를 준비해야 합니다. S2도시 문제를 해결한 신문 기사를 준비합니다.	

제 3 절 수업 내용에 관한 교사의 개념틀

1. 지식의 구조

이 수업에서 교사가 학생에게 획득시키고자 하는 지식을 사전에 계획한 지도안을 바탕으로 분석하면 [그림 36]과 같다. 이것은 지도안에 나타난 교사의 발문이나 예상되는 학생 반응을 수업 사실(지식)로 추출하여 작성한 것으로, 사실 지식과 일반적·설명적 지식의 층위로 구분하여 지식의 구조로 나타낸 것이다. [그림 36]에 나타난 바와 같이 모두 세 개의 레벨로 구성되어 있다. 교사는 본시 수업계획에서 레벨 1인 사실 지식을 레벨 2의 네 가지 지식으로 분류하고 있고, 레벨 3에서는 이러한 지식들을 종합적으로 인식하는 일반적 지식으로 구성하고 있다.

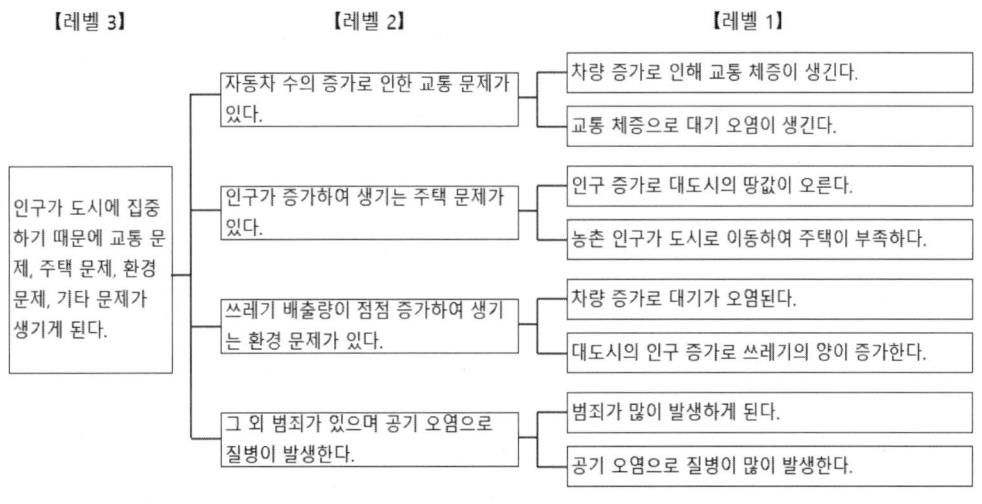

[그림 36] 지식의 구조도

이 수업도 제 5 장의 개념 획득형 수업과 마찬가지로 사실 이해형 수업보다는 높은 수준의 지식으로 체계적으로 구성되어 있다. 그리고 지식의 내용면에서는 개념 획득형 중 개념의 인과관계적 획득을 추구하는 수업과 개념의 종합적 획득을 추구하는 수업을 결합한 형태를 띠고 있다. 즉, 레벨 1부터 레벨 3까지의 지식이 인과관계로 되어 있고 레벨 2와 레벨 3을 보면 도시 문제의 다양한 측면을 종합적으로 파악하는 구조이다.

2. 교사의 개념틀

교사가 어떠한 사회현상에 대하여 그것을 고찰하고 해석하는 신념과 개념·관념을 제시하는 인지적 모델인 교사의 개념틀을 분석한 것이 [그림 37]이다.

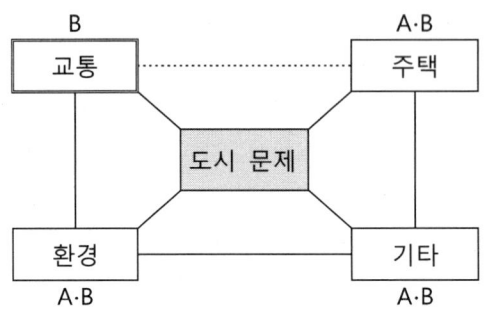

※ A, B는 [그림 38]의 유형에 대응한다.

[그림 37] 교사의 개념틀

교사의 개념틀인 [그림 37]을 어떻게 추출하는지 그 과정을 살펴보자.

교사는 본시 학습 목표를 '도시화 과정에서 일어나는 여러 가지 문제점을 설명할 수 있다.'와 '인구 집중에 의해 생겨나는 도시 문제를 원인과 결과로 분류할 수 있다.' 두 가지로 설정하고 있다. 사회에서 발생하고 있는 도시 문제를 단지 나열식으로 파악하지 않고 그것을 원인과 결과라는 인과관계로 학생들이 파악하도록 계획하고 있다.

도시는 산업화와 경제개발에서 반드시 필요한 요소이지만 많은 사람들이 한정된 지역에 집중적으로 모여들어 형성되었기 때문에 사회적, 경제적으로 여러 가지 문제가 발생한다. 그렇다면 본시 수업에서 교사는 도시 문제를 무엇으로 상정하고 있는가? 이것은 위에서 분석한 지식의 구조도로 확인할 수 있다. 지식의 구조도 [그림 36]의 레벨 2에는 교통 문제, 주택 문제, 환경 문제, 그리고 범죄, 질병 등 기타의 네 가지 요소가 있다.

[그림 38] 사회 문제를 다루는 네 가지 유형

사회 문제는 사회에 실재하는 객관적인 상태(사회 문제)로 보는 것과 문제 제기로 인해 형성·구축되는 것(논쟁 문제)으로 보는 방법(4), 그리고 학생 경험과의 거리 및 친밀도에 따라 [그림 38]과 같이 네 가지로 볼 수 있다. A는 사회에 실재하는 객관적인 상태에 관한 사회 문제로 학생과 소원한 문제이며, B는 학생과 밀접한 사회 문제이다. C는 사회 문제를 개인·집단의 선택·판단의 차이나 충돌, 문제 제기로 인해 형성·구축되는 논쟁 문제로 학생과 밀접한 문제이며, D는 학생들과 소원한 논쟁 문제이다. 본시 수업에서 다루고 있는 사회 문제인 네 가지 도시 문제는 객관적인 상태인 '사회 문제'이며, [그림 38]의 A 또는 B에 해당한다. 특히 지도안의 도입 부분에서 교사가 교통 문제와 관련된 자료를 제시하면서 동기유발을 하는 장면을 통해 교통 문제를 B로 파악하고 있음을 알 수 있다(5). 그리고 지식의 구조 [그림 36]에서 레벨 1에 속하는 지식을 구체적으로 살펴보면 이 네 가지 도시 문제를 인과관계로 보고 있음을 알 수 있다. 이것은 "도시 문제를 알아보는 것과 그 원인과 결과를 알아보는 것이 이 수업의 포인트입니다(수업 협의회에서)."라는 교사의 발언을 통해서도 확인할 수 있듯이, 교사는 도시 문제의 종류를 단순히 나열적인 형태로 인식하지 않고 각 문제 간의 인과관계로 파악하고 있다. 이것이 이 수업에서 교사가 학생들에게 획득시키고자 하는 교사의 개념틀이다[그림 37].

[그림 37]은 네 가지의 도시 문제(교통, 환경, 주택, 기타)를 나타내고 있으며 실선은 문제 간의 인과관계를, 교통 문제의 이중선은 교통 문제 내에서의 인과관계 파악을 의미한다. 그리고 각 도시 문제 파악을 [그림 38]에 대응하여 나타내었다. [그림 37]을 통해 본시 수업에서 교사의 개념틀을 더욱 명확하게 알 수 있다.

이상의 검토를 통해 교사는 사회 문제인 도시 문제 네 가지를 인과적으로 바라보고 있음을 알 수 있다.

제 4 절 교사의 개념틀을 학생이 획득하기 위한 준비

교사는 위와 같은 개념틀을 학습자에게 획득시키기 위해 학생 실태 조사, 도시 문제 추출, 교수·학습 과정의 조직화와 자료, 발문 등을 준비하고 있다.

1. 학생 실태 조사

교사는 먼저 〈표 10〉과 같은 실태 조사를 통해 상술한 지식의 구조나 개념틀을 학생들에게 획득시키기 위한 기초 자료를 마련하고 있다.

본시 학습과 직접 관련되는 내용으로는 ①사회과 지리 영역에 대한 관심도, ②도시 문제 선수학습 실태, ③사실 지식 탐구학습을 위한 기본 학습 능력, ④사회과 지리 영역 학습 자료 선호도에 대하여 관찰 및 설문 조사를 통해 파악하고 있다(2009. 4. 2). 그 결과는 다음의 〈표 10〉과 같다.

⟨표 10⟩ 학생 실태 조사

① 사회과 지리 영역에 대한 관심도

영역	구분				반응수
	환경	공간	지역	지도	
관심도	5	10	15	2	N
	15.6	31.2	46.9	6.3	%

② 도시 문제 선수학습 실태

조사항목	수준	조사 기준	반응수	
			N	%
도시 문제를 3가지 이상 열거할 수 있는가?	상	도시 문제를 3가지 이상 열거하고, 예를 들어 설명할 수 있다.	7	21.9
	중	도시 문제를 3가지 이상 열거할 수 있다.	14	43.7
	하	도시 문제를 1~2가지 열거할 수 있다.	11	34.4

③ 사실 지식 탐구학습을 위한 기본 학습 능력

조사항목	수준	조사 기준	반응수	
			N	%
자료를 통하여 필요한 정보를 수집할 수 있는가?	상	자료를 통하여 필요한 정보를 수집하고, 이를 기준에 따라 분류할 수 있다.	8	25
	중	자료를 통하여 필요한 정보를 수집할 수 있다.	20	62.5
	하	자료를 통하여 필요한 정보를 수집하는 능력이 미흡하다.	4	12.5
수집한 정보를 목적에 맞게 처리할 수 있는가?	상	수집한 정보를 자신의 경험과 비교하여 목적에 맞게 처리할 수 있다.	5	15.6
	중	수집한 정보를 목적에 맞게 처리할 수 있다.	17	53.2
	하	수집한 정보를 처리하는 능력이 미흡하다.	10	31.2

④ 사회과 지리 영역 학습 자료 선호도

영역	구분						반응수
	신문	동영상	사진	지도	그래프	문헌	
선호도	5	12	9	1	3	2	N
	15.6	37.6	28.2	3.1	9.3	6.2	%

(지도안으로부터)

⟨표 10⟩과 같은 조사 결과에 따라 교사는 다음과 같이 각각 분석하고 지도 대책을 마련하고 있다.

①에 관한 분석과 대책
　대부분의 학생들이 공간 영역에 비교적 높은 관심을 가지고 있는 것으로 나타났으며, 이는 공간 영역의 내용 자체가 학생들 주변에서 쉽게 볼 수 있는 여러 가지 사회 현상을 다루기 때문인 것으로 분석되었다. 하지만 관심을 가지는 내용들이 단순한 지식에만 치중되어 있는 점을 개선하기 위해 공간 영역 관련 사진 자료와 동영상 자료를 제공하고, 이를 원인과 결과로 분석해 보는 활동을 지도함으로써 본시 학습의 효율성을 높일 계획이다.

②에 관한 분석과 대책

도시 문제에 대한 선수 학습 실태는 대부분의 학생들이 4학년의 '우리 시·도의 여러 가지 문제와 해결'에서 B 지역을 중심으로 학습한 경험이 있고, 평소 생활에서도 자주 접하는 현상이어서 도시 문제를 열거하는 데 어려움이 없었다. 하지만 중, 하 그룹으로 나타난 학생들을 위해서 4학년 때 배운 학습 내용을 정리하여 제공할 것이며, 도시 문제의 현상뿐만 아니라 그 원인도 함께 살펴볼 수 있도록 과제를 제시할 계획이다. 또한 본시 수업 앞차시의 학습 내용인 '도시화로 인한 인구 집중'에 대해 정확하게 인지하도록 하여 본시 학습이 원활하게 이루어지도록 할 것이다.

③에 관한 분석과 대책

본시 학습에서 중요시되는 자료를 통한 정보 수집 능력, 정보 처리 능력은 비교적 높게 나타났다. 그러나 '하' 그룹의 학생들을 지도하기 위해 '자료를 통한 정보 수집 능력' 면에서는 필요한 자료 수집을 효과적으로 하도록 자료와 관련한 다양한 사이트를 사전에 안내하고, 제재에 따라 장기 예습 과제를 제시할 계획이다. 또한 '자료 처리 능력'을 기르기 위해 그래프나 통계표를 통한 자료 해석, 분류 기준 정하기, 분류하기, 공통점과 차이점 찾기 등의 활동을 지도할 계획이다.

④에 대한 분석과 대책

사회과 지리 학습을 할 때 재미있고 학습에 도움이 되는 학습 자료로는 동영상을 가장 많이 선호하였고, 다음으로 사진 자료를 선호하였으며, 이는 교과 구분 없이 공통적으로 나타나는 현상이기도 하다. 하지만 사회현상을 다각적으로 파악하기 위해서는 다양한 학습 자료가 필요하므로, 주 1회 정도는 그래프, 신문 기사, 그림 등의 여러 자료를 일기에 붙이고, 자료에 나타난 사실과 자신의 생각을 비교하여 쓰도록 지도할 계획이다. 그리고 아침 활동 시간에 NIE 학습을 실시하여 신문 자료에 대한 흥미를 높여갈 계획이다(지도안에서).

위와 같이 실태 조사를 통해 학생의 흥미·관심, 선수 지식, 탐구학습에 대한 학습 능력 등을 파악하여 수업 기반을 구축하고 있다.

2. 도시 문제의 추출

교사는 [그림 36]의 지식의 구조를 학생들에게 획득시키기 위해 다음과 같은 교재 연구를 통해 우리나라의 사회 문제인 도시 문제를 추출하고 있다.

우리나라는 1960년대부터 급속한 산업화·근대화를 통해 도시화가 짧은 사이에 이루어져 왔다. 또한 이와 더불어 도시 특유의 사회 문제를 초래하면서 경제·사회발전을 이룩하여 왔다. 도시 문제로 민병원(1990)[6]은 과밀 도시화와 도시사회 문제, 환경 문제, 범죄문제, 주택 문제, 교통 문제의 다섯 가지로 나눠 도시화에 따른 사회 문제를 제시하고 있다. 또한 고준호(2007)[7]는 홈 리스, 슬럼, 불법 주택지구, 격리지구, 범죄, 교육, 노인, 여성 문제 등 다양한 문제를 제기하여 분석하고 있다. 이들 도시 문제에 대하여 사회 5-1 교과서에는 주택 문제, 교통 문제, 환경 문제라는 세 가지 도시 문제가 제시되어 있다. 교사는 이 세 가지 도시 문제와 더불어 범죄, 질병, 소음 등의 기타 문제를 마련하여 학생들이 보다 넓은 시야에서 도시 문제를 이해하도록 구성하고 있다. 그리고 이 네 가지 도시 문제가 별개의 문제가 아닌 상호 관련성이 있는 것으로 이해시키려 한다. 이를 통해 다음 차시인 '도시 문제의 해결' 학습에서 도시 문제를 부분적으로 파악하여 해결하는 것이 아닌, 문제 상호간 연계하여 체계적으로 고려함으로써 도시 문제 해결에 종합적으로 접근하려는 교사의 의도를 읽을 수 있다. 사회 문제에 대한 합리적인 해결방안을 탐색하는 이전 단계의 학습 과정에 의미를 두고 계획하고 있다.

3. 교수·학습 과정의 조직화와 자료, 발문 준비

교사는 위에서 추출한 도시 문제를 학생들에게 이해시켜 교사의 개념틀과 가까운 형태로 획득시키기 위해 교수·학습 과정을 탐구 과정으로 조직하고 있다. 이때 학생의 탐구 활동이나 인식 과정을 더 효과적으로 촉진시키기 위해 [그림 39]와 같은 자료와 발문을 마련하고 있다.

교수·학습과정	자료	발문의 구조
탐구 문제 파악	교통 문제 관련 사진	①사진과 같은 경우라면 어떤 일이 생길 것 같습니까? ②위의 사진과 비슷한 경험을 말해 봅시다. ③이와 같은 현상은 왜 일어날까요? ④인구 집중으로 인해 생기는 도시 문제는 무엇일까?
가설 설정		⑤도시에 인구 집중 현상이 계속 된다면 어떤 일이 일어날까요? ⑥학습 문제를 해결하기 위해서는 어떤 내용을 알아보아야 할까요?
탐구·가설 검증	도시 문제 관련 그래프	⑦사람들이 많아서 불편했던 점을 발표해 봅시다. ⑧그래프에 나타난 도시 문제는 무엇입니까? ⑨교통 문제의 원인과 결과는 무엇입니까? ⑩주택 문제의 원인과 결과는 무엇입니까? ⑪환경 문제의 원인과 결과는 무엇입니까? ⑫그 밖의 도시 문제에는 어떤 것이 있는지 말해 봅시다.
일반화·응용	사진	⑬도시 문제가 발생하는 주요 원인은 무엇입니까? ⑭도시 문제가 계속 된다면 우리 생활은 어떻게 될까요?

[그림 39] 교수·학습 과정의 자료 및 발문 계획

교사는 상술한 학생 실태 조사 결과를 통해 학생들이 '도시 문제에 대한 각각의 현상은 인식하고 있으나, 그 현상들 사이에 숨어 있는 인과관계에 대한 파악이 부족하다'라고 판단하고 있다. 이를 극복하기 위해 탐구 활동을 준비함으로써 학생들이 상식적인 인식에서 벗어나 과학적인 이해를 하도록 구성하고 있다. 이때 교사는 [그림 39]의 ①, ②, ⑦과 같은 발문을 통해 학생의 생활 경험으로부터 ④에 나타난 탐구 문제를 파악시키고 있으며,

특히 '교통 문제'와 관련된 사진자료를 준비함으로써 학급 학생들과 가장 밀접한 사회 문제([그림 38]의 B)부터 접근하고 있다. 발문 ⑧을 통해 감각적으로 이해하기 쉬운 도시 문제를 그래프 자료를 통해 실태 파악을 돕고 있다. 또한 단편적·사실적인 지식에 머무르지 않고 사회현상 간의 인과관계를 파악하도록 발문 ⑨~⑪을 마련하고 있다.

제 5 절 수업계획과 실제 수업 비교

이상에서 살펴본 바와 같이 이 수업은 교사의 개념이나 관념에 의해 계획되어 있다. 그러나 수업에는 학생들의 다양한 요인에 의한 변수가 존재하기 때문에 교사가 의도한 대로 반드시 실현되는 것은 아니다. 그렇다면, 이 수업에서 수업계획과 실제 수업이 어떻게 진행되었는지 비교해보자.

1. 지도안의 구조와 실제 수업의 전개

이 수업은 40분으로 구성되어 있으며 7/17 차시에 해당하는 것이다. 〈표 11〉은 교사의 수업계획과 실제 수업에서의 학생들의 개념틀을 비교한 것이다. 이것을 통해 수업계획과 실제 수업의 흐름, 교사의 의도와 실제 수업에서 학생이 획득한 개념을 한눈에 파악하여 비교할 수 있다.

<표 11> 지도안의 구조와 실제 수업의 전개

지도안의 구조	과정		실제 수업의 전개				
	단계	내용	교사의 지도	학생의 반응	학생 집단이 획득한 개념틀	H학생이 획득한 개념틀	L학생이 획득한 개념틀
■문제 파악 ·사진 제시 ·위의 사진과 비슷한 경험을 말해 봅시다. ·이와 같은 현상은 왜 일어날까요? S자동차가 너무 많기 때문입니다.	파트 I (T1~ T12)	동기 유발	T5 혹시 여러분 생활 경험 중 이것(사진)과 비슷한 경험이 있으면 발표해 봅시다. T10 이런 일이 왜 생길까?	P13 원래 30분이면 갈 것을 한시간 30분 동안 가서 조금 늦은 적이 있었습니다. P16 제가 횡단보도를 건너고 있을 때 차들이 질서를 안 지키는 바람에, 자전거와 차가 부딪혀서 제가 다리를 다친 적 있습니다. P18 인구가 많이 몰려있는 것 때문인 것 같습니다.			
■탐구 계획 ·도시에 인구 집중 현상이 계속 된다면 어떤 일이 일어날까요? ·탐구 계획	파트 II (T13~ T20)	예상 하기 탐구 계획	T13 만약에 인구가 도시에 계속 몰린다면 어떤 문제가 생길까요? T15 오늘은 어떻게 내용을 살펴 볼까요?	P21 사람들이 계속 도시에 몰리면, 집이 모자라고 (집을)지어야 돼서 땅이 모자라게 될 것 같습니다. P22 교통 시설이 혼잡해질 것 같습니다. P23 전시 과제를 보고 살펴봅니다. P24 사진으로도 알아보면 좋을 것 같습니다. P25 자기 경험으로 이야기해보면 좋을 것 같습니다.			
■정보 수집 및 처리 ·사람들이 많아서 불편했던 점을 발표해 봅시다. S1 극장에 갔을 때 사람들이 많아 오래 기다린 적이 있습니다. S2 가족끼리 나들이 갈 때 차가 막혀 멀미를 한 적이 있습니다. ·그래프에 나타난 도시 문제는 무엇입니까? S1 자동차 수의 증가로 인한 교통 문제입니다. S2 인구가 증가하여 생기는 주택 문제입니다. S3 쓰레기 배출량이 점점 증가하여 생기는 환경 문제입니다.	파트 III -1 (T21~ T41)	생활 경험 그래프 해석	T21 여러분 생활에서, 사람들이 너무 많아서 정말 불편했던 경험을 이야기해 봅시다. T26 무슨 내용의 그래프인가요? T28 이 그래프에 나타난 사실에서 어떤 문제가 생길 수 있습니까? T31 (막대그래프)뭘 나타내고 있습니까? T37 다음 그래프를 보겠습니다. 무엇을 나타낸 그래프입니까? T39 쓰레기 배출량이 증가하고 있다, 점점 늘어나고 있다, 만약 이것이 계속된다면 어떤 문제 생기나?	P29 집에 가려고 버스를 탔는데 사람들이 너무 많아서 불편했던 적이 있습니다. P34 친구집에 놀러가기 위해 지하철을 탔는데, 사람들이 몰려들면서 친구가 지하철 문에 다리가 낀 적이 있었습니다. P35 부산 지역 자동차 등록 수 현황. P37 자동차가 다니는 속도가 떨어질 것 같습니다. P39 자동차가 많아지면 많아질수록 거기서 나오는 매연 때문에 공기 오염이 심해질 것 같습니다. P40 인구 천명당 주택 수. P46 서울 지역 쓰레기 배출량 변화 P48 시골에서 사람들이 많이 몰려들어 사람들이 많아져 쓰레기를 많이 버려서 배출량이 늘어날 것 같습니다. P50 서울에 쓰레기가 많아진다고 하면 환경 오염도 되겠지만, 땅에 묻는 방법도 있지만 대부분은 쓰레기를 태우기 때문에,--(중략)--매연이나 그런 것들 때문에 우리 환경이 더 나빠질 것 같습니다.			

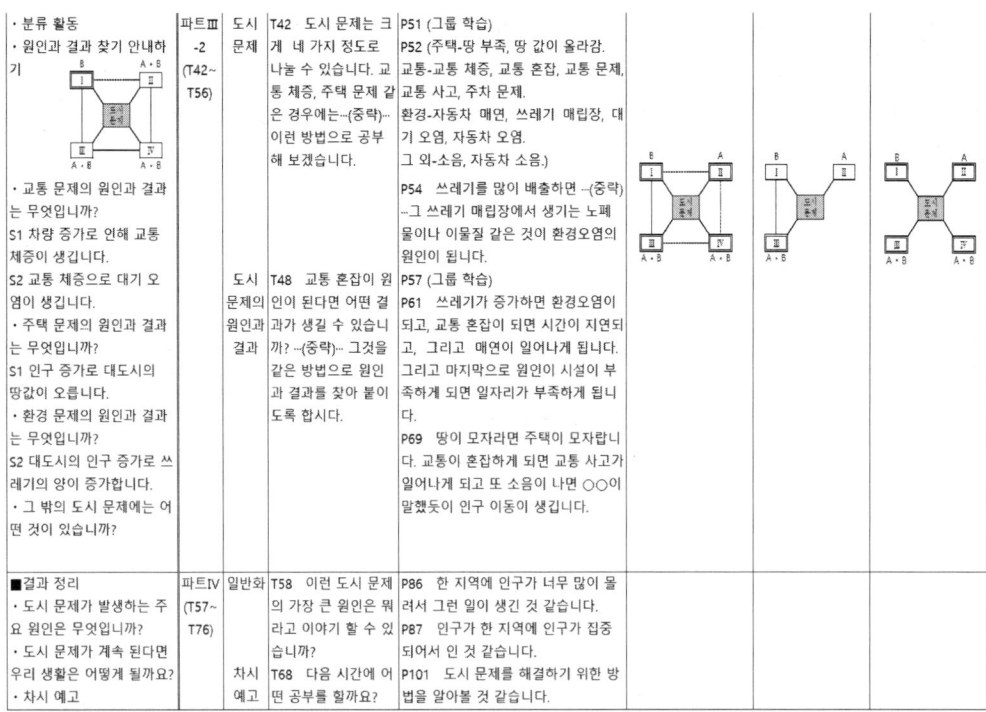

・분류 활동 ・원인과 결과 찾기 안내하기 ・교통 문제의 원인과 결과는 무엇입니까? S1 차량 증가로 인해 교통 체증이 생깁니다. S2 교통 체증으로 대기 오염이 생깁니다. ・주택 문제의 원인과 결과는 무엇입니까? S1 인구 증가로 대도시의 땅값이 오릅니다. ・환경 문제의 원인과 결과는 무엇입니까? S2 대도시의 인구 증가로 쓰레기의 양이 증가합니다. ・그 밖의 도시 문제에는 어떤 것이 있습니까?	파트Ⅲ -2 (T42~ T56)	도시 문제 도시 문제의 원인과 결과	T42 도시 문제는 크게 네 가지 정도로 나눌 수 있습니다. 교통 체증, 주택 문제 같은 경우에는…(중략)…이런 방법으로 공부해 보겠습니다. T48 교통 혼잡이 원인이 된다면 어떤 결과가 생길 수 있습니까? …(중략)… 그것을 같은 방법으로 원인과 결과를 찾아 붙이도록 합시다.	P51 (그룹 학습) P52 (주택-땅 부족, 땅 값이 올라감. 교통-교통 체증, 교통 혼잡, 교통 문제, 교통 사고, 주차 문제. 환경-자동차 매연, 쓰레기 매립장, 대기 오염, 자동차 오염. 그 외-소음, 자동차 소음.) P54 쓰레기를 많이 배출하면 …(중략)…그 쓰레기 매립장에서 생기는 노폐물이나 이물질 같은 것이 환경오염의 원인이 됩니다. P57 (그룹 학습) P61 쓰레기가 증가하면 환경오염이 되고, 교통 혼잡이 되면 시간이 지연되고, 그리고 마지막으로 원인이 시설이 부족하게 되면 일자리가 부족하게 됩니다. P69 땅이 모자라면 주택이 모자랍니다. 교통이 혼잡하게 되면 교통 사고가 일어나게 되고 또 소음이 나면 ○○이 말했듯이 인구 이동이 생깁니다.			
■결과 정리 ・도시 문제가 발생하는 주요 원인은 무엇입니까? ・도시 문제가 계속 된다면 우리 생활은 어떻게 될까요? ・차시 예고	파트Ⅳ (T57~ T76)	일반화 차시 예고	T58 이런 도시 문제의 가장 큰 원인은 뭐라고 이야기 할 수 있습니까? T68 다음 시간에어떤 공부를 할까요?	P86 한 지역에 인구가 너무 많이 몰려서 그런 일이 생긴 것 같습니다. P87 인구가 한 지역에 인구가 집중되어서 인 것 같습니다. P101 도시 문제를 해결하기 위한 방법을 알아볼 것 같습니다.			

※ Ⅰ : 교통 문제, Ⅱ : 주택 문제, Ⅲ : 환경 문제, Ⅳ : 기타   ※ 각 도시 문제(Ⅰ~Ⅳ)의 이중선은 그 문제 내에서의 인과관계 파악을 의미함.

2. 수업계획과 실제 수업 비교

교사의 개념틀과 실제 수업에서 학생들이 획득한 개념틀을 중심으로 비교해보자.

이 수업은 네 파트로 나눌 수 있으며 수업에 나타난 학생들의 개념변용은 〈표 11〉의 파트Ⅰ에서부터 파트Ⅲ에 걸쳐 확인할 수 있다.

파트Ⅰ의 탐구 문제 파악 단계에서는 교사, 학생 모두 교통 문제를 밀접한 도시 문제로 파악하고 있고, 파트Ⅱ의 도시 문제에 대한 예상 단계에서 교사는 '도시의 인구수가 증가하게 됩니다, 여러 가지 시설이 부족하게 됩니다, 여러 가지 불편한 점이나 문제가 생기게 됩니다.' 등 기타 문제를 학생들이 이해할 것으로 상정하였다. 실제 수업에서 학생들은 교통 문제나 주택 문제 등을 예상하였다.

그래프 해석 활동을 통하여 도시 문제를 구체적으로 탐구하는 파트Ⅲ-1 단계에서 교사는 교통, 주택, 환경의 세 가지 도시 문제를 학생들이 인식할 것으로 상정하였다. 실제 수업에서 학생들은 이 세 가지 도시 문제에 대한 이해뿐만 아니라, 스스로 교통 문제와 환경 문제 간의 인과관계를 파악하고 있다.

파트Ⅲ-2 단계에서는 대부분의 학생들이 교통, 주택, 환경, 기타의 네 가지 도시 문제를 획득하고 있다. 그리고 이 네 가지 도시 문제를 원인과 결과로 파악시키고자 한 교사의 의

도대로 학생들은 도시 문제를 인과관계로 이해하고 있다. 한편, 교사는 학생들이 각 도시 문제 간에 인과관계를 파악할 것으로 예상하였으나, 학생들은 각 도시 문제의 범위 안에서 인과관계를 추출하고 있다. 이러한 수업계획과 수업실천에서의 교사와 학생들의 개념틀을 비교한 것이 [그림 40]이다.

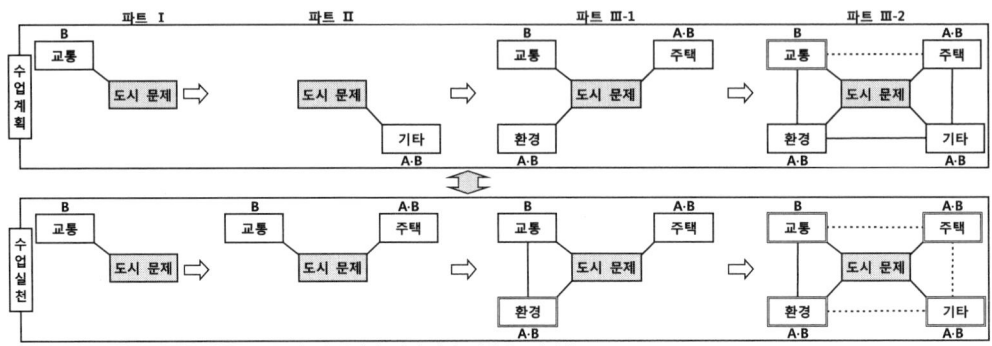

※ 각 문제에서의 이중선은 그 문제 내에서의 인과관계 파악을 의미함.

[그림 40] 수업계획과 수업실천의 비교

수업계획과 수업실천을 비교한 결과 수업의 전반적인 흐름은 교사가 계획한 대로 진행되고 있지만 수업 단계에서 개념 변용의 내용, 즉 획득하고 있는 도시 문제나 인과관계 파악에서는 다소 다른 형태가 나타났다.

제 6 절 수업 내용에 대한 학생의 개념틀 변용

여기에서는 학생 개개인의 개념틀이 어떻게 변용해 가는지 교사의 개념틀과 관련지어 분석한다.

상술한 바와 같이 이 수업에서 학생들은 대체적으로 교사가 의도한 개념틀을 획득하고 있다. 그러나 여러 가지 도시 문제를 획득하는 순서와 문제 상호 간의 관련성(인과관계)에 대한 이해에서는 학생별로 조금씩 다르게 나타난다. 본시 수업에 나타난 개념 변용을 살펴보면 크게 '문제 요소 누락 변용형'과 '문제 내 인과관계 파악형' 두 가지가 있다. 그렇다면, 학생의 발언과 학습 활동 및 학습 결과물을 바탕으로 개개인의 개념 변용 과정을 살펴보자.

1. 문제 요소 누락 변용형

문제 요소 누락 변용형은 교사가 학습 단계별로 상정한 도시 문제 요소와 비교했을 때 그 일부가 누락된 채 변용해 나가는 형태이다. 이 유형에 해당하는 전형적인 사례로 H학생을 추출하여 살펴보자[그림 41].

파트 I에서 H학생은 "선생님이 사진을 네 장 준비했는데, 사진을 보면서 어떤 사진이고, 어떤 일이 생길 수 있을까 생각해 봅시다.(T1)"라는 교사의 발문에 대하여 "두 번째 같은 경우에는 차가 조금 많이 혼잡하기 때문에 교통사고가 날 수 있을 것 같습니다.(P7)"라고 발언하고 있다. 여기에서 H학생이 도시 문제로 '교통 문제'를 인식하고 있음을 알 수 있다. 그리고 본시 학습에서의 탐구 방법으로 "자기 경험으로 이야기해 보면 좋을 것 같습니다.(P25)"라고 제안하고 있는 장면을 통해 앞서 인식한 교통 문제를 [그림 38]의 B에 가까운 형태로 이해하고 있음을 알 수 있다.

파트Ⅲ-1은 탐구·가설 검증 단계로 부산 지역의 자동차 등록수의 현황 그래프를 해석하는 학습 활동이 이루어진다. 교사가 "2004년에 비교하여 2008년에 자동차가 증가하고 있다. 그러면, 이 그래프에 나타난 사실에서 어떤 문제가 생길 수 있습니까?(T28)"라고 묻자, H학생은 "자동차가 많아지면 많아질수록 거기서 나오는 매연 때문에 공기 오염이 심해질 것 같습니다.(P39)"라고 답하며 그래프 자료로부터 정보를 읽어내고 있다. 교통 문제와 관련 있는 자동차 등록수의 증가가 환경 문제의 원인이 될 수 있음을 논리적으로 인식하고 있는 것이다. 이러한 인식의 기저에는 H학생이 가지고 있는 자동차와 매연이 연동되어 있는 장면에 대한 경험이 작용하고 있는 것으로 판단된다.

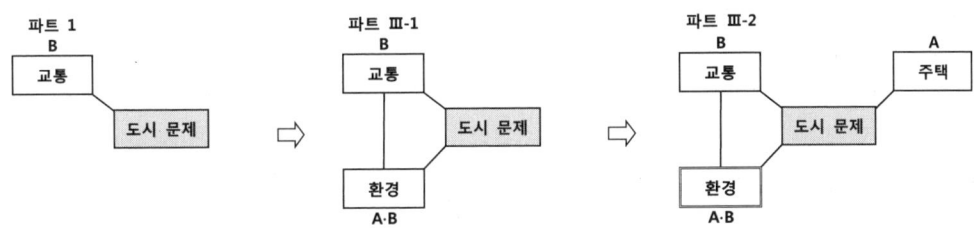

※ 각 문제에서의 이중선은 그 문제 내에서의 인과관계 파악을 의미함.

[그림 41] 수업에서 H학생의 개념틀 변용

모둠 조사·탐구 발표 활동을 하는 파트Ⅲ-2에서 학생 H가 속한 모둠은 '교통 문제: 교통 정체, 교통 혼잡, 교통사고/주택 문제: 주택부족, 땅값이 오르는 것/환경 문제: 환경오염, 쓰레기 매립(P52, 모둠A의 활동 결과로부터)'을 언급하고 있다. 즉, 도시 문제로 교통, 주택, 환경이라는 세 가지 도시 문제를 인식하고 있는 것이다. 한편 "주택은, 땅이 모자라고 땅값이 올라서…, 교통 부족, 주차 문제, 그 다음에 자동차 매연, 쓰레기 매립장, 이거 무슨 뜻입니까?(T45)"라는 보충을 요구하는 교사의 질문에 대하여 "쓰레기를 많이 배출하면 처리해야 하는 것이 만만찮기 때문에, 쓰레기 매립장이 점점 더 많아지면서… (중략) …, 그리고 그 쓰레기 매립장에서 생기는 노폐물이나 이물질 같은 것이 환경오염의 원인이 된다는 것을 책에서 읽은 적이 있어서 그렇게 적었습니다.(P54)"라는 보완 발언을 하였다. H학생은 쓰레기 매립 문제를 환경 문제의 한 원인으로 인식한 것이다. 이것은 환경 문제 범위 안에서 도시 문제 간의 인과관계를 파악한 것으로, 도시 문제를 인과관계로 파악하는 다음 단계의 학습 활동을 촉진하는 발언이다.

그러나 H학생의 개념틀을 〈표 11〉과 [그림 40]에 나타난 교사의 수업계획과 비교하면, 파트Ⅲ-1에서는 주택 문제, 그리고 파트Ⅲ-2에서는 기타 문제가 누락된 채 파트Ⅲ-1, 2에서 교사가 상정한 것과는 조금 다른 형태로 변용하고 있음을 알 수 있다.

2. 문제 내 인과관계 파악형

이 유형은 교사가 도시 문제의 인과관계를 각 문제 사이에서 파악하는 것에 대해, 각 문제 내에서 인과관계를 파악하는 형태이다. 그 전형적인 사례로 L학생을 살펴보자[그림 42].

파트Ⅰ에서 교사는 "혹시 여러분 생활 경험 중 이것과 비슷한 경험이 있으면 발표해 봅시다.(T5)"라는 발문을 통해 도시 문제를 학생들의 경험과 관련짓고 있다. 이에 대하여 L학생은 "저는 부모님과 친척집에 갈 때 원래 30분이면 갈 것을 한 시간 30분 동안 가서 조금 늦은 적이 있었습니다.(P13)"라고 발언하였다. 여기서 L학생은 자신의 경험([그림 38]의 B)과 본시 학습 내용을 관련지으면서 교통 문제를 도시 문제로 인식하고 있음을 확인할 수 있다.

파트Ⅲ-1에서 L학생은 그래프 해석을 통해 자동차 증가로 인해 생길 수 있는 문제점으로 "제 생각에는 자동차가 다니는 속도가 떨어질 것 같습니다.(P37)"를 언급하였다. 또한 "쓰레기 배출량이 증가하고 있다, 점점 늘어나고 있다. 만약 이것이 계속된다면 어떤 문제 생기나?(T39)"라는 발문에 대하여 "서울 지역이 수도권 지역이기 때문에 시골에서 사람들이 많이 몰려들어 사람들이 많아져 쓰레기를 많이 버려서 배출량이 늘어날 것 같습니다.(P48)"라고 답하는 것을 통해 도시 문제로 교통 문제와 환경 문제를 인식하고 있음을 알 수 있다.

도시 문제를 조사하여 발표하는 파트Ⅲ-2 단계에서 L학생은 모둠 활동을 통해 '주택: 흙이 모자란다, 주택이 모자란다./ 교통: 교통 혼잡, 교통사고/ 환경: 쓰레기, 하천 오염/ 기타: 소음, 인구이동(P52, 모둠 B의 활동 결과로부터)'을 언급하였다. 교사가 상정한 네 가지의 도시 문제를 인식하고 있는 것이다. 원인과 결과를 결부시키는 학습 과정에서 L학생은 "쓰레기가 많이 생기면 결과는 하천이 오염됩니다. 또 땅이 모자라면 주택이 모자랍니다. 교통이 혼잡하게 되면 교통사고가 일어나게 되고, 또 소음이 나면 ○○이가 말했듯이 인구 이동이 생깁니다.(P67, P69)"라고 발언하였다. 여기에서 L학생은 쓰레기(환경) 문제가 하천오염(환경)의 원인이 되고, 토지 부족(주택)이 주택 부족(주택)문제로 이어지는 것과 같이, 각각의 도시 문제 범위 안에서 인과관계를 인식하고 있다. 인과관계를 파악하는 과정을 통해 도시 문제를 보다 논리적으로 인식한 것이다.

이처럼 L학생은 교사가 예상한 네 가지 도시 문제에 대해서는 이해하고 있으나, 도시 문제에 대한 인과관계 파악에서는 문제에 관한 내용 요소의 틀 내에서 파악하고 있는 것을 통해 교사가 상정한 개념틀과 다소 다른 형태로 변용하고 있음을 알 수 있다.

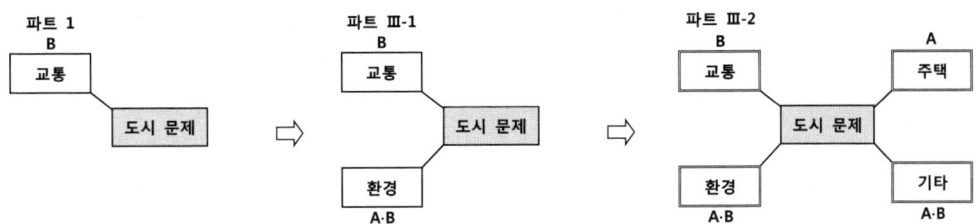

※ 각 문제에서의 이중선은 그 문제 내에서의 인과관계 파악을 의미함.

[그림 42] 수업에서 L학생의 개념틀 변용

이상 검토한 학생 H와 L학생의 개념 변용 사례를 통해 두 학생 모두 네 가지 도시 문제 중 교통 문제를 가장 먼저 인식하고 있으며 '주택 문제'에 대한 인식은 파트Ⅲ-2에서 확인할 수 있다. 여기에서 '교통 문제'는 H학생과 L학생에게 교사가 의도한 바와 같이 [그림 38]의 B로 이해된 것으로 짐작할 수 있다. 부설 초등학교의 특성상 많은 학생이 교통 기관을 이용하여 등교하기 때문에 H학생과 L학생에게는 일상생활에서 많이 노출되어 있는 절실한 사회 문제로 인식되었을 가능성이 있다. 한편, 주택 문제는 다른 문제보다 다소 늦게 인식되고 있다. 학생들에게 주택 문제는 [그림 38]의 A에 해당되는 사회 문제로 볼 수 있다. 비교적 풍족한 가정환경에서 자라고 있는 학생들에게 주택 문제는 다소 거리가 있고 표면적으로 드러나지 않는 사회 문제로 인식된 것으로 짐작된다. 한편, 환경 문제나 기타 문제는 [그림 38]의 A 또는 B로 이해하고 있을 것으로 추정할 수 있으나 좀 더 정밀한 자료 수집에 따른 판단이 필요하다.

이상의 문제 이해형 사회과 수업분석을 통해 이 유형의 수업은 사회 문제를 종합적으로 이해하도록 계획·실천되었음을 알 수 있다. 그리고 수업에서 학생의 개념 변용을 통해 학생들은 자신과 친밀한 문제부터 이해하고 있으며, 학생에 따라 문제에 대한 인과관계 파악이 다르게 나타나고 있다.

제 7 절 문제 이해형 사회과 수업분석의 결과 및 고찰

이상 2절에서 6절까지 문제 이해형 사회과 수업을 사례로 HAL 틀을 이용하여 교사와 학생 요인, 그리고 수업계획 단계와 수업실천 단계를 전반적으로 분석하였다.

교사 요인으로 지도안과 지식의 구조 [그림 36]을 통해 교사의 개념틀 [그림 37]을 추출하였다. 그리고 교사의 개념틀을 학생들에게 획득시키기 위해 학생의 실태 파악과 도시 문제의 추출, 교수·학습 과정의 조직화와 자료, 발문을 마련하고 있음을 알 수 있었다. 그리고 교사의 개념틀에 대한 학생의 개념틀을 분석하여 수업계획과 수업실천 비교, 교사의 개념틀과 학생 전체의 개념틀 비교를 통해 본시 수업이 대체적으로 교사의 의도대로 진행된 것을 알 수 있었다. 그러나 개별 학생의 개념 변용 분석을 통해 실제 수업에서는 내용 요소가 누락된 채 변용하는 유형 [그림 41]과 문제 내에서 인과관계를 파악하는 유형 [그림 42] 등과 같이 교사의 의도와는 다소 다른 형태로 변용하는 것이 있음이 드러났다.

아래에서는 이상의 수업분석 결과를 바탕으로 문제 이해형 사회과 수업의 특질과 과제를 밝힌다.

1. 수업의 특질

이상 고찰한 교사의 수업계획, 준비, 실천 과정이나 실제 수업에 나타난 학생의 개념틀 변용을 통해 밝혀진 본시 수업의 특질에는 다음 네 가지가 있다.

첫째, 이 수업에서 다루는 사회 문제는 객관적인 상태로 존재하는 도시 문제이며, 여러 가지 도시 문제를 종합적으로 파악하도록 구성되어 있다. 지식의 구조 [그림 36]과 교사의 개념틀 [그림 37]에서 검토한 바와 같이 교통, 주택, 환경, 기타의 네 가지 문제를 종합하여 도시 문제로 이해시키는 과정으로 계획되어 있고, 이를 통해 다음 차시인 도시 문제 해결 학습을 위한 토대를 마련하고 있다.

둘째, 이 수업의 주제인 도시 문제에 대하여 탐구 과정을 통해 수평적이면서 수직적으로 접근함으로써 학생의 논리적인 이해를 돕고 있다. 이 수업은 도시화에 의해 발생하는 도시 문제를 다양한 관점(수평적)으로 접근하고 있으며, 그 문제의 원인을 일차원적인 것(지식의 구조도의 레벨 1)과, 이차원인 것(지식의 구조도의 레벨 3)으로 수직적으로 파악하게 하여 문제 상호간에 복잡하게 얽혀 있음을 이해시키고자 하는 것을 지도안의 구조를 통해 알 수 있다.

셋째, 실제 수업에서 학생들은 탐구 과정을 통해 도시 문제를 자주적이면서 보다 논리적으로 이해하고 있다. 〈표 11〉의 실제 수업의 전개나 [그림 39]를 통해 교사는 학생들의 탐구 활동을 돕고 있으며, 학생들 스스로 자료를 해석하거나 각각의 도시 문제 간의 인과관계를 추구하는 활동을 통해 도시 문제를 보다 체계적이며 논리적으로 획득하고 있다.

넷째, 수업에서 학생은 구체적으로 드러나는 각각의 도시 문제를 종합하면서, 각 문제와의 관련성을 이해하고 있다. [그림 41]과 [그림 42]를 통해 학생의 개념틀 변용을 고찰한 바와 같이, 학생은 자신의 경험과 친밀도가 높은 도시 문제부터 다양한 도시 문제를 종합적으로 이해하고 있다. 그리고 교통 문제와 환경 문제를 상호 관련 지어 인과관계를 파악하고 있으며, 특히 각 도시 문제 범위 내에서 인과관계를 추출하며 이해하고 있다.

이상의 검토를 통해 문제 이해형 수업은 학생들이 사회 문제를 종합적으로 이해하고 문제 간의 인과관계에 대한 이해를 추구하는 것임을 알 수 있다.

2. 수업의 과제 및 개선 방향

이 수업은 〈표 11〉과 [그림 40]에서 고찰한 바와 같이 전반적인 흐름상 교사가 의도한 대로 진행된 수업이다. 이 수업을 통해 문제 이해형 수업에서 학생의 이해를 심화시키기 위해서는 문제 요인의 수를 늘리고 각 요인 간의 관련을 통해 인과적인 것으로 구성해야 한다는 것이 밝혀졌다. 그러나 더 개선된 문제 이해형 수업을 위해서는 다음 두 가지를 고려해야 한다.

첫째, 학생이 도시 문제의 원인에 대하여 더욱 다양한 측면에서 깊이 있게 사고하도록 계획하여 지도할 필요가 있다. [그림 41]과 [그림 42]에서 검토한 바와 같이 학생들은 여러 가지 도시 문제 중 어느 하나를 누락한 채 변용해가거나, 추출된 도시 문제 내에서 인과관계를 파악하고 있다. 이러한 인식만으로는 표면상에 나타난 인과관계에 대한 이해에 머무르게 되어, 도시 문제에 대한 본질을 파악하기에 충분하지 않다. 도시 문제를 이해하는 데 있어 양적(도시 문제의 종류), 질적(인과관계 파악) 파악을 통해 학생들 스스로가 사회 문제를 객관적이고 합리적으로 이해함으로써 사회 문제 해결 전 단계 과정으로서 의미 있는 배움의 장이 되도록 각 도시 문제의 원인을 보다 넓은 시야에서 심층적으로 파악하여 구성해야 한다.

둘째, 각 도시 문제에 대한 실태를 이해하는데 그치지 않고 '그래서 무엇이 문제인가'라는 것을 학생들에게 사고시키는 장을 마련해야 한다. 학생들이 도시 문제를 현상적으로 파악하는 것이 아니라 보다 본질적으로 파악할 필요가 있기 때문이다. 이러한 과정을 마련함으로써 다음 차시의 문제 해결 방안을 모색하는 학습에서 학생들이 문제 해결의 필요성을 더 깊이 받아들여 문제 해결에 적극적으로 임하게 될 것이다.

이와 같은 수업 과제를 통해 문제 이해형 사회과 수업 개선의 방향으로 학생이 사회 문제의 원인을 다방면에서 깊이 탐색하도록 계획하고 안내하기, 사회 문제에 대한 표층적인 이해에 머물지 않고 '그래서 무엇이 문제인가'라는 것을 학생들에게 생각하는 장을 마련할 것을 제안할 수 있다.

이 장에서는 문제 이해형 사회과 수업을 HAL 틀을 이용하여 분석함으로써 교사의 개념 틀과 학생의 개념틀을 분석하여 그 구조와 특징을 해명하였다. 분석 결과 다음의 네 가지가 밝혀졌다.

첫째, 사회 문제인 '도시 문제'를 주제로 여러 가지 도시 문제를 종합적으로 파악하도록 구성된 수업이다.

둘째, 사회 문제를 학생이 탐구 과정을 통하여 논리적으로 이해하도록 계획된 수업이다.

셋째, 실제 수업에서 학생은 탐구 과정을 통해 사회 문제를 자주적이면서 논리적으로 파악하고 있다.

넷째, 수업에서 학생은 구체적으로 드러나는 각각의 도시 문제를 자신의 생활 경험과 친숙하고 친밀한 문제부터 이해하고 있으며, 다양한 도시 문제를 종합적으로 이해하고 있다.

그러나 '논쟁 문제의 이해를 추구하는 수업'에 해당하는 수업실천은 현 단계에서는 아직 보이지 않아 그러한 수업을 발견하여 그 구조를 파악하는 일이 시급하다. 사회 문제의 이해를 추구하는 수업의 경우 그 내용이 교육 과정이나 교과서에 명시되어 있지만 '논쟁 문제의 이해를 추구하는 수업'의 경우에는 논쟁 문제와 관련된 구체적인 내용이 제시되어 있지 않아 교사가 교재를 선택·개발해야만 하는 상황이다. 그리고 수업 공개에서도 문제를 이해하는 과정보다는 문제 해결 과정을 더 선호하여 우선시하는 학교 문화도 '논쟁 문제의 이해를 추구하는 수업'을 누락시킨 하나의 요인으로 판단된다.

[주 및 참고문헌]

(1) 정문성, 구정화, 설규주(2012). 초등사회과교육. 교육과학사. p.163.
(2) 문제 이해형 수업분석 사례는 이정희(2010) 연구를 기반으로 한다. 이정희(2010). 사회문제 이해를 목적으로 하는 초등 사회과 수업분석 -5학년 '도시 문제' 수업 실천 사례를 중심으로-. 사회과교육연구. 제17권 제 3호. pp.61-74.
(3) 6, 7장에서는 오하라(尾原康光, 2006)의 분류에 따라 수업을 분류하여 분석한다. 尾原康光(2006)「社會問題化としての社會科授業」社會認識教育学会編『社會認識教育の構造改革: ニュー・パースペクティブにもとづく授業開発』明治図書.
(4) 오하라(尾原康光, 2006: 28-30)는 커리큘럼이나 수업에서 다루는 사회 문제를 해석하는 방법과 해결방안의 도출 방법에 착안하여 ①사회에 실재하는 객관적인 상태로서 해석하는 입장과, ② 사회 문제를 개인·집단의 선택·판단의 차이나 충돌, 문제 제기에 의해 형성·구축되는 것으로 해석하는 입장으로 나누고 있다. 전자는 환경 문제나 인구 문제, 식량 문제 등 실재하는 협의의 사회 문제이며, 후자는 논쟁 문제를 일컫는다. 이 절에서는 이것을 참고로 하여 사회 문제를 이해하는 방법(세로축)과 학생 경험과의 거리(가로축)에 의해 다음의 네 가지로 재정리하였다.
(5) 수업 후 협의회에서 교사가 "학습 분위기를 조성하기 위해 아동들의 생활 경험에서 출발했다"라고 수업 의도를 밝힌 것을 통해서도 알 수 있다.
(6) 민병원(1990). 우리나라의 도시화와 도시사회문제. 고시계 10월호(통권 제404호). p.330.
(7) 고준호(2007). 도시 사회 문제와 지리교육. 한국교원대학교 제2대학 지리교육과.

에듀컨텐츠·휴피아
Educontents·Huepia

제 7 장 문제 해결형 사회과 수업분석

제 7 장에서는 문제 해결형 수업을 분석하고 그 구조와 특징을 해명한다. 문제 해결형은 현재의 사회 문제를 수업 내용으로 다루고 이것을 학생들이 합리적으로 해결하는 형태의 수업이다.

이 형태의 수업은 제 6 장의 문제 이해형 사회과 수업에서 다루었던 사회 문제 이해에서 한 걸음 더 나아가 그 해결을 추구하기 때문에, 민주 시민적 자질 육성을 궁극적인 목표로 하는 사회과를 가장 적극적으로 실현하는 것이다. 따라서 그 실천 역시 중요하게 인식되는 것이다.

이 유형을 분석하는 목적은 문제 해결형 사회과 수업의 구조와 문제 해결을 위한 논의의 구조, 학생의 문제 해결(가치 판단)과 해결 방안 제안 과정을 분석하는 것이다. 따라서 〈표 1〉 중 ⑥ 지구촌 문제, ⑦ 한반도 대운하 수업을 사례로 HAL을 활용하여 분석한다. 구체적으로는 지식의 구조를 이용하여 수업에서 교사가 어떤 사회 문제를 어떻게 파악하고 있는지를 분석한 후 '툴민의 도식'[1]을 활용하여 현대 사회 문제를 다루는 수업에서 나타나는 논의의 구조를 분석한다. 그리고 대체적 개념틀을 이용하여 수업에서 학생들이 어떻게 가치 판단을 하고, 어떤 과정으로 문제 해결을 하는지 분석한다.

문제 해결형에는 수업에서 다루어지는 문제의 성격에 따라 '사회 문제의 해결을 추구하는 것'과 '논쟁 문제의 해결을 추구하는 것' 두 가지가 있다.

제 1 절 사회 문제의 해결을 추구하는 사회과 수업

1. '지구촌 문제'의 개요 및 지도안

이 수업은 2005년 12월 6일 충청북도의 전형적인 농촌 학교인 J초등학교에서 연구 수업으로 공개된 6학년 '지구촌 문제'이다.

(1) 단원 및 수업의 개요

본시 수업은 6학년 2학기 사회 교과서의 세 단원 중 '2. 함께 살아가는 세계'에 해당한다. 이 단원은 세계 지리 영역으로 세계지도나 인터넷, 신문 등 여러 가지 자료를 활용하여 세계의 현상을 조사하는 방법을 습득하고 지구촌 사회의 정치, 경제, 문화, 지리적 측면에서 세계의 다양한 지역과 밀접한 관계에 있음을 주요 내용으로 하고 있다.

이 단원은 '1. 변화하는 세계의 여러 나라'와 '2. 지구촌 속의 우리나라'의 두 소단원으로 구성되어 있으며 그 내용은 각각 다음과 같다.

'1. 변화하는 세계의 여러 나라(2/14~8/14)'에서는 우리나라와 지구촌 사회의 지리적 공간 인식과 함께 정치, 경제, 사회, 문화의 의존관계를 이해하도록 한다. '2. 지구촌 속의 우리나라(9/14~13/14)'에서는 세계 문제에 대하여 관심을 가지고 해결 방안을 모색하는 데 중점을 두고 있다. 그리고 1차시(1/14)는 단원 도입, 마지막 차시(14/14)는 단원 정리 학습이다.

'지구촌 문제' 수업은 '2. 지구촌 속의 우리나라'에 해당하는 것(12/14)으로 지구촌 각처에서 일어나고 있는 기아, 환경오염, 인종 간의 갈등 등 여러 가지 문제들이 곧 우리의 문제임을 함께 인식하고, 문제의 원인과 해결을 위한 국제기구의 여러 가지 노력을 알게 하여 학생 수준에서 참여하려는 태도를 가지는 데 중점을 두고 있다.

(2) 지도안

[자료 10] 수업 ⑥의 지도안

일시	2005. 12. 6(화) 3교시		학년 반	6 - 1 (14명)	수업 모형	문제해결학습 (조사·토의)
단원	2-2-②지구촌의 여러 문제		차시	12/14		
본시 주제	· 지구촌 문제를 해결하기 위한 노력들		교과서 쪽수	(사) 102 - 105 (사탐) 106 - 109	시간	40분
학습 목표	· 지구촌 문제를 해결하기 위한 다양한 노력에 대해 알 수 있다.(지식) · 주제에 알맞은 정보를 수집, 조사할 수 있다.(기능) · 지구촌 문제에 관심을 가지고 해결하려는 태도를 갖는다.(태도)					
교수 자료	교사	지구촌 문제에 관한 영상 자료, 지구촌 문제 베스트 4 차트, 활동 안내판, 국제기구의 노력 정리 차트, 선택 뽑기 통, 문제 해결을 위한 학습지, 나의 각오 부착판, 김혜자의 도서 "꽃으로도 때리지 말라"				
	학생	문제해결을 위한 사전 학습지, 지구촌 문제 스크랩자료, 포스트잍 종이, 발표 할 자료				
학습 단계	학습 요소	교수·학습 활동		시간	자료 및 유의점	
		교사 활동 및 발문	아동 활동 및 예상 반응			
문제 확인	동기 유발	· 학습 동기유발 · 지구촌 문제에 관한 영상자료 제시 - 어떤 문제가 있었나? - 왜 이런 일들이 생겼을까? - 문제가 해결되지 않으면 어떻게 될까? - 어떻게 하면 해결이 될까? · 전시 학습 상기	· 지구촌 문제에 관한 자료 시청하며 지구촌 문제의 심각성 알기 - 자원문제, 환경문제, 전쟁문제 - 우리나라에도 나쁜 영향을 미쳐 살기 힘들어질 것이다.	5' 3' (8')	(전체 활동) ◎9·11테러 월드비전 기아 체험 동영상 활용, 파키스탄 지진 뉴스 ※토크쇼 형식 활용	
	전시 상기	· 지구촌 문제 베스트 4 짚어보기	· 지구촌 문제 베스트 4 찾아보기 - 자원문제, 환경문제, 기아문제, 분쟁문제		◎단어 카드	
문제 발견	공부할 문제 확인	· 공부할 문제 세우기 · 주요 단어 제시 후 찾게 하기 - 오늘은 무엇에 대해 공부할까?	· 제시해 준 단어와 영상 자료 등을 생각하며 공부할 문제 찾기		◎활동 안내판	
		♣ 지구촌 문제를 해결하기 위한 다양한 노력에 대하여 알아보자.		5'		
	학습 활동 계획	◦학습 활동 순서 계획하기 활동1- 국제기구의 노력알기 활동2- 모둠 조사 및 토의하기 활동3- 토의 내용 발표하기 활동4- 나의 각오 다지기			※평가를 미리 안내하여 수업의 참여 의욕을 높인다.	
	평가 예고	· 수행 평가 안내하기	· 목표와 평가 내용을 알고 수업 활동에 임한다.	5' (15')		

문제 해결	지구촌 문제해결을 위한 노력알기 (국제 기구의 노력알기)	• 활동1 • 교과서와 사전 조사 자료를 활용하여 지구촌 문제 해결을 위한 국제 기구들의 노력에 대하여 알아 보기 -유니세프 -한국국제협력단 -국경 없는 의사회 -국제연합(UN)의 노력	• 국제 기구들의 노력에 대하여 발표하기 -유니세프의 노력 -한국국제협력단의 활동 -국경 없는 의사회 -국제연합(UN)의 노력 -다른 기관들의 노력		(전체 활동) ※판서 1번 ◎국제기구의 노력 정리 차트
	(지구촌 문제 토의하기)	• 활동2 • 지구촌의 여러 문제(①~⑥)를 해결하려는 노력 토의하기 ①환경문제 해결을 위한 노력에는 어떤 것들이 있을까? ②전쟁, 기아문제 해결을 위한 노력에는 어떤 것들이 있을까? ③자원 고갈 문제 해결을 위한 노력에는 어떤 것들이 있을까? ④인구 문제 해결을 위한 노력에는 어떤 것들이 있	• 전 차시에 돌림판으로 선택한 주제의 학습지에 있는 과제를 토의하며 해결하기 -국제적인 노력을 바탕으로 우리가 할 수 있는 방법 토의하기 • 토의 내용 발표 준비하기 -발표 방법 결정 -발표 내용 정리	8' (23')	◎학습지 활용 ◎모둠 이름표 (개별 활동 후 소집단 활동) ※순시하며 모둠 토의에 도움주기 ※ 이끄미 기록이 나누미 칭찬이
	(토의 내용 발표하기)	• 활동3 토의한 내용을 정리하여 발표 자료로 재구성하기 선택 뽑기 통 이용하여 발표자 정하기 -발표 형태와 발표자, 발표 내용을 정리하여 발표해 보자.	• 토의 내용 발표하기 -환경문제: 인터넷 검색 자료 -전쟁, 기아문제: 플래쉬 자료 -자원문제: 그래프 제시 -인구문제: 도표 제시 • 발표자의 내용이 부족하면 보충 발표하기 • 다른 모둠의 발표 내용에 관한 궁금증 질문하고 듣기		※ 다른 모둠의 조사 내용을 경청하도록 하기 ◎선택 뽑기 통 (소집단 활동 후 전체 활동) ※솔직하고 진솔한 각오를 한 학생에게 칭찬하기 ◎포스트잇 ※판서 2번 (개별 활동 후 전체 활동)
	(적용하기)	발표 내용을 정리하고 보충 설명이 필요한 내용 설명하기 궁금한 내용 서로 묻고 답하기			
일반화 및 적용	(내면화)	• 활동4 • 지구촌 문제해결을 위한 각자의 각오 다지기 -지구촌 문제를 해결하기 위해 내가 할 일을 생각해서 각오를 적어보자. -자기의 생각을 릴레이 발표하게 하고 각오판에 붙이도록 하기 • 윤독할 추천 도서 소개하기 -탤런트 김혜자의 "꽃으로도 때리지 말라" 내용 간단히 소개하며 권장하기 • 수업소감 나누기 -이 시간 수업한 소감이나 수업을 하면서 알게 된 점을 말해 봅시다.	• 지구촌 문제 극복을 위한 나의 각오를 정리하여 용지에 기록하기 -지구촌 문제 해결을 위해 우리가 할 일 생각하기 -기록한 내용 릴레이 발표하며 생각 나누기 -각오판에 부치기 -추천 도서의 내용을 들으며 읽으려는 마음 갖기 -지구촌의 여러 가지 문제에 관심 갖기 -읽은 사람은 소감을 일기장에 기록하기 -다른 나라에서 일어난 문제가 남의 일이라 생각했었는데 공부하고 나서 우리 모두의 문제라는 것을 알았습니다.	3' (40')	(전체 활동) ◎도서 보여주기 ◎PPT 사진 자료 제시 ※판서 3번
	차시 예고	• 차시 예고하기 • 지구촌 문제에 관한 모둠 신문 만들기 -다음 시간에는 지구촌 문제에 관한 자료를 모아 신문을 만들어 봅시다.	• 차시 학습 내용을 인지한다 -신문, 검색 자료, 잡지 등에서 신문 만들 자료를 찾아온다.		

2. 수업 내용에 관한 교사의 개념틀

(1) 지식의 구조

본시 수업에서 교사가 학생들에게 획득시키려는 지식을 사전에 계획된 지도안을 토대로 분석하면 [그림 43]과 같다. 이것은 지도안에 나타난 교사의 발문과 예상되는 학생의 반응으로부터 추출하여 작성한 것이다.

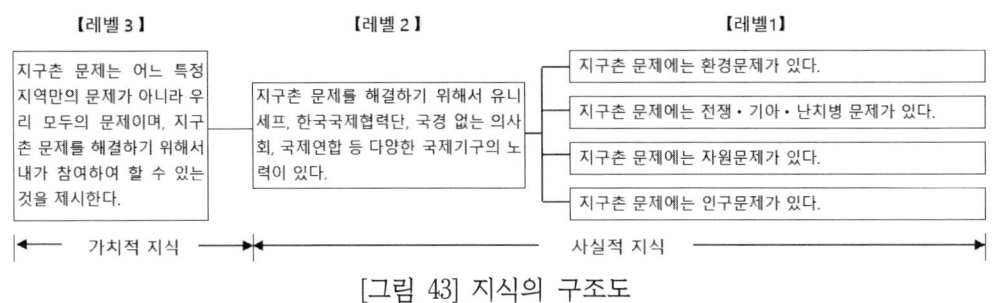

[그림 43] 지식의 구조도

(2) 교사의 개념틀

개념틀은 어떤 사회적 사상이나 현상에 대하여 그것을 고찰하여 해석하는 신념(belief)이나 개념·관념(idea)을 제시하는 인지적 모델이다. 그렇다면 교사는 본시 수업을 통해서 학생들에게 무엇을, 어떻게 획득시키고자 하는지 살펴보자.

교사는 본시 학습 목표를 '①지구촌 문제를 해결하기 위한 다양한 노력에 대해 알 수 있다(지식), ②주제에 알맞은 정보를 수집, 조사할 수 있다(기능), ③지구촌 문제에 관심을 가지고 해결하려는 태도를 갖는다(태도)'의 세 가지로 설정하였다. 이 목표를 통해 '지구촌 문제'를 해결하는데 필요한 지식뿐만 아니라 그 해결에 필요한 기능과 방법을 습득하고, 나아가 가치·태도를 형성하여 민주 시민을 기르고자 하는 교사의 의도를 알 수 있다.

그렇다면 교사는 이 수업에서 제시한 '지구촌 문제'로 구체적으로 무엇을 상정하고 있는가? 이것은 지식의 구조로부터 확인할 수 있다. [그림 43] 지식의 구조도의 레벨 1에는 환경 문제, 전쟁·기아 문제, 자원 문제, 인구 문제의 네 가지 문제가 있다. 또한 이 네 가지 지구촌 문제의 해결과 관련하여 국제 사회에서는 어떠한 노력을 하고 있는지를 레벨 2의 '유니세프, 한국국제협력단(KOICA), 국경 없는 의사회, 국제연합(UN) 등의 활동'을 통해서 파악하고 있다. 그리고 레벨 3의 '지구촌 문제를 해결하기 위해 내가 참여해서 할 수 있는 것을 제시한다.'에서는 개인이 '지구촌 문제'를 해결하기 위해 할 수 있는 일을 생각하도록 제시하고 있다. 즉, 교사는 네 가지의 지구촌 문제를 해결하기 위한 사회적 노력을 먼저 파악시킨 다음에 자신이 할 수 있는 개인적인 노력을 찾을 수 있도록 의도한 것이다. 이것이 본시 수업에서 교사가 학생들에게 획득시키려는 교사의 개념틀이다[그림 44].

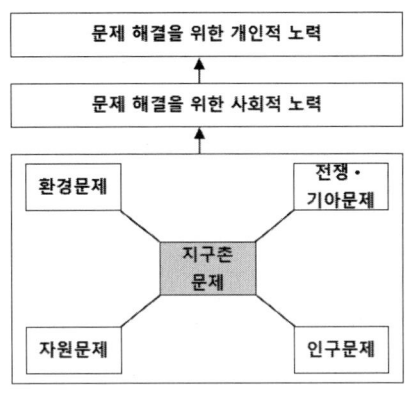

[그림 44] 교사의 개념틀

3. 교사의 개념틀을 학생이 획득하기 위한 준비

교사는 [그림 44]의 개념틀을 학생들에게 획득시키기 위해 다음과 같은 교재 연구 및 자료, 발문을 준비하고 있다.

(1) 교재 연구

교사는 교재 연구를 통해 '지구촌 문제'와 그 해결을 위한 사회적 노력을 추출하였다. 최근 교통·통신의 발달로 인해 사람과 물자, 정보 교류를 통해 민족 개념을 넘어선 글로벌 사회, 즉 지구촌 사회가 형성되고 있다. 이에 따라 세계 곳곳에서 다양한 문제 또한 제기되고 있다. 그 구체적인 문제로 전호윤(2004)[2]은 환경, 개발, 인권, 음식 등의 문제를, 허영식(2008)[3]은 평화 문제, 개발, 자원 문제, 환경 문제를 제시하고 있다. 교사는 이처럼 세계가 안고 있는 여러 가지 문제 중 '환경, 전쟁·기아, 자원, 인구'라는 네 가지를 제시하여 전시학습에서 파악하였다. 세계 문제는 학생들에게 문제의 범위가 넓고 눈에 보이지 않기 때문에 문제에 대한 막연함이 크다. 이에 교사는 세계 문제를 네 가지로 좁혀 제시함으로써 문제에 대한 막연함을 해소하고 있다. 본시 수업에서는 이러한 네 가지의 세계 문제에 대한 실태를 짚어본 후 그 해결 방법을 찾는다. 그 해결을 위한 노력으로 사회 교과서[4]에는 '한국국제협력단, 국제연합, 국경 없는 의사회, 유니세프'의 활동이 소개되어 있다. 교사는 이것을 학생들에게 이해시켜 사회에 대하여 아는 단계를 거쳐 사적인 판단을 하도록 계획하고 있다. 개인적인 판단 활동에 그친다면 도덕적 판단에 빠질 우려가 있다. 따라서 사회적으로 음미된 사회적 노력을 학습한 후 개인적인 노력 순으로 획득시키려는 것이다.

(2) 자료와 발문 준비

위에서 검토한 눈에 보이지 않는, 눈으로 확인하기 힘든 세계 문제를 이해하고 그 해결 방법을 추구하고 있는 본시 수업에서 꼭 필요한 것이 바로 자료이다. 교사는 교사의 개념 틀을 학생들에게 획득시키고자 수업 단계를 고려하여 전쟁 관련 영상과 학습 내용을 정리한 차트, 책 등의 자료를 준비하고 있다.

이러한 자료를 이용하여 수업을 전개하는 데 핵심적인 역할을 하는 것이 발문이다. 따라서 교사는 〈표 12〉와 같은 발문을 계획하고 있다.

〈표 12〉의 발문 ①은 세계 문제, 즉 지구촌 문제에 대하여 공감을 유발하는 동기 부여를 위한 발문이다. 발문 ②는 전시학습에서 다룬 지구촌 문제에 대하여 상기시키는 상황 파악에 관한 발문이다. 발문 ③은 발문 ②에서 드러난 지구촌 문제를 해결하기 위한 국제기구의 다양한 노력에 대하여 조사 활동을 촉진하는 발문이다. 발문 ④와 ⑤는 지구촌 문제에 대한 개인적인 노력에 대하여 생각하게 하는 발문이다. 발문 ⑥, ⑦은 이상의 학습 결과를 내면화시켜 태도를 형성하고 실천을 촉구하는 발문이다.

〈표 12〉 교수·학습 과정에서 자료와 발문의 구조

교수·학습 과정	자료	발문
문제 사태 제시	전쟁 관련 영상자료	①어떤 문제가 있었나?
문제 원인 확인	차트	②지구촌 문제 베스트 4를 짚어보자.
정보 수집	국제기구의 노력에 관한 차트	③지구촌 문제 해결을 위한 국제 기구들의 노력에 대하여 알아보자.
대안 제시	발표 자료 (환경, 전쟁·기아, 자원, 인구문제)	④지구촌의 여러 문제(①~④)를 해결하려는 노력에 대하여 토의하여 보자. ⑤발표해보자.
검증	책, 사진, PPT자료 나의 각오판	⑥지구촌 문제를 해결하기 위해 내가 할 일을 생각해서 각오를 적어보자. ⑦이 시간 수업한 소감이나 수업을 하면서 알게 된 점을 말해봅시다.

(지도안을 바탕으로 필자 작성)

4. 수업계획과 실제 수업의 비교

(1) 지도안의 구조 및 실제 수업의 전개

본시 수업은 40분으로 구성되어 있으며, 12/14 차시이다. 〈표 13〉은 지도안의 구조와 실제 수업의 전개를 비교한 것이다.

(2) 수업계획과 실제 수업의 비교

앞에서 검토한 교사의 개념틀 [그림 44]와 실제 수업에서 학생 전체가 획득한 개념틀을 중심으로 비교하자. 본시 수업에서 학생들의 개념 변용은 〈표 13〉의 파트Ⅰ에서부터 파트 Ⅳ에 걸쳐 확인할 수 있다.

수업에 나타난 교사와 학생들의 개념틀을 비교하면 [그림 45]와 같이 파트Ⅰ의 일부(환경 문제)를 제외하면 전반적으로 거의 일치한다. 그러나 이것은 학생의 발언을 통해 추출한 것이기 때문에 실제로는 학생들도 환경 문제에 대하여 인식하고 있을 가능성(점선 부분)을 파트Ⅱ 학습 활동을 통해 추측할 수 있다. 그리고 학생들은 교사가 의도한 바와 같이 세계 문제를 해결하기 위한 사회적 노력으로부터 개인적 노력 순으로 획득하고 있다.

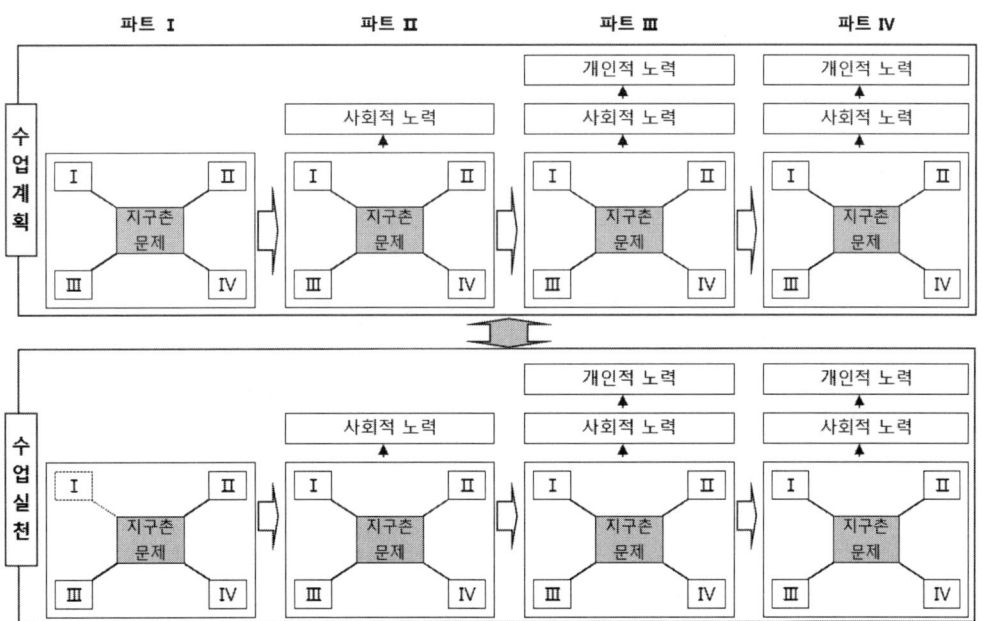

※Ⅰ은 환경문제, Ⅱ는 전쟁·기아문제, Ⅲ은 자원문제, Ⅳ는 인구문제를 나타낸다.

[그림 45] 교사의 개념틀과 수업에서 학생의 개념틀 비교

<표 13> 지도안의 구조와 실제 수업의 전개

지도안의 구조	실제 수업의 전개				학생 집단이 획득한 개념틀	H학생이 획득한 개념틀
	과정		교사의 지도	학생의 반응		
	단계	내용				
■문제의 확인 • 지구촌 문제에 관한 영상 자료 제시 • 전시학습 상기 • '지구촌 문제 베스트4' ■문제 탐구 • 지구촌 문제 해결을 위한 다양한 노력에 대하여 알아보자.	파트 I (T1~T14)	동기 유발, 전시 학습 상기 학습 문제 확인	T1:우선(화면을) 보세요. T2:만약에 여러분이 (중략) 마지막 통화를 핸드폰이 있다면 누구에게, 뭐라고 말하고 싶은지 생각해 보세요. T8:지구촌 문제에는 무엇이 있지요? T11:이 시간에 더 공부하고 싶은 것이 있으면 이야기 해봅시다.	Pa2:(동영상 시청: 9·11 현장) P 7 :저는 부모님께 전화해서 무섭다고 이야기 할 것 같습니다. P8:저는 병원에 전화해서 구하러 오라고 할 것 같습니다. P10:인구문제가 있습니다. P11:전쟁,기아문제가 있었습니다. P12:자원문제가 있었습니다. P14:지구촌 문제에 대한 해결 방법을 찾아봤으면 좋겠습니다. P15:저는 지구촌 문제의 원인과 해결 방법을 찾았으면 좋겠습니다.	(지구촌 문제 개념틀)	(지구촌 문제 개념틀)
■문제 해결(활동 1) • 국제 기구들의 노력에 대하여 발표하기 -유니세프의 노력 -한국국제협력단의 활동 -국경 없는 의사회 -국제연합(UN)의 노력 -다른 기관들의 노력	파트 II (T15~T20)	지구촌 문제를 해결하기 위한 노력 (국제기구의 노력)	T19:국제기구의 노력에 대해 조사한 것을 발표해 봅시다.	P20:유니세프에 대해서 조사했습니다. 유니세프는 가입 국가는 181개 국가이고 본부는 미국 뉴욕에 있다고 합니다. P21:유네스코 세계문화유산이라는 곳에 가입되면 많은 보호를 받습니다. P22:저는 국경없는 의사회에 대해서 조사하였습니다. 스위스 제네바에 본부를 둔 의료단체인 국경없는 의사회는 전쟁이나 자연 재해로 피해를 입은 사람들, 또는 의료를 필요한 사람들을 도와주는 단체입니다.	사회적 노력 개념틀	사회적 노력 개념틀
■문제 해결(활동 2) • 전 차시에 돌림판으로 선택한 주제의 학습지에 있는 과제를 토의하며 해결하기 -국제적인 노력을 바탕으로 우리가 할 수 있는 방법 토의하기 ■문제 해결(활동 3) • 토의 내용 발표하기 -환경문제:인터넷 검색 자료 -전쟁기아 문제:플래시 자료 -자원문제:그래프 제시 -인구문제:도표 제시	파트 III (T21~T26)	토의·내용 발표 (개인·모둠) 적용 (전체)	T21:우리도 지구촌 문제를 해결하기 위해 노력 해야하는데, 해결하기 위한 방법을 찾아봅시다. T24:모둠에서 발표할 시간이 되었습니다. 당첨자를 뽑아 봅시다.	P23:(선택한 지구촌 문제에 대해 정리한다.) P25:아이를 많이 낳자는 캠페인을 공익광고로 보여주면 조금이나마 해결이 안 될까? P30:저희 인구 모둠에서는 우리나라 출산률에 대해서 조사하였습니다. 1970년에는 한 가정당 5명이 있었고 ... P31:환경오염에 대해 조사했습니다. 대기 오염, 수질 오염 등이 있습니다. ... P32:저희가 준비한 자료를 먼저 봐주세요. 표를 만들었습니다. 1990년에는 석탄과 석유, 천연가스, 원목, (이하 생략) P35:기아를 없애기 위한 해결 방법은, 사랑의 빵에 돈을 넣어서 어려운 나라에게 보내는 것입니다.	개인적 노력 사회적 노력 개념틀	개인적 노력 사회적 노력 개념틀
■정리(활동 4) • 지구촌 문제해결을 위한 각자의 각오 다지게 하기 • 자기의 생각을 릴레이 발표하게 하고 각오판에 붙이도록 하기 • 추천 도서 소개하기 • 차시 예고	파트 IV (T27~T45)	학습 소감 및 알게 된 점 발표(내면화)	T27:여러분이 할 수 있는 일을 한 가지 생각해 보세요. T36:발표한 내용을 각오판에 붙여주세요. T38:이 책을 추천합니다. T44:다음 시간에는 지구촌 신문을 만들도록 하겠습니다.	P37:저는 머리를 감거나 세수할 때 함부로 물을 사용하지 않고 (대야에)잘 받아서 사용하면 가뭄 해결에 도움이 될 것 같습니다. P39:저는 샴푸를 줄이고 비누 사용을 늘이겠습니다. 그리고 ...(중략) ... 세제 사용을 줄이겠습니다. 그렇게하면 환경문제를 해결하는데 도움이 된다고 생각합니다. P41:저는 커서 아이를 세 명 정도 낳아서 인구 문제를 해결하는데 도움이 되도록 하겠습니다. Pa46:(각오판에 붙인다.) Pa47: "꽃으로도 때리지 말라" P49:'사랑의 빵'에 돈을 넣기 위해 자기 사정에 맞게 돈을 쓰겠습니다. P50: ...(앞 생략) ... 무섭다고 불켜고 자지 않도록 하겠습니다.	개인적 노력 사회적 노력 개념틀	개인적 노력 사회적 노력 개념틀

※ I 은 환경문제, II는 전쟁·기아문제, III은 자원문제, IV는 인구문제를 나타낸다.

5. 수업 내용에 대한 학생의 개념틀 변용

지금까지 실제 수업에서 학생 전체의 개념틀 변용을 살펴보았다. 그렇다면 개별 학생은 어떻게 변용해 나가는지를 교사의 개념틀과 관련지어 검토해보자. 대표적인 사례로 H학생의 발언과 기록되어 있는 면담 내용, 학생의 기록 자료 등을 토대로 추출·분석한다.

H학생은 파트 I 에서 "저는 테러를 당하면 제일 먼저 생각나는게 동생입니다. 그리고 동생에게 남기고 싶은 말은, (눈물을 흘리면서) … (이하 생략) (P6)"라고 발언하면서 전쟁과 테러 등 세계 문제에 대한 심각성을 공감하고 있다. 또한 다른 학생의 발표 활동을 통해 여러 가지 세계 문제에 대하여 파악한 후 "지구촌 문제에 대한 해결 방법을 찾아봤으면 좋겠습니다.(P14)"라고 말하며 본시 수업 과제에 대하여 언급하고 있다.

파트 II에서는 세계 문제를 해결하기 위한 국제기구의 노력에 대하여 "유네스코 세계 문화유산이라는 곳에 등록을 하면 그 문화유산을 보호받을 수 있습니다(이하 생략).(P21)"라고 발언하여, 사회적 노력에 대하여 인식하고 있음을 알 수 있다.

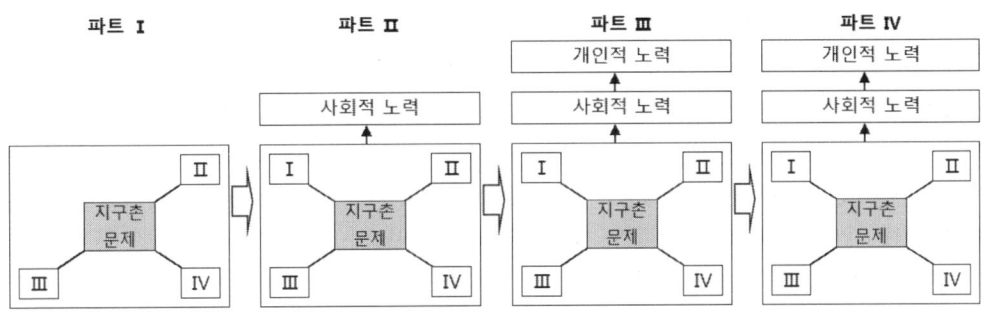

※ I은 환경문제, II는 전쟁·기아문제, III은 자원문제, IV는 인구문제를 나타낸다.

[그림 46] 수업에서 H학생의 개념틀 변용

개인적인 노력에 대하여 발표하는 단계인 파트III에서는 "기아들이 있습니다. 기아를 없애기 위한 해결 방법은 사랑의 빵에 돈을 넣어서 어려운 나라에게 보내는 것입니다.(P35)"라고 언급하면서 기아 문제를 해결하기 위한 개인적인 노력을 제안하였다. 이것은 국제기구인 유니세프의 사회적인 노력에 대하여 자신이 참여할 수 있는 개인적인 노력이다.

파트IV에서는 "(지구촌의 문제는) 그 국가만의 문제가 아닌 세계 여러 나라의 문제라는 것을 알았습니다.(P48)"라고 발언하여 세계 문제의 본질을 인식하고 있다. 그리고 수업 후 H학생의 "사회는 다른 과목에 비해 발표가 많기 때문에 제 의견뿐만 아니라, 다른 친구의 아이디어와 발표를 들으면서 '그런 방법도 있구나'라고 생각합니다."라는 면담 발언을 통해 문제 해결을 추구하는 사회과 수업에서 발표와 논의 및 토론 활동의 중요성을 확인할 수 있다.

6. 수업의 특질 및 과제

(1) 수업의 특질

이상의 수업분석 결과 드러난 이 수업의 특질에는 다음의 네 가지가 있다.

첫째, 이 수업에서 제시한 사회 문제는 정보화와 더불어 급변하는 현대의 글로벌 사회에서 제기되고 있는 세계 문제이다. 이것은 학생들의 생활 범위와 거리가 있어 막연하다는 문제가 있다. 이것을 극복하기 위해 지식의 구조도의 레벨 1과 같이 환경, 전쟁·기아, 자원, 인구 등 네 가지로 좁혀 제시하고 있다.

둘째, 세계 문제에 대한 이해를 토대로 이를 해결하기 위한 사회적인 노력을 습득한 후 사적 판단을 할 수 있는 과정을 통해 민주 시민 육성을 계획하고 있다. 본시 수업은 지식의 구조도와 교사의 개념틀을 통해 검토한 바와 같이, 세계 문제를 해결하기 위하여 사회적 노력에 대한 사실 지식을 습득한 후 개인적 노력이라는 가치를 획득하는 즉, 학생들이 사회를 이해한 후 스스로 판단하는 구조이다.

셋째, 실제 수업에서 학생들은 조사, 토의, 발표 활동 등을 통해 사실 지식과 가치를 획득하고 있다. 〈표 13〉과 [그림 45]의 파트Ⅱ에서 모둠별 조사 결과를 학급 전체에 발표함으로써 세계 문제를 해결하기 위한 사회적 노력에 대하여 음미하고 있다. 또한 파트Ⅲ, Ⅳ에서는 이전 단계를 바탕으로 모둠에서 토의하거나 학급 전체에서 발표하는 활동을 통해 가치 판단하여 개인적인 노력을 도출하였다.

넷째, 수업에서 학생들은 사회적 노력을 매개로 학생 스스로가 할 수 있는 일을 찾아내어 내면화 단계에 이르고 있다. 〈표 13〉의 파트Ⅲ에서 학생들의 발언(P40-P49) 대부분이 가치 판단이나 내면화와 관련된 내용이다. 그리고 교사가 추천한 책을 읽은 후 쓴 일기에서는 '(앞부분 생략) 눈물이 나왔다. … (중략) … 이렇게 먹을 수 없는 나라가 많으니까 나는 편식을 하지 말아야겠다고 생각했다.'라고 쓰는 등 본시 학습 내용을 더욱 내면화하고 있다.

이상 검토한 사회 문제의 해결을 추구하는 사회과 수업분석을 통해 현대의 글로벌 사회에서 제기되고 있는 세계 문제를 수업에서 다루고 있으며, 그 해결을 위한 사회적 노력을 이해한 후 개인적인 판단을 하는 구성임을 알 수 있다. 또한 실제 수업에서 학생들은 조사, 토론, 발표 활동을 통해 사실 지식과 가치를 습득하고 있으며, 이때 사회적 노력을 인터페이스(interface)로 학생 자신이 할 수 있는 일을 찾아 내면화하는 단계에 이르고 있음이 밝혀졌다.

(2) 수업의 과제와 개선 방향

본시 수업은 대체적으로 교사가 의도한 대로 진행된 수업이지만 더 나은 수업을 위해 다음과 같은 개선점을 제안한다.

첫째, 수업 정리 단계에서 자신의 생각을 '각오판'에 붙이는 과정을 빼는 것이 좋겠다. 이 과정으로 인하여 지식의 구조도 [그림 43]의 레벨 3과 교사의 개념틀 중 '문제 해결을 위한 개인적 노력'이 도덕적인 판단에 빠질 우려가 있기 때문이다. 그 예로 실제 수업에서 나타난 대표적인 학생의 발언을 보면, "저는 커서 아이를 세 명 정도 낳아서 인구문제를 해결하는데 도움이 되도록 하겠습니다.(P41)"가 있다.

둘째, 문제 해결에 대하여 학생들이 좀 더 구체적으로 이해하도록 개별 문제에 대응하는 사회적인 노력을 검토하는 과정이 필요하다. 실제 수업에서 학생은 개별적인 문제에 대응한 사회적인 노력이 아니라, 그러한 문제의 총체로서 '지구촌 문제'에 대한 사회적인 노력을 인식하고 있는 것을 〈표 13〉의 학생의 반응을 통해 확인할 수 있다.

이러한 수업 과제를 통해 사회 문제의 해결을 추구하는 사회과 수업 개선의 방향으로 학생이 도덕적 판단에 빠지지 않도록 수업을 설계하고, 사회 문제 해결에서 개별 문제에 대응하는 사회적 노력의 검토 과정을 도입할 것을 제안한다.

지금까지 사회 문제의 해결을 추구하는 사회과 수업에서는 문제 해결 과정에서 학생이 도덕적 판단에 빠질 위험, 해결할 문제와 해결 방안 검토에서 그 대응성 등이 문제점으로 드러났다. 이러한 문제점은 민주 시민을 함양하는 사회과 수업에서 개선해야 할 과제이다.

[주 및 참고문헌]

(1) 논증에서 많이 이용되는 것이 툴민의 도식이다. 툴민은 논증을 '받아들여진 사실(data)로부터 논거(warrant)를 통해 주장(claim)으로 이동하는 것'이라고 생각한다. 한상철(2006). 비판적 사고를 활용한 토론 분석과 응용. 커뮤니케이션북스. p.76.
(2) 전호윤(2004). 지구시민 육성을 위한 글로벌문제의 수업구성 연구 - Betty A. Reardon의 인권교육을 중심으로 -. 사회과교육. 제43권 2호.
(3) 허영식(2008). 현대 지구 사회의 동향과 문제. 청주교육대학교.
(4) 교육부(2007). 사회 6-2. pp.98-101.

제 2 절 논쟁 문제의 해결을 추구하는 사회과 수업

본 절에서는 논쟁 문제의 해결을 추구하는 수업 사례를 HAL 틀에 따라 분석하면서 툴민의 도식을 이용하여 분석한다[1]. 이러한 분석 방법을 도입하는 이유는 사례 수업이 논쟁 문제를 다루고 있고 이것을 합리적으로 해결하기 위해 교사는 지식의 구조와 학생의 개념틀을 어느 정도 예측한 후 학생들에게 양측의 입장이 되어 논의하는 구조이기 때문이다.

1. '한반도 대운하'의 개요 및 지도안

이 수업은 2008년 5월 21일 서울의 B초등학교에서 공개된 4학년 '한반도 대운하, 무엇이 문제인가'이다.

(1) 단원 및 수업의 개요

이 수업은 초등사회과 교육과정에 나타난 다섯 번째 목표인 '사회 현상과 문제를 파악하는 데 필요한 지식과 정보를 획득, 조직, 활용하는 능력을 기르며, 사회 생활에서 나타나는 여러 문제를 합리적으로 해결하기 위한 탐구 능력, 의사 결정 능력 및 사회 참여 능력을 기른다[2].'를 구현하기 위해 개발된 것이다.

본시 수업은 4학년 1학기 사회 교과서의 세 단원 중 '1. 우리 시·도의 모습(총 17시간)'[3]에 해당한다. 이 단원에서는 시·도의 모습에 대하여 지리적, 역사적 관점에서 접근하고 지역의 모습을 지도로 확인하여 자연환경과 생활 모습과의 관계를 이해하고, 시·도의 변화 모습을 탐구한다. 본시 수업은 이 대단원 중 두 번째 소단원 '② 우리 시·도의 자연환경과 생활(7~11/17)'에 있는 선택 학습(11/17)으로 소단원 학습을 심화·발전시켜 정리하는 것이다. 그 내용을 보면 교과서에 제시된 그대로의 내용이 아닌, 전시 학습인 '자연재해의 극복 과정에서 생기는 문제점(10/17)'에서 나아가 현재(수업일 당시) 우리나라에서 논의가 많았던 '한반도 대운하' 문제를 소재로 재구성하고 있다. 교과서에는 일반적인 문제로 제시되기 때문에 '현재'가 보이지 않는다. 따라서 내용의 재구성이 필요하다.

(2) 지도안

[자료 11] 수업 ⑦의 지도안

단원		2. 자연재해의 극복		일시	5월21일	장소	4학년 3반
학습 주제		자연재해 예방을 위한 다양한 노력		차시	11/17	학습형태	토의, 재판 학습
				쪽수	30 - 31		
학습 목표		• 토론의 진행 방법에 따라 한반도 대운하에 대한 찬반 토론을 할 수 있다. • 환경과 개발을 균형있게 생각하며 합리적 의사결정을 할 수 있다.					

단계	학습의 흐름	교수·학습 활동		시간 (분)	자료 및 유의점
		교사	학생		
도입	학습 분위기 조성	■마음 열기 • 운하에 대해 직접 제작한 UCC 보기 • 운하는 무엇을 말하나요? • 운하의 종류에는 어떤 것들이 있나요? • 그럼 운하에 대해 공부할 내용을 알아봅시다.	• 운하는 물길입니다. • 운하의 종류에는 바다와 바다를 연결하는 운하, 강과 강을 연결하는 운하, 기존의 물길을 이용하는 운하 등이 있습니다.	5'	•간단하게 발표한다. •자체 제작 UCC 시청하기
	학습문제	◆학습문제 확인 환경과 개발을 균형있게 생각하며 한반도 대운하에 대한 합리적 의사결정을 할 수 있다.			•프리젠테이션
토론 안내	학습 순서 안내	■ 토론주제 확인 • 한반도 대운하 건설에 대해 쟁점이 되는 부분은 무엇이 있을까요? ■ 토론순서 안내 이번 토론은 재판의 형식을 이용한 찬반 토론입니다. 재판의 순서는 다음과 같습니다. 1. 개정 선언 2. 검사측 논고 3. 변호사측 변론 4. 원고, 피고 심문 5. 증인 심문 6. 배심원의 질문 7. 검사의 구형 8. 변호인 최후변론 9. 피고 최후 진술 10. 배심원의 판결 11. 판사의 최종 판결문 발표 12. 폐정 선언	• 홍수 문제가 있습니다. • 사고에 따른 강물 오염 문제가 있습니다. • 운하가 환경오염을 줄여 줄까하는 문제가 있습니다. • 배심제에서는 유무죄 결정은 배심원이, 죄에 대한 벌칙의 결정은 판사(재판부)가 합니다. • 재판은 이기고 지는 것이 아니라 증거를 수집하고 논리를 세워 설득하는 과정입니다. • 각자의 역할을 확인하고 재판을 시작한다.	3'	•재판 자료집 •배심원 판결지 •PPT자료
토론 전개	재판하기	■ 재판하기 • 피고: 국토해양부 장관 • 원고: 바다로 간 가우디 • 피고측 증인: 운하 전문가 • 원고측 증인: 태안 주민 ■ 배심원 질의 및 토론하기 • 배심원 질의 하기: 배심원 별로 질문을 한 개씩 정하고, 원고측 피고측으로 나누어 질의를 가다듬고 최종적으로 여섯개를 엄선한다.	• 주장을 충분히 듣고 말합니다. • 정해진 역할 속에서 생각합니다. • 증거 자료는 배심원들이 올바른 판단을 내리기 위한 자료이므로 정확한 자료만을 준비합니다. • 질의 1: 국토해양부 장관에게 질문하겠습니다. 운하를 만들고 사고가 완벽하게 일어나지 않을 거라고 어떻게 장담할 수 있습니까? • 질의 2: 운하 반대 교수에 묻겠습니다. 고속도로에서 교통 사고가 난다고 고속도로를 건설하지 말자는 것이 말이 됩니까? • 질의 3: 환경부 장관에게 묻겠습니다. 운하가 건설되면 홍수의 위험이 줄어든다고 볼 수 있습니까?	20' 5'	•PPT자료 •배심원 판결지 •PPT자료
		■ 판결하기 • 재판장 : 지금까지 재판을 진행하였습니다. 배심원들께서는 결과를 모아 서기에게 제출해 주시기 바랍니다. • 재판장 : 운하 건설 금지, 운하 건설 가능 판결	• 배심원은 배심원 판결지를 작성하여 서기에게 제출하고, 서기는 찬반으로 나누어 재판장에게 제출한다. • 판결을 내리겠습니다. 한반도 대운하는 ···		
정리	학습정리 자기평가 상호평가	■ 정리하기<평가> ◦ 재판을 하며 느낀 점 이야기 하기	• 환경에 대해 생각하는 시간을 가졌습니다. • 설득하고 증명하는 것이 어렵지만 재미있었습니다. • 사회에는 여러 가지 생각이 있다는 생각을 했습니다.	3'	

2. 수업 내용에 대한 교사의 개념틀

(1) 지식의 구조

본시 수업에서 교사가 학생에게 획득시키려는 지식은 [그림 47]과 같이 정리할 수 있다. 이것은 지도안과 교사가 사전에 준비한 '재판 자료집'을 바탕으로 분석한 것이다. [그림 47]을 통해 레벨 1의 사실 지식 인식으로부터 레벨 4의 가치 판단을 시도하고 있는 점과 사실 지식이 상당히 많고 전문적인 내용임을 알 수 있다.

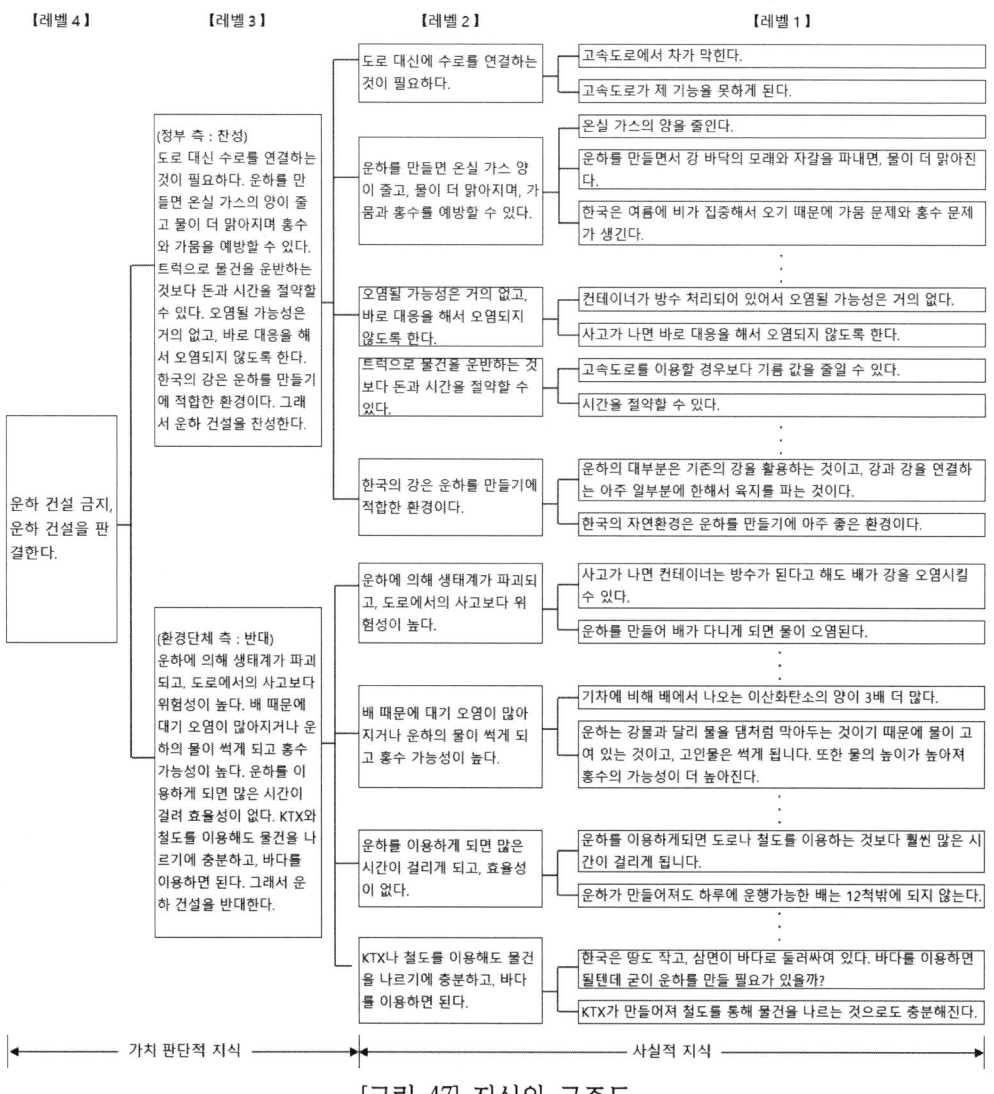

[그림 47] 지식의 구조도

(2) 교사의 개념틀

지식의 구조 [그림 47]을 교사가 어떻게 파악하고 학생에게 무엇을 획득시키는지를 고찰하여 시각적으로 나타낸 것이 [그림 48]이다.

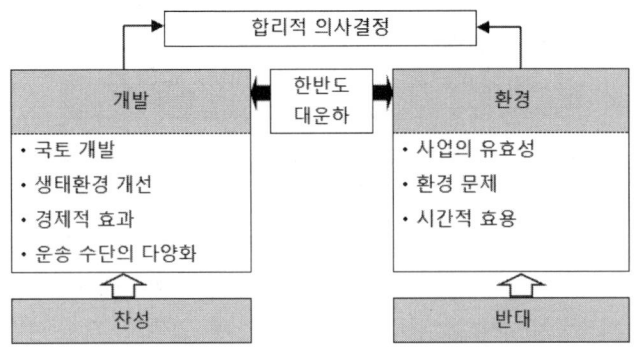

[그림 48] 교사의 개념틀

그렇다면 교사의 개념틀인 [그림 48]을 추출하는 과정을 살펴보자.

교사는 본시 수업 목표를 '토론의 진행 방법에 따라 한반도 대운하에 대한 찬반 토론을 할 수 있다.'와 '환경과 개발을 균형있게 생각하며 합리적 의사 결정을 할 수 있다.' 두 가지로 설정하고 있다. 수업에서 학생들이 토론을 통해 '한반도 대운하' 문제에 대한 합리적 의사 결정을 하도록 계획한 것이다.

이 수업에서 다룬 '한반도 대운하'는 2008년 당시 우리나라 국민들의 최대 관심사인 논쟁 문제였다[4]. 이 사업은 당초 물류혁명과 낙후지역개발을 위한 국토대개조사업의 일환으로 제안되어 제17대 대통령 선거에서 공약으로까지 채택되었다. 그러나 70% 이상의 국민들과 많은 전문가, 시민사회단체들은 이 사업이 충분한 논의과정을 거치지 않았을 뿐만 아니라 타당성이 없다는 이유로 반대 입장을 분명히 해왔다[5].

'한반도 대운하'에 대한 찬반 의견을 구체적으로 살펴보자. 우선 찬성하는 입장은 예를 들어 안형준(2008)[6]에 따르면 ①국토공간구조의 선진화, ②생태환경의 개선과 치수/이수, ③새로운 문화기반과 선진국형 관광기반 조성, ④운송수단의 다양화를 제시하면서 운하 건설을 촉구하고 있다. 한편 반대 입장은 ①문화유산·역사적 이유[7], ②환경 문제, ③경제 파탄, ④사업 효과, ⑤그 추진 절차와 방법의 정당성[8] 등의 여러 가지 이유로 반대하고 있다. 이러한 대립 구조를 나타낸 것이 [그림 49]이다.

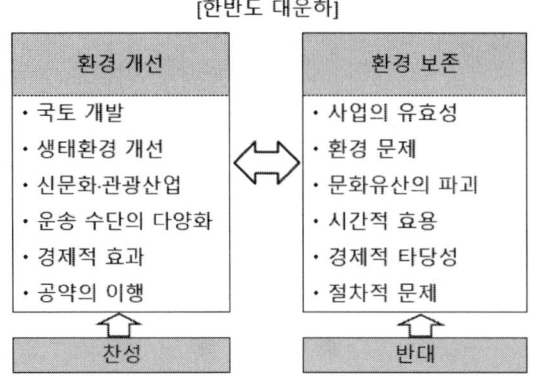

[그림 49] 한반도 대운하 문제를 둘러싼 갈등 구조

이렇듯 복잡한 '한반도 대운하' 문제에 대하여 교사는 지식의 구조의 레벨 3과 같이 찬성 '개발 추진'과 반대 '환경 보호'라는 두 해석이 공존하여 대립하고 있으며, 이 문제를 레벨 4와 같이 합리적으로 해결할 것을 추구하고 있다. 그리고 '개발 추진'에 대한 논점으로는 [그림 49]의 국토 개발, 생태환경 개선, 운송 수단의 다양화, 경제적 효과를, '환경 보호'의 논점으로는 사업의 효율성, 환경 문제, 시간적 효용을 언급하고 있는 것을 지식의 구조 [그림 47]을 통해 알 수 있다. 이것을 시각화한 것이 [그림 48]이다. [그림 48]은 본시 수업에서 나타나는 대립 구조를 [그림 49]에 대응하여 표현한 것으로, 이 대립 구조를 통해 합리적으로 의사 결정을 하는 과정을 나타내고 있다. 이것이 본시 수업에서 교사가 학생에게 획득시키고자 하는 개념틀이다.

이와 같이 교사는 현재의 논쟁 문제를 소재로 현대 사회에 상존하는 가치관의 대립과 사회 구조를 파악시킴으로써 서로 다른 사회적 관점이나 사고방식을 연구하고, 그 문제를 음미하여 합리적으로 문제를 해결함으로써 가치 판단 능력을 길러 민주 시민적 자질 함양을 시도하고 있다.

3. 교사의 개념틀을 학생이 획득하기 위한 준비

지금까지 고찰한 지식의 구조와 교사의 개념틀을 보면 초등학교 4학년 수준에서는 내용이 상당히 어렵다는 것을 알 수 있다. 그렇다면 교사는 이러한 개념틀을 학생들이 획득하도록 무엇을 준비하였는지 검토해보자.

(1) 학생 실태 파악

교사는 토론 학습에 대한 학생의 실태를 다음과 같이 파악하고 있다(지도안).

① 토론 학습에 대해서 어려움을 느끼고 있다.
② 우수한 몇몇 학생들만이 발언을 하고 있다.
③ 다른 학생들은 우수한 학생의 발언에 의해 논쟁 문제에 대하여 어떤 입장을 취할지 좌우되고 있다.
④ 환경 보호 입장은 피해자로서 긍정적으로, 개발 입장은 가해자로서 부정적으로 생각하는 경향이 있다.

(2) 논쟁 문제의 추출

교사는 교과서에 제시된 일반적인 사회 문제 사례만으로는 학생들의 실제 사회 참여와 연계되지 않을 것으로 판단하여 현재 한국에서 가장 논쟁적인 '한반도 대운하' 문제를 다루고 있다. '한반도 대운하' 문제에는 정치, 경제, 사회적인 배경이 있으며 국토 개발과 함께 그에 따른 환경오염 문제가 내재되어 있다. 교사는 이 문제를 통해 '개발 추진' 입장과 '환경 보호' 입장을 지닌 두 주장을 발견해내고 그 대립 구조를 수업에 도입하고 있다. 대립 구조를 지식의 구조를 통해 구체적으로 살펴보면, 레벨 1에 나타난 사실 지식 중 찬성측은 국토 개발, 생태환경의 개선, 경제적 효과, 운송수단의 다양화 등에 가치를 두고 있고, 반대 측은 사업의 효율성, 환경 문제, 시간적 효용 등에 가치를 두고 있음을 알 수 있다. 그리고 레벨 1과 레벨 2의 사실 지식의 배경 지식을 바탕으로 레벨 3에서 '환경 보호'와 '개발 추진'이라는 대립 구조를 생성해냄으로써 레벨 4단계에서 문제를 합리적으로 해결시키고자 의도하고 있다.

이때, 교사는 학생들이 세상 사람들의 사회적 판단에 휩쓸리지 않도록 다음과 같이 계획하고 있다. 즉, 사회적으로는 반대 의견이 강하기 때문에 학생들도 반대가 많은 점(학생 실태 ④)을 고려하여 그러한 사람들의 생각에 무조건 동조하지 않고 다른 입장의 생각도 제시함으로써 각각의 입장이 어떠한 구조로 되어 있는지, 어느 쪽이 좋은지를 선택하는 경험을 통해 민주 시민적 자질 함양을 도모하는 것이다. 현재의 논쟁 문제를 소재로 하여 사회 구조와 논리의 정합성을 검토·음미하고 사회 현황을 합리적이면서 비판적으로 검토하여 더 나은 사회를 구축해낸다는 점에서 사회 개조(改造)와의 연계를 시도하고 있다.

(3) 토론 학습 과정의 조직

1) 토론과 재판 형식
교사는 '미래를 살아갈 아이들에게 필요한 창의력, 사고력, 민주 시민으로서의 자질을 키우기 위해서는 자발적인 참여와 창의적인 공동 사고가 요구되는 토론 학습이 필요하다.'고 판단하고 있다. 이를 위해 본시 수업에서는 토론 학습의 모델이 되는 '재판' 절차를 수업에 도입하고 있다. 찬반으로 대립하고 있는 논쟁 문제 수업에서 논쟁을 해결하는 방식은 법률적 논쟁과 밀접한 관련을 가진다는 점(9)에 주목하고 있다. 특히 2008년부터 실시된 국민참여재판제도(10)를 활용하여 학생들이 합리적으로 문제 해결을 하도록 계획하고 있다. 토론 과정과 재판 형식 간의 대응 관계를 나타낸 것이 〈표 14〉이다.

〈표 14〉 재판 형식과 토론 과정의 대응 관계

토론 과정	재판 형식
시작	①개정 선언
찬성측 입론 반대측 입론	②검사측 논고 ③변호사측 변론
찬성·반대측 반대 심문	④원고, 피고 심문 ⑤증인 심문
반박	⑥배심원의 질문
찬성측 최종 변론 반대측 최종 변론	⑦검사의 구형 ⑧변호인 최후 변론
판단	⑨배심원의 판결 ⑩판사의 최종 판결문 발표
끝	⑪폐정 선언

(필자 분석·작성)

이와 같은 재판 형식을 수업에 도입함으로써 찬반 양측의 대립을 더욱 선명하게 파악할 수 있고, 토론 순서가 정형화되어 있기 때문에 발언 기회를 공정하게 부여할 수 있다. 그리고 증거와 논증을 바탕으로 한 주장을 할 수 있으며 개개인의 합리적인 의사 결정과 함께 학급 전체의 합리적인 의사 결정 과정을 통해 '개인적인 결정'에서 '사회적인 결정'을 하여 합의를 형성해 나갈 수 있다. 나아가 학생 실태 ①을 극복하고 있다.

2) 역할 분담

학생의 실태 ②에 나타난 문제를 극복하기 위해 위에서 서술한 재판 형식을 사용하여 학생 개개인에게 역할을 부여함으로써 학급 학생 전원이 흥미를 가지고 자발적이고 적극적으로 토론에 참여하도록 배려하고 있다.

구체적으로는 판사 2명, 피고 2명, 원고 2명의 피고측 증인 1명, 원고측 증인 1명, 변호사 2명, 검사 2명, 배심원장 2명으로 총 14명이 재판에 직접 참여한다. 나머지 학생들은 배심원으로 참여한다. 재판의 구조에 따른 역할 분담을 통해 학생은 사회의 한 구성원이 되어 자신과 사회와의 관계를 습득하고 가치를 분석할 수 있다. 이와 같이 교사는 재판 절차와 구조를 면밀하게 계획하고 있다.

3) 단계별 재판 수업 프로그램 계획

교사는 학생 실태와 발달 단계에 따른 토론 학습을 위해 단계별 재판 수업 프로그램을 마련하여 ①기본, ②발전, ③완성이라는 3단계로 설정함으로써 장기적인 토론 학습을 통해 학생들이 점진적으로 합리적 의사 결정 능력을 함양할 수 있도록 준비하고 있다.

①기본 단계 : 재판 절차에 따라 재판 자료집의 시나리오대로 재판 연극을 하는, 연극적 단계
②발전 단계 : 재판의 시나리오 중간마다 부분적으로 여백을 두어 학생 스스로가 그 여백을 채우면서 재판에 참여하는 단계
③완성 단계 : 학생이 재판을 설계·기획하고 스스로 진행하는 단계

본시 수업은 ①기본 단계에 해당한다.

4) 재판 자료집(시나리오) 준비

교사는 위의 단계별 재판 수업 프로그램을 바탕으로 본시 수업을 위해 재판 시나리오를 작성하여 학생들에게 제공하였다. 시나리오는 전체적으로 〈표 14〉의 재판 형식에 따라 구성되어 있으며 찬성 측이 원고가 되어 반대 측을 소송하는 형태이다. 등장인물로 피고는 환경단체 남학생 대표, 환경단체 여학생 대표, 원고는 국토해양부 장관과 환경부 장관을, 피고측 증인으로는 운하 전문가, 원고측 증인으로는 환경 관련 책의 주인공인 가우디를 등장시키고 있다. 이러한 설정을 통해 학생의 실태 1에 나타난 문제점을 극복하고 있다.

본시 수업은 기본 단계이기 때문에 특히 〈표 14〉의 ②검사측 논고에서부터 ⑤증인 심문까지 재판의 구체적인 내용을 상당히 상세하게 기술하고 있다. 그렇지만 학생 스스로가 의견 교환을 통해 의사 결정을 하도록 〈표 14〉의 ⑥배심원 심문에서 ⑩판사의 최종 판결문 발표까지는 여백으로 두었다.

(4) 사전 학습

학생의 실태 3, 4를 극복하고 본시 주제에 대하여 학생들이 더 깊이 생각하고 효율적으로 학습하기 위해 토론전 활동으로 독서, 자신의 생각을 정리하기, 사전 토론 등의 활동을 준비하고 있다.

이 중 사전 토론 활동에서는 본시에서 다루는 논쟁 문제와 유사한 과거의 논쟁 문제인 '33km … 세계에서 가장 긴 방조제'를 준비하여 대립 의견을 파악하고, 자신의 입장을 결정하여 개인이 의사 결정을 내리는 학습을 하였다. 이 사전 토론 활동을 기초로 하여 본시 수업에서는 이전과 다른 입장이 되어 상대방 입장의 의견을 깊이 생각한 다음에 토론

에 임하도록 계획하고 있다. 여기에서는 학생 실태 ③과 같은 문제로 인하여 토론이 비대칭적으로 이루어지지 않도록 고려하고 있다.

4. 수업계획과 실제 수업의 비교

위와 같은 교사의 수업계획과 준비가 실제 수업에서 어떻게 활용되었는지, 학생들은 어떻게 합리적으로 문제 해결을 하는지 분석한다.

(1) 지도안의 구조

1) 지도안의 흐름과 합리적인 문제 해결 과정
수업계획을 보면 수업 흐름이 [그림 50]과 같이 합리적인 문제 해결 과정으로 구성되어 있다.

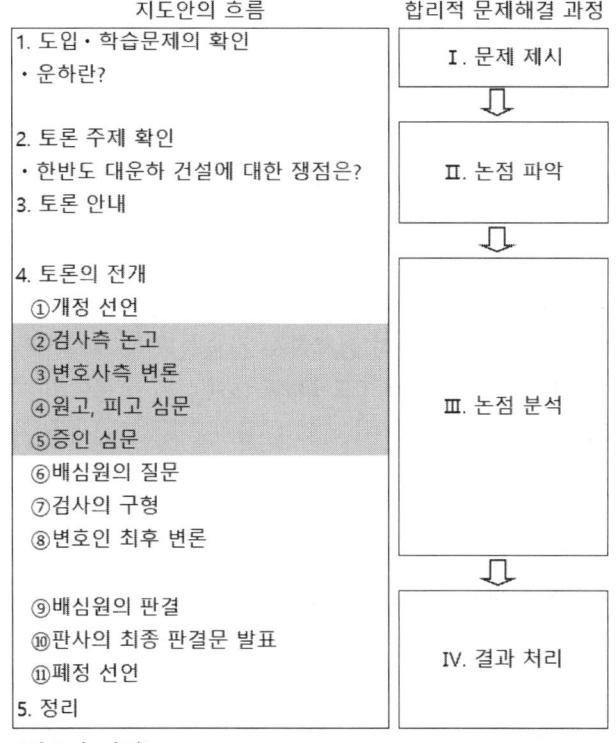

(연구자 작성)
[그림 50] 지도안에 나타난 합리적 문제 해결 과정

먼저 'Ⅰ. 문제 제시'에서는 사회적 논쟁 문제인 '한반도 대운하'를 제시하고 있다. 'Ⅱ. 논점 파악'에서는 교사가 준비한 다양한 자료를 통해 논점을 파악한다. 'Ⅲ. 논점 분석'에서는 시나리오를 통해 학생들에게 논쟁 문제에 대한 사실관계를 파악하게 하고 사실과 주장(가치 판단)간의 정합성을 검증·확인하는 과정이다. 'Ⅳ. 결과 처리'에서는 이전 단계에서 밝혀진 논쟁 문제에 대하여 학생들이 판단하고 결정한다.

2) 지도안의 토론 전개

교사가 구체적으로 어떠한 토론을 계획하고 있는지 교사가 준비한 '재판 자료집'을 바탕으로 [그림 50]에 나타난 토론의 전개 순서대로 툴민(S. E. Toulmin)의 도식을 활용하여 분석한 것이 [그림 51]이다.

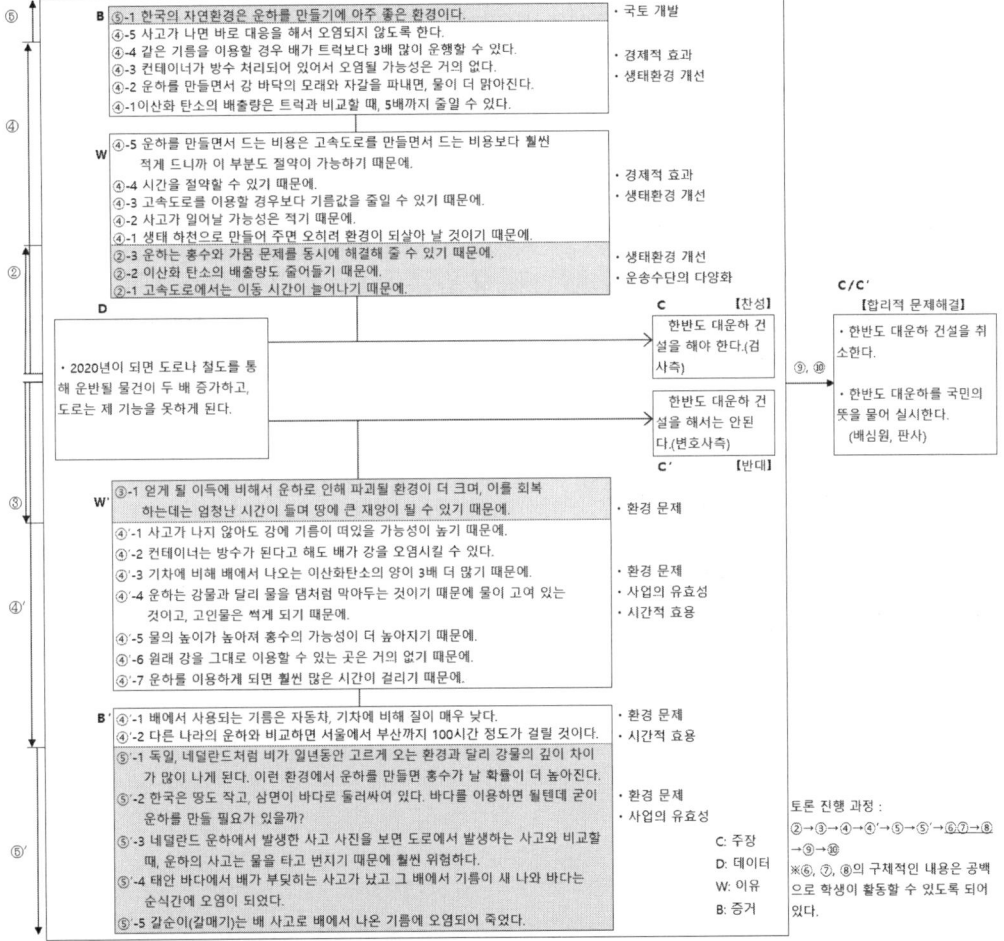

※ 재판 자료집을 바탕으로 필자 작성

[그림 51] 지도안에 나타난 토론의 전개 단계에서의 합리적인 문제 해결 구조

[그림 51]은 '2020년이 되면 지금보다 도로나 철도를 통해 운반될 물건이 두 배 증가한다고 합니다. 그래서 도로나 철도가 포화상태가 됩니다.'라는 근거(D)에 대하여 위쪽에는 찬성 측 주장(C)의 논리를, 아래쪽에는 반대 측 주장(C')의 논리를 나타내었다. 그리고 각 주장에 대한 정당한 이유·보증(W/W')과 지지(B/B')를 나타내고 있다. ②에서 ⑩까지의 토론 순서가 해당 부분에 표시되어 있으며 ⑨, ⑩단계를 거쳐 합리적으로 문제를 해결(C/C')하는 과정으로 진행된다.

토론은 ②에서 ⑩까지 순서에 따라 전개되지만 여기에서는 ②~⑤에 초점을 두고 분석한다.

먼저 찬성 측 입장의 논리 전개 과정을 살펴보자.

②단계에서는 주장에 대한 일부 논거로 '생태 환경 개선, 운송 수단의 다양화' 관점이 보인다. ④단계에서는 ②에 대한 근거가 강화되어 '경제적 효과' 관점이 추가되고 있다. ⑤단계에서는 '한국의 자연환경은 운하를 만들기에 아주 좋은 환경'임을 언급하면서 '국토 개발'의 합리성을 지지하고 있다.

다음으로 반대 측 입장의 논리 전개 과정을 살펴보자.

첫 번째의 ③단계에서는 '환경 문제'의 일부 관점에서 운하 건설을 반대하고 있다. 두 번째의 ④단계에서는 이전 단계의 논점을 포함하여 '사업의 유효성과 시간적 효용' 관점을 추가로 언급하고 있다. 세 번째의 ⑤단계에서는 '환경 문제와 사업의 유효성' 관점인 논거가 더해지고 있다. [그림 50]과 찬성 및 반대 측 입장의 논리 전개 과정을 살펴본 바와 같이 찬성 측과 반대 측은 단계를 거치면서 논거 수준이 높아지고 더 합리적인 논리 구조로 진행되고 있다. 나아가 이러한 논의로부터 ⑨, ⑩의 과정을 거쳐 합리적으로 의사 결정을 하고 있다.

(2) 수업계획과 실제 수업의 비교

이 수업은 40분으로 구성되어 있으며 <표 15>는 교사의 수업계획과 실제 수업의 전개에 대한 학생의 개념틀 변용을 비교한 것이다.

제 7 장 문제 해결형 사회과 수업분석

〈표 15〉 지도안의 구조와 실제 수업의 전개

지도안의 구조		실제 수업의 전개				
내용	예상하는 개념틀	과정		교사의 지도	학생의 반응	형성된 개념틀
		단계	내용			
■도입·학습 문제 확인 · 운하는 무엇을 말하나요? · 환경과 개발을 균형있게 생각하며 한반도 대운하에 대한 합리적 의사결정을 할 수 있다.	운하	파트 I (T1~T5)	학습 내용 확인	T4:오늘 재판의 주제는뭐죠? T5:운하가 뭔지 아는 사람?	P4:(운하...각자의 생각 이야기 하기) P5:인공 물길을 만든 것. P7:인공적인 물길.	운하
■토론 주제 확인 · 한반도 대운하 건설에 대해 쟁점이 되는 부분은? · 홍수 문제 · 사고에 따른 강물 오염 문제 · 운하가 환경오염을 줄여 줄까하는 문제 ■토론 순서 안내 · 유무죄 결정은 배심원이, 죄에 대한 벌칙의 결정은 판사(재판부)가 한다. · 재판은 이기고 지는 것이 아니라 증거를 수집하고 논리를 세워 설득하는 과정이다.	A→운하←B · 환경 문제 · 사업의 유효성	파트 II (T15~T19)	쟁점 상황 확인	T15:(한반도 대운하)찬성쪽 UCC에서는 어떻게 된다고? T17:반대쪽은? T19:여러분들이 고발하는 사람이 피해자라고 생각하는 경향이 있어요. 그래서 반대로 정부가 환경단체를 고발하는 것으로 바꿨습니다.	P16: 환경 파괴가 안됩니다. P17:더 많은 양의 물건을 가져갈 수 있다. P18:물길이 빨라서 사고 나기 쉽다.	A→운하←B · 환경 문제 · 경제적 효과 · 사업의 유효성
■재판하기 · 재판 진행(재판 자료집) 검사측 논고, 변호사 변론, 피고, 원고 심문	A→운하←B	파트III-1 (P20~P136)	재판 진행 (시나리오)		P20:(판사) 사건번호 2008-521 한반도 대운하 건설 취소 소송을 시작합니다. · 검사측 논고(P21) · 변호사측 논고(P23) · 피고, 원고 심문(P24~P136) (내용 생략)	A→운하←B
· 배심원 질의 및 토론하기 · 국토해양부 장관에게 질문합니다. 운하를 만들면 사고가 완벽하게 일어나지 않는다고 확실하게 말할 수 있습니까? · 운하 반대 교수에게 묻겠습니다. 고속도로에서 교통사고가 난다고 고속도로를 건설하지 말자는 것이 말이 됩니까? · 환경부 장관에게 묻겠습니다. 운하가 건설되면 홍수의 위험이 줄어든다고 볼 수 있습니까? · 검사의 구형 · 변호인 최후 변론	A→운하←B A→운하←B A→운하←B A→운하←B	파트III-2 (P137~P219)	재판 진행 (자유토론)		· 배심원의 질문 및 토론(P137~P219) P142:배 한척으로 갈 수 있는 것이 차로는 35대가 가야합니다. 이것도 환경 파괴에 해당되는 것입니까? P165:선박에 주입되는 기름은 가장 질이 낮은 것이라고 합니다. 이런 기름을 뿌리고 돌아 다니는데 수질이 좋아질리가 있나요? P166:하지만 컨테이너로 방수가 되어 있어서 기름을 안뿌리고 다닙니다. P175:만약, 기름을 실은 트럭이 가다가 사고가 났으면 그렇다고 고속도로를 안 만듭니까? P180:이런 사고 때문에 많은 사람들이 죽고 다치곤 합니다. 그리고 물길이 빨라 사고나기 쉽고 건설 비용이 많이 듭니다. 그래도 한반도 대운하를 만드실 겁니까? P204:이렇게 운하가 많은데 왜 우리나라는 운하를 만들지 않습니까? P217:(검사)운하를 만들면 35대의 트럭이 다닐 것을 배 한척을 만들면 됩니다. 교통 사고를 줄일 수 있습니다. 기름도 삼분의 일로 줄일 수 있습니다. P219:(변호사)운하를 만들면 환경 피해와 시간적 피해가 올 수 있습니다. 먼저 운하를 이용하여 배가 지나가면 배의 기름이 물위에 떠다닐 것입니다. 그러면 환경이 오염될 것입니다. 그리고 만약 천연 기념물이 기름에 오염이 되어 죽고, 식물도 피해가 늘어나 환경을 파괴하게 될 것입니다. 또한 우리나라는 다른 나라에 비해 7, 8, 9월에 비가 집중적으로 많이 내리는데요, 이때 물이 넘치는 일이 많습니다. 그리고 운하에서 사고가 일어나면 물을 타고 퍼지기 때문에 피해가 커서 도로에서 일어나는 사고보다 훨씬 위험하다는 것입니다.	A→운하←B A→운하←B A→운하←B
· 판결하기 · 배심원들은 결과를 모아 서기에게 제출하기 · 재판장은 운하건설 금지, 운하 건설 가능 판결하기 ■정리 재판을 하며 느낀 점 이야기 하기	의사결정 A→운하←B	파트IV (P220~P230)	재판 진행 (판결)	T20:3분 동안 유죄인지 무죄인지 판결을 내리세요.	· 문제의 해결(판결)(P220~P230) P225: (배심원 판결지 수합) P228:(판사)...(앞 생략)...으로 도로에 차가 점점 많아져 물건을 나르는데 많은 시간이 걸리고, 홍수 가뭄을 막아주는 대책이 없어 이에 따라 본 재판부는 다음과 같이 판결한다. "국토해양부 장관은 한반도 운하를 국민의 뜻을 물어 실시한다."	A A→운하←B

※ A: 개발, B: 환경

실제 수업은 〈표 15〉와 같이 전반적으로 교사가 의도한 대로 진행되고 있다. 수업 전체에서 교사의 지도 활동은 파트Ⅰ과 파트Ⅱ에 등장하지만 그 이후부터는 대부분 학생들의 토론 활동으로 이루어지고 있다. 〈표 15〉 중 파트Ⅲ과 파트Ⅳ에 나타난 교사의 개념틀과 학생의 개념틀을 비교한 것이 [그림 52]이다.

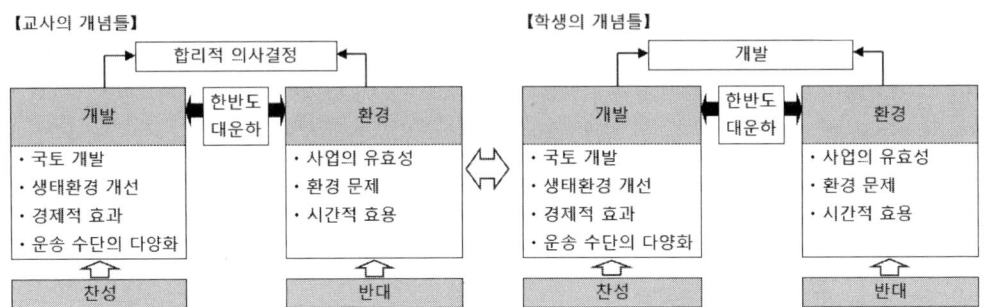

[그림 52] 파트Ⅲ · Ⅳ에 나타난 교사의 개념틀과 학생의 개념틀 비교

[그림 52]를 보면 학생들이 교사의 개념틀을 획득하고 있는 것을 알 수 있다. 파트Ⅲ-2에서 학생들은 이전 단계에서 습득한 '주장-근거'의 구조를 자신의 논리 구조로 재구성하면서 합리적으로 사고하고 있다(P137~P219). 제시된 논점을 보아도 찬성, 반대 양측 모두 교사가 계획한 개념틀과 비슷하다는 것을 [그림 52]를 통해 확인할 수 있다. 나아가 파트Ⅳ에서는 "국토해양부 장관은 한반도 운하를 국민의 뜻을 물어 실시한다.(P228)"라는 재판 결과(배심원들의 의견을 반영한 결과)를 판사가 선고하고 있다. 이 모든 것은 교사가 예상한 범위 내에서 이루어지고 있다.

5. 수업 내용에 대한 학생의 개념틀 변용

본시 수업에서는 [그림 53]과 같이 파트Ⅲ-2, 파트Ⅳ에서 학생 집단(찬성 측, 반대 측)의 개념틀 변용을 찾아볼 수 있다. [그림 53]을 작성하는 과정은 [그림 51]과 같은데, 제일 왼쪽부터 수업 전, 파트Ⅲ-2, 파트Ⅳ 단계를 나타내고 있다. 그리고 실제 수업 과정(❶, ❷, ❸)에 나타나는 개념틀을 각각 시각적으로 나타내어 그 변용을 알 수 있도록 하였다.

특히 파트Ⅲ-2에서는 ❶, ❷ 두 단계에서 변용을 볼 수 있고, 파트Ⅳ의 ❸에서도 변용이 이루어져 모두 세 단계에 걸친 변용을 발견할 수 있다. ❶에서는 찬성 측과 반대 측이 각각의 입장에서 하나의 개념이나 가치 논리를 깊이 인식한다. ❷에서는 ❶과 함께 다른 입장의 견해나 생각을 이해하고 가치 분석을 한다. ❸에서는 ❷에서 음미한 가치를 선택하여 합리적 문제 해결을 하고 있다.

개념틀 변용 과정을 좀 더 구체적으로 고찰해보자. 먼저 **1**에서 찬성 측의 경우, 파트 Ⅲ-2에서 두 차례로 나눠 주장과 근거가 제시되고 있다. 첫 번째의 논점(⑥단계)에서는 '생태환경 개선, 경제적 효과, 운송 수단의 다양화(W⑥-1~4)'가 정당한 이유로 언급되고 있으며, 지지 의견으로 '운송 수단의 다양화, 생태환경의 개선, 국토 개발(B⑥-1~6)'이 제시되고 있다. 여기에서 경제적 효과에 대한 지지 발언이 빠져 있으나, 두 번째(⑦단계) 주장에서 '경제적 효과(B⑦-1)'에 관한 근거가 강조되면서 한반도 운하 건설 논리로 '경제적 효과'를 가장 큰 논점으로 인식하고 있음을 알 수 있다.

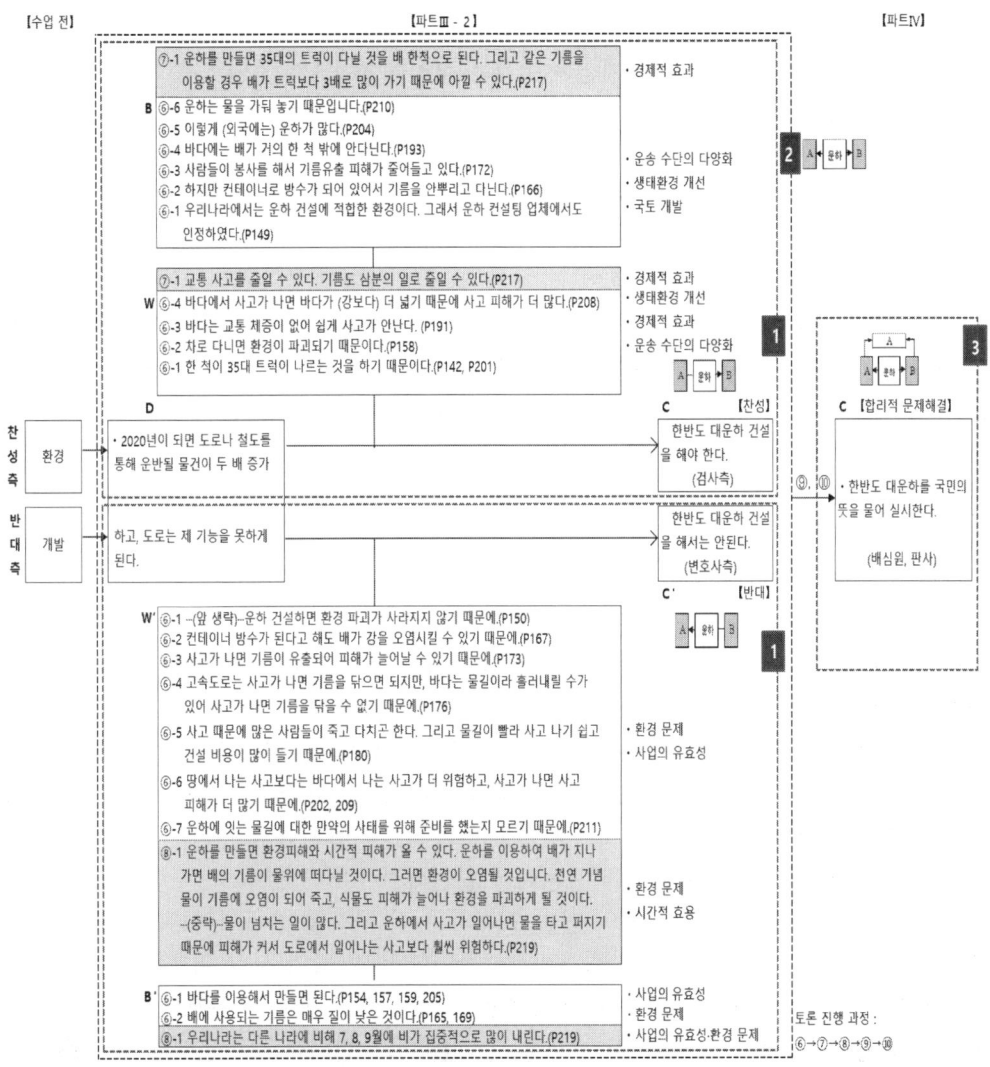

※ Ⓐ, Ⓑ는 각각 개발, 환경을 의미함.

[그림 53] 학생들의 개념틀 변용

■에서 반대 측의 경우도 찬성 측과 동일하게 크게 둘로 나누어 분석할 수 있다. 먼저 첫 번째(⑥단계) 논점은 주로 '환경 문제, 사업의 유효성(W'⑥-1~7, B'⑥-1~2)'을 이유로 반대하고 있다. 두 번째(⑧단계)에서는 '환경 문제, 시간적 효용, 사업 유효성(W'⑧-1, B'⑧-1)'을 주된 근거로 언급하면서 운하 건설을 반대하고 있다.

■논의 과정은 ■에 포괄되어 반영되고 있다. 파트Ⅳ의 ■에서는 찬반 양측의 의견, 배심원, 판사의 판단에 따라 최종적으로 '개발 추진'으로 합의한다.

지금까지 고찰한 학생의 개념 변용 과정을 통해 학생들은 재판 형식으로 진행된 토론에서 찬반 양측의 주장과 이를 뒷받침하는 근거의 합리성을 서로 높이려 노력하고 있고, 논점이 되는 근거를 점진적으로 추가하면서 보강해 나가고 있음을 알 수 있다. 이러한 과정을 통해 논쟁 문제를 합리적으로 해결해 나가는 경험을 제공함으로써 민주 시민의 자질을 함양하고자 하는 것이다.

6. 수업의 특질 및 과제

지금까지 문제 해결형 사회과 수업 중 논쟁 문제의 해결을 추구하는 사회과 수업 사례를 HAL 틀을 이용하여 분석하였다. 사례 수업은 '한반도 대운하' 건설이라는 현재(수업 당시) 당면한 사회 문제에 대하여 학생들이 인식하고 가치 판단하여 합리적으로 해결하도록 계획·실천된 수업이었다. 이 수업의 특질과 과제는 다음과 같다.

(1) 수업의 특질

이상의 문제 해결형 사회과 수업분석을 통해 다음의 네 가지 특질이 밝혀졌다.

첫째, 재판 형식을 도입하여 문제를 합리적으로 해결하고자 시도하는 수업이다. 재판 형식으로 인하여 찬반 양측의 대립이 명확하게 설정되고, 토론 순서가 정형화되어 있어 논증에 의한 주장이 가능한 수업 구성이다.

둘째, 학생들은 주장과 관련된 논점과 근거를 점진적으로 추가해가면서 논리 구조를 생성해내고 있다. [그림 53]의 학생들의 개념틀 변용에서 알 수 있듯이 파트Ⅲ-1에서 습득한 찬반 양측의 논리 구조를 바탕으로 파트Ⅲ-2에서는 학생 나름의 논점과 근거를 단계별로 추가하여 제시하면서 주장에 대한 논리를 발전시켜나가고 있다.

셋째, 논쟁 문제를 사례로 학생이 찬반 양측의 논리 구조를 습득하여 더 좋은 안을 만들어 내는 수업이다. 이 수업은 [그림 53]에서 확인한 바와 같이 사실 이해형과 개념 획득형, 문제 이해형 수업과는 달리 그러한 수준을 넘어서 학생이 논쟁 문제에 대한 사실 및 가치 분석(■)을 통해 양측의 논리 구조를 인식(■)하고 합리적으로 문제를 해결(■)하는 과정을 통해 민주 시민 양성을 시도하고 있다.

넷째, 초등학교 중학년의 실태에 적합한 형태의 문제 해결형 수업 구성이다. 본시 수업은 학생들이 문제에 대하여 직접 자료를 조사하면서 이루어지는 형태의 일반적인 토론 수업과는 달리, 교사가 작성한 시나리오에 따라 진행하는 합리적 문제해결 학습이다. 초등학교 중학년이라는 학생 실태를 고려하여 시나리오를 통하여 찬반 논리 구조를 습득시켜 최종적으로는 학생이 직접 가치 판단을 하도록 진행된 수업이다.

이상의 검토를 통해 문제 해결형 수업에서는 논쟁 문제에 대하여 학생이 양측의 사실 인식과 가치 인식을 논리 구조를 가지고 이해·판단할 수 있고, 이것을 학급 전체에서 해결해 나가는 유효한 모델로 '재판'을 도입한 수업이 개발되고 있음을 알 수 있다.

(2) 수업의 과제 및 개선 방향

위와 같은 특질에도 불구하고 이 수업에서는 교사도 인식하고 있는 바와 같이, 재판이 모든 것을 해결해 준다는 생각이 확산될 우려를 내포하고 있다. 이러한 과제를 통해 논쟁 문제의 해결을 추구하는 사회과 수업 개선의 방향으로, 재판이 모든 것을 해결해 준다는 사고 형성을 사전에 방지하기 위한 교육의 장을 마련하고, 재판이라는 형식 뿐만 아니라 다양한 형태의 토의·토론을 통한 논의의 장을 학생들에게 제공할 것을 제안한다.

지금까지 '민주 시민 양성'의 실현을 직접 추구하는 문제 해결형 수업분석을 통해 다음의 세 가지가 밝혀졌다.

첫째, 초등학교 문제 해결형 수업의 구조는 현재의 논쟁 문제를 사례로 찬반 대립과 양측의 논리 구조를 습득한 후 합리적으로 문제를 해결하는 형태이다.

둘째, 이때 교사가 철저하게 계획·준비하여 논쟁 문제와 관련된 배경 지식과 내용을 조사하여 제공함으로써 학생들이 찬반 양측의 주장을 논리적이고 구조적으로 가치 분석·판단하는 과정을 통해 민주 시민의 자질 함양을 가능케 하고 있다.

셋째, 이상과 같이 이 수업은 학생이 찬반 대립 구조를 더욱 명확하게 인식할 수 있고, 하나의 입장에 대하여 논증에 기반하여 주장을 펼쳐나갈 수 있는, 초등학교 단계에 적합한 문제 해결형 수업 모델로 '재판' 형식이 유효함을 시사하고 있다.

제 3 절 문제 해결형 사회과 수업분석의 결과 및 고찰

지금까지 문제 해결형 수업을 '사회 문제의 해결을 추구하는 것(이하, 사회 문제의 해결)'과 '논쟁 문제의 해결을 추구하는 것(이하, 논쟁 문제의 해결)' 두 가지로 나누어 HAL 틀을 이용하여 분석하였다.

사회 문제의 해결 수업으로 〈표 1〉의 ⑥ '지구촌 문제'는 자료 해석, 토의·토론 활동을 통해 현대의 지역 사회 문제에 대한 해결 방법 모색을 추구하고 있다. 특히 글로벌 사회에서 나타나는 다양한 문제를 수업에서 다루어 그 해결 방안을 학생들이 토론 활동을 통해 찾아내고 있다.

이 수업의 특질에는 다음의 네 가지가 있다.

첫째, 이 수업에서 제시한 사회 문제는 정보화와 더불어 급변하는 현대의 글로벌 사회에서 제기되는 세계 문제이다. 세계적인 문제는 학생들의 생활 범위와 거리가 있어 막연하기 때문에 대표적인 문제로 환경, 전쟁·기아, 자원, 인구의 네 가지를 제시하고 있다.

둘째, 세계 문제에 대한 이해를 바탕으로 이를 해결하기 위한 사회적인 노력을 먼저 탐색한 후, 학생 개개인이 할 수 있는 일을 찾아 사적 판단을 하는 학습 과정을 통해 민주 시민 함양을 도모하고 있다.

셋째, 실제 수업에서 학생들은 조사 활동을 통해 '지구촌 문제 해결'을 위한 사회적인 노력을 탐색하고 논의와 발표 활동을 통해 '지구촌 문제 해결'을 위한 개개인의 노력을 도출하고 있다.

넷째, 실제 수업에서 학생들은 '지구촌 문제의 해결'을 위한 사회적인 노력, 개인적인 노력, 그리고 학생 자신이 할 수 있는 일 순으로 문제 해결 방안을 찾아나가고 있다.

'논쟁 문제의 해결' 수업인 〈표 1〉의 ⑦ '한반도 대운하'는 한반도 대운하 건설 문제의 쟁점인 '환경'과 '개발'을 재판의 토론 진행 방법에 따라 합리적으로 의사 결정하는 것을 추구하고 있다. 거론된 현재의 논쟁 문제인 한반도 대운하 문제를 학생들은 재판 형식을 통하여 합리적으로 해결해 나간다. 이 수업의 특질로는 다음의 네 가지가 있다.

첫째, 논쟁 문제를 합리적으로 해결하기 위한 토론 구조와 재판 형식을 도입하고 있다.

둘째, 교사가 철저하게 준비하고 작성한 시나리오를 통해 논쟁 문제에 대한 배경 지식과 내용을 제공하고 학생들이 찬반 양측의 주장을 논리적이고 구조적으로 가치 분석·판단하는 과정을 통해 민주 시민의 자질 육성을 가능케 하고 있다.

셋째, 학생들은 습득한 찬반 양측의 논리 구조를 바탕으로, 자신의 주장과 관련되는 주장이나 근거를 점진적으로 추가해나가면서 논쟁 문제의 논리 구조를 생성해나가고 있다.

넷째, 수업에서 학생들은 다루어진 논쟁 문제에 대한 사실과 가치 분석을 통해 찬반 양측의 논리 구조를 해명하고 합리적 문제 해결 방안을 도출해내고 있다.

이상 검토한 바와 같이 사회과 문제 해결형 수업에서는 '사회 문제의 해결'과 '논쟁 문제의 해결' 모두 현대 사회의 문제를 다루고 있다. 그리고 학생들의 문제 해결을 촉진하기 위해 사회적 차원의 해결 방안 제시, 논의하기, 재판 등의 학습 활동을 통해 학생들이 논리적으로 가치 판단을 하도록 구조화하고 있으며, 실제 수업에서 학생들은 이 구조에 따라 가치 판단을 하고 문제 해결 방안을 모색해 나가고 있음이 밝혀졌다.

[주 및 참고문헌]

(1) 툴민은 대전제, 소전제, 결론으로 이루어지는 삼단논법의 구성요소를 대신하여 논의 요소를 주장(Claim), 근거(Ground) 혹은 자료(Data), 정당한 이유 설명, 보증(Warrant)의 일차적 요소로 연결된 기본적인 논증 구조를 제시하였다. 또한 보다 좋은 추론과 건전한 논증을 위해 주장, 근거, 정당한 이유들을 뒷받침할 수 있는 부가적 증거인 지지하기(Backing), 주장을 설립시키는데 있어서 예외 조건이나 주장에 반하여 제기될 수 있는 예상되는 반박의 조건들(Rebuttal), 그리고 주장을 계속할 수 있게 만드는 설득의 정도를 나타내는 확신 정도(한정어: Modal qualifier)와 같은 구성 요소를 더하여, 논증을 더욱 정당화시키는 이론을 완성시켰다. 유지현(2003). 온라인 토론 학습에서 논증모델의 활용이 학습자의 인지양식에 따라 논증기술 향상에 미치는 효과. 이화여자대학교 석사학위논문.; 足立幸男(1984)『議論の論理 : 民主主義と議論 』木鐸社.

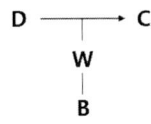

툴민의 도식
(足立幸男, 1984: 103)

(2) 교육부(1997). 초등학교 교육 과정. p.112.
(3) 교육부(2007). 초등학교 교사용 지도서 사회 4-1. p.58.
(4) 이상영(2008). 우리나라 하천 지형이『한반도 대운하』건설이 가능한가?. 한국농림기상학회·한국생물환경조절학회 정기총회 및 공동학술발표대회 자료집. 17권 1호. p.131.
(5) 변창흠(2008). 한반도대운하 사업의 타당성과 한계. 건축. 제52권 제9호. p.35.
(6) 안형준(2008). 한반도대운하는 한 번 더 대운아. 건축. 제52권 제9호. p.13.
(7) 황평우(2008)는 '인류문명은 강에서 시작됐다. 전곡리, 미사리, 암사동 등의 유적지에서 알 수 있듯이 한반도 역시 강을 따라 선사시대(신석기.구석기.청동기문화) 역사와 문화가 형성되었다. 따라서 강을 훼손하는 것은 곧 우리의 역사와 문화를 말살하는 것이며 우리 스스로 우리의 정체성을 훼손하는 것이다.'라고 지적하면서 문화유산·역사적 관점에서 반대하고 있다. 황평우(2008). 문화유산 관점에서 본 경부운하 건설의 부당성. 문화과학. 통권 53호. p.521.
(8) 김정욱(2008)은 '①운하는 사양산업이다. ②환경 재앙을 부르는 사업이다. ③경제 파탄을 가져올 수 있다. ④추진 절차와 방법이 정당하지 못하다.'를 제기하며 반대하였다. 김정욱(2008). '한반도 대운하', 무엇이 문제인가. 실천문학. 통권 90호. pp.347-360.
(9) 전제철(2008). 법교육의 측면에서 본 사회과 논쟁문제 수업모형. 사회과교육. 제47권 4호. p.185.
(10) 우리나라에서는 국민참여재판제도가 2008년 1월부터 실시되었다. 이것은 미국의 배심제와 참심제를 혼합한 형태의 한국형 사법참여제도이다.

에듀컨텐츠·휴피아
Educontents·Huepia

제 3 부 초등사회과 수업분석 결과 및 방법론 고찰

제 8 장 초등사회과 수업의 특질과 과제

제 2 부에서는 우리나라 초등사회과 수업을 네 유형으로 나누어 각각에 해당하는 수업 실천을 분석하였다. 분석한 결과 다음의 네 가지 특질과 과제가 드러났다.

첫째, 주로 '개념 획득형'과 '문제 해결형'이 많이 공개되고 있다. '사실 이해형'은 일상 수업에서는 어렵지 않게 접할 수 있지만 공개 수업으로 이루어지는 일이 드물기 때문에 그 수가 적다.

둘째, '문제 이해형' 수업실천이나 수업분석이 적다. '문제 이해형'은 '문제 해결형'의 전 단계로 학생들의 가치 형성과 판단에 있어서 중요한 역할을 하지만 그 실천이 적은 문제가 있다. '문제 이해형'에 해당하는 좋은 수업 모델을 개발하고 실천해야 한다.

셋째, 네 유형은 초등사회과 교과서의 한 단원의 내용 구성, 배열의 순차성과 일치한다. 교과서에 제시된 단원은 나선형의 원리에 따라 학생의 발달 단계를 고려하여 구성하고 있기 때문에 '사실 이해형'에서부터 '문제 해결형'의 순으로 배열되어 있다. 학생들의 사고 수준을 점진적으로 높이기 위해 개별적인 지식에서부터 과학적이고 본질적인 지식으로, 구체적·특수적인 지식에서부터 추상적·일반적인 지식으로 진행하는 순차성이 연구 결과 드러난 것이다. 제 4 장에서 제 7 장까지 수업분석에 나타난 지식의 구조와 개념틀의 특징을 통해서도 '사실 이해형'에서는 개별적인 지식의 누가적 이해를, '개념 획득형'에서는 개별적인 사실 지식에서부터 개념, 일반화로 인과·종합·발전적 획득을, '문제 이해형'에서는 복잡한 사회 문제의 종합적·인과관계적 이해를, 민주 시민의 자질 육성을 직접적으로 추구하는 '문제 해결형'에서는 사회현상의 사실과 개념·일반 법칙의 이해뿐만 아니라 가치의 이해, 명료화, 수용·선택 과정을 필요로 하는 것으로 나타났다. 즉, '사실 이해형'에서 '문제 해결형'으로 진행할수록 더 고차적인 사고가 요구되는 것이다. 이러한 네 유형의 관계를 나타낸 것이 [그림 54]이다.

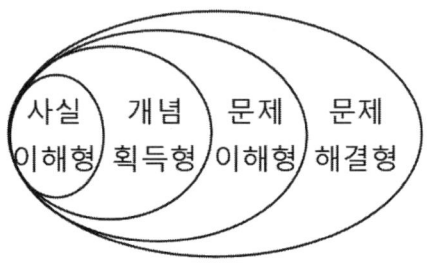

[그림 54] 수업 유형 간의 관련

넷째는 학생의 주체적인 활동에 중점을 두고 있다. 분석한 네 유형에 나타난 대부분의 수업에서는 학습자 중심의 학습 활동을 조직하여 계획하고 있으며, 실제 수업에서도 교사는 조력자일뿐 학생들의 주체적인 활동으로 수업이 진행되고 있었다. 근자에 들어 학교 현장에서는 교사 중심의 수업에서 학생들의 주체적인 학습을 강조하는 학습자 중심 수업으로 패러다임 전환이 이루어지고 있다. 이러한 움직임 속에서 개념 및 고차적인 사고력 형성과 문제 해결을 경험하게 하여 민주 시민의 자질을 함양하려는 시도는 상당히 고무적이다. 초등사회과 수업에서도 '사실 이해형'에서 탈피하여 '개념 획득형', '문제 이해형', '문제 해결형'으로 발전적으로 전개해 나감으로써 사회과 본연의 목표인 민주 시민 함양을 구현하려는 시도를 엿볼 수 있었다는 데 의미가 있다.

제 9 장 홀리스틱 수업분석의 효과 및 의의

사회과 수업분석 방법으로 연구자가 구축한 HAL 틀에는 다음과 같은 의의가 있다.

첫째, 수업에서 교사와 학생 측의 종합적인 분석을 시도한 것이다.

기존의 수업연구는 사회과 수업에서 내용 지식만을 다루어(교사 측) 학생의 사고를 누락시키는 문제와, 학생의 사고만을 다루어(학생 측) 내용 지식을 누락시켜온 문제가 있었다. HAL 틀은 수업에서 내용 지식과 학생의 다양한 사고를 함께 다루고 교사·학생 양측의 다면적인 활동을 상세하고 효과적으로 분석함으로써 이와 같은 문제를 극복하였다.

둘째, 실제 수업을 실증적이고 객관적으로 분석할 수 있는 틀이다.

선행 연구에서는 이론적인 측면이 강한 문제가 있었으나, HAL 틀은 수업계획 단계는 물론 실천 단계에서 학생의 개념 변용 과정을 실증적으로 분석할 수 있는 것으로, 종래 수업연구가 지니고 있었던 인상적인 분석에서 탈피하여 수업의 실제를 더욱 객관적으로 분석하기 위한 것이다.

셋째, 사회과 수업에 나타나는 학생의 다양한 활동이나 사고를 분석할 수 있다.

본 연구에서 다룬 사회과 수업은 교사의 설명이나 해설 위주의 수업이 아니라 학생의 주체적인 개념 획득과 문제 해결을 강조하고 있다. HAL 틀은 학습자 중심의 수업에 나타나는 학생들의 다양한 관점이나 사고방식을 분석하고, 사회과 수업 유형에 따라 학생의 개념 변용 과정을 밝혀 종래의 수업연구가 지닌 문제점을 해결하고자 시도한 것이다.

넷째, 학교 현장이나 교사 자신의 수업 개선에 응용·활용할 수 있다.

수업연구가 이론적이기 때문에 학교 현장과 괴리되어 있었던 기존의 연구에 대하여 HAL 틀 분석과정을 매뉴얼화하여 교사가 자신의 수업 성찰에 응용할 수 있고 수업의 질 개선에 활용할 수 있어 현장의 수업 개선 가능성을 마련한 것이다.

상술한 네 가지 의의로부터 HAL 틀은 수업 전체를 더 상세하고 선명하게 해명할 수 있고, 학교 현장의 수업 개선에 응용할 수 있는 장점이 있어 기존의 수업연구 방법론을 한걸음 진전시킨 것으로 평가할 수 있다.

종 장 연구의 총괄 및 향후 과제

이 연구에서는 사회과 수업을 종합적으로 분석하기 위해 HAL 틀을 구축하고 초등사회과 수업실천을 체계적으로 분석하여 그 구조와 특징을 밝혔다. 연구를 통해 나타난 초등 사회과 수업을 총괄하면 다음의 네 가지로 정리할 수 있다.

첫째, 초등사회과 수업실천에는 사실 이해형, 개념 획득형, 문제 이해형, 문제 해결형의 네 유형이 있다. 이러한 수업실천은 초등사회과 교육과정에서 제시된 내용 요소이며, 초등 사회 교과서 단원의 내용 구성이나 배열의 순차성과 일치한다.

둘째, 초등사회과 수업은 학생의 사회인식 형성과 더불어 민주 시민의 자질 육성을 위해 구성·실천되고 있다. 특히 네 유형 중 개념 획득형과 문제 해결형이 많이 공개되고 있는 것을 통해 학생들이 명확하고 확실하게 사회에 관한 개념을 형성하고 민주 사회에 참여할 수 있는 자질 육성을 중시하고 있음을 알 수 있다.

셋째, 초등사회과 수업은 학생의 주체적인 활동에 중점을 두고 있다. 네 유형의 수업 분석 결과를 보면 모두 학생의 학습 활동을 중심으로 설계되어 있으며 실제 수업에서도 학생의 주체적인 학습 활동으로 진행되고 있다.

넷째, 문제 이해형 수업 모델의 개발과 실천이 필요하다. 민주 시민의 자질 함양을 위해 학생들의 명확한 개념 형성을 토대로 현대 사회의 문제를 이해하는 활동을 거쳐 문제 해결에 임할 수 있는 단계적인 과정이 필요하다. 그러나 문제 이해형 수업실천이 적기 때문에 이 유형에 대한 충실한 수업 개발과 실천 및 분석이 요구된다.

이상에서 검토한 바와 같이 초등사회과 수업은 사회인식과 민주 시민의 자질 함양을 목표로 구성되어 있으며, 이를 실현하기 위해 학생의 주체적인 학습을 중시하고 있음을 알 수 있다.

이 연구의 의의에는 다음의 세 가지가 있다.

첫 번째 의의로는 우리나라 초등사회과 수업의 범위와 각 유형별 특질을 해명하고, 그 경향과 과제를 밝혀냈다는 데 있다. 개별적으로 이루어지고 있는 다양한 초등사회과 수업을 수집하여 그것을 사실 이해형, 개념 획득형, 문제 이해형, 문제 해결형으로 유형화하여 초등사회과 수업실천의 전체상을 해명하였다는 점에서 의의를 찾을 수 있다.

두 번째 의의로는 사회과 수업 개선을 위한 연구 방법을 개발하였다는 데 있다. 종래의 사회과 수업 연구에 나타난 교사 중심, 수업계획·이론 중심이라는 한계를 극복하고 새로운 수업분석 틀인 HAL을 구축하여 수업을 더 전체적으로 파악하고 분석할 수 있게 됨으로써 학교 현장의 수업 개선에 공헌할 수 있다는 점에서 의의가 있다.

세 번째 의의로는 눈에 보이지 않는 학생의 개념 변용 과정을 해명하고 가시화하였다는 데 있다. 네 유형의 수업분석에서 HAL 틀을 이용하여 학급 전체와 개별 학생의 개념 변용을 추적하고 그것을 도식화함으로써 변용 과정을 더욱 선명하게 파악할 수 있게 되었다.

그러나 향후 과제로 다음의 두 가지가 남아 있다.

첫째, 우리나라 초등사회과 수업실천을 더 많이 수집하여 이러한 유형의 수업실천을 분석·검토할 필요가 있다. 이 연구에서는 수업분석의 유형적 연구에 제한을 두었기 때문에 한계가 있다. 이 작업은 더 많은 수업실천을 발견하고 관찰, 분석하는 활동을 수반해야만 가능하다.

둘째, 학교 현장의 사회과 수업 개선에 더 적극적으로 임하는 것이다. 이 연구는 사회과 수업 개선을 위한 HAL 틀을 구축하고 수업을 분석하여 그 특질과 과제를 밝혔다. 그러나 수업분석 결과가 학교 현장의 수업 개선에 구체적으로 어떻게 반영되고, 어떤 효과가 있는지 검증하는 더욱 실천적이고 실증적인 정밀한 연구가 향후 필요하다.

<응용편> HAL 틀을 활용한 수업계획 단계에서의 수업 성찰[1]

1. 수업계획 단계에서의 수업 성찰

학교 교육의 요체는 수업이다. 최근 교원평가와 더불어 공교육 신뢰회복을 위한 노력으로 수업 개선에 대한 관심과 요구가 고조되고 있다. 이에 학교 현장에서는 수업 컨설팅이나 교내외의 각종 연구 수업 및 공개 수업 등과 같은 외적 요인과 함께 반성적 교사로서 교사 개개인의 자기 성장·발전을 위한 내적 요인이 어우러져 교실 수업 개선을 위한 방안 모색이 이루어지고 있다. 그러나 여전히 사회과 수업에 대한 어려움을 성토하는 현장의 목소리가 끊이지 않고 있다. 어떻게 하면 보다 좋은 사회과 수업을 실천할 수 있는가?, 어떻게 하면 교사가 자신의 수업을 스스로 개선해 나갈 수 있을 것인가[2]? 이에 대한 구체적인 방안 제시가 필요하다.

사회과 수업을 개선하는 방법에는 크게 두 가지가 있다. 첫째는 수업실천을 통한 개선이며, 둘째는 수업실천에 앞서 수업계획을 사전에 반성하고 검토하는(reflection) 활동을 통해 개선을 도모하는 방법이다. 전자는 이른바 PDCA 사이클(峯明秀, 2009)[3]에 따라 검토하는 과정에서 필요로 하는 수업 기록 작성과 분석에 들어가는 노력이나 시간이 방대하기 때문에 현장 교사가 일상적으로 실천하기에는 부담이 큰 문제(今野文子他, 2007)[4]가 지적되고 있다. 한편 후자의 경우, 더 좋은 수업실천을 목적으로 수업 목표와 수업 내용, 예상되는 학생의 사회인식 변용 등 수업 운영에서 주축이 되는 지도안을 검토하여 수업 개선을 도모하기 때문에 현장 교사에게는 전자보다는 부담이 적고 효율적이다.

이에 〈응용편〉에서는 현장 교사가 작성한 소단원 수준에서의 초등사회과 지도안을 사례로 분석하여 더 좋은 사회과 수업실천을 위한 전(前) 단계에서 수업을 개선하는 방법을 제안한다.

구체적인 분석 대상으로는 C시 D초등학교에서 계획된 소단원 '사회의 다양성과 소수자의 권리' 지도안을 사례로 분석한다. 이 소단원은 2007 개정교육과정부터 새롭게 등장한 것으로 우리 사회의 변화를 반영하고 있는 내용 중 하나이다. 그리고 이 지도안은 사회과 수업 특성이 잘 드러나 있어 수업 개선을 위한 사유의 소재를 제공하고 있다.

2. 초등사회과 지도안 분석

(1) 교사의 개념틀

1) 단원의 개요

소단원 '사회의 다양성과 소수자의 권리'는 4학년 '사회 4-2' 교과서 중 마지막 대단원인 '3. 사회 변화와 우리 생활'에 해당된다. 대단원 '3. 사회 변화와 우리 생활'은 5개의 소단원으로 구성되어 있으며 현대 사회의 가족, 성 역할의 변화, 인구 문제, 여가 생활과 대중 매체 및 삶의 다양성 등 현대 사회에서 일어나는 일반적인 변화 양상에 대한 인식을 돕기 위해 설정되어 있다. 각 소단원의 구체적인 내용은 다음과 같다(교육과학기술부, 2010a)[5].

'현대 사회의 가족(2~4/15)'에서는 우리 사회의 다양한 가족 유형을 이해하고 새로운 가족 관계의 특징을 살펴보면서 현대 사회에서 바람직한 가족의 의미를 찾는다. '성 역할의 변화(5~7/15)'는 전통적인 성 역할과 성에 대한 고정 관념을 비판적으로 검토하면서 양성평등 사회를 만들기 위한 바람직한 태도에 대해 생각하는 내용이다. '우리 사회의 인구 문제(8~9/15)'는 인구 구성 변화와 관련된 자료를 분석하여 우리 사회의 인구 구성의 특징을 파악한 후 저출산 고령화 등과 같은 인구 문제에 대한 대책을 알아보는 내용이다. '여가 생활과 대중 매체(10~12/15)'는 여가 생활 실태 분석을 통하여 대중 매체의 종류 및 활용 모습을 살펴보고 여가 생활에 미친 대중 매체의 영향에 대해 알아보는 내용이다.

여기에서 분석 대상으로 하는 '사회의 다양성과 소수자의 권리'는 장애인, 외국인 노동자, 북한 이탈 주민, 다문화 가정 등 다양한 사람들의 생활 방식의 차이를 이해하고 소수자들의 권리를 존중하는 방법을 생각해보는 내용이며 2 차시(13~14/15)로 구성되어 있다. 그리고 대단원의 1 차시(1/15)는 단원 도입, 마지막 차시(15/15)는 단원 정리이다.

2) 분석 대상 지도안

분석 대상으로 하는 지도안은 C시 D초등학교에서 계획된 것이며 13/15 차시(전개 1)와 14/15 차시(전개 2)가 있다([자료 12], [자료 13] 참조).

3) 지식의 구조

교사가 학생들에게 획득시키려는 지식을 지도안을 토대로 분석하면 [그림 55](전개 1), [그림 56](전개 2)과 같다. 이것은 지도안에 나타난 발문과 예상되는 학생의 학습 활동, 반응, 교과서 내용을 참고로 작성한 것이다.

[그림 55]에 나타난 바와 같이 전개 1은 사실적 지식과 개념적 지식, 그리고 그 지식들을 기초로 하여 인식할 수 있는 사회 문제적 지식으로 이루어져 있다. 전개 1에서는 사회 현상이나 사실에 관한 지식과 개념의 획득, 그리고 이러한 지식을 통해 사회 문제를 이해하도록 구성하고 있다. 그러나 지도안에는 사회 문제적 지식인 소수자 문제에 대한 구체적이고 상세한 내용 지식이 제시되어 있지 않다. 또한, 소수자 문제의 원인에 대해서도 구체적으로 명시되어 있지 않다. 그리고 사실적 지식과 개념적 지식, 사회 문제적 지식이 명시되어 있지 않으며 이들 지식이 혼재되어 있음이 분석 과정에서 드러났다.

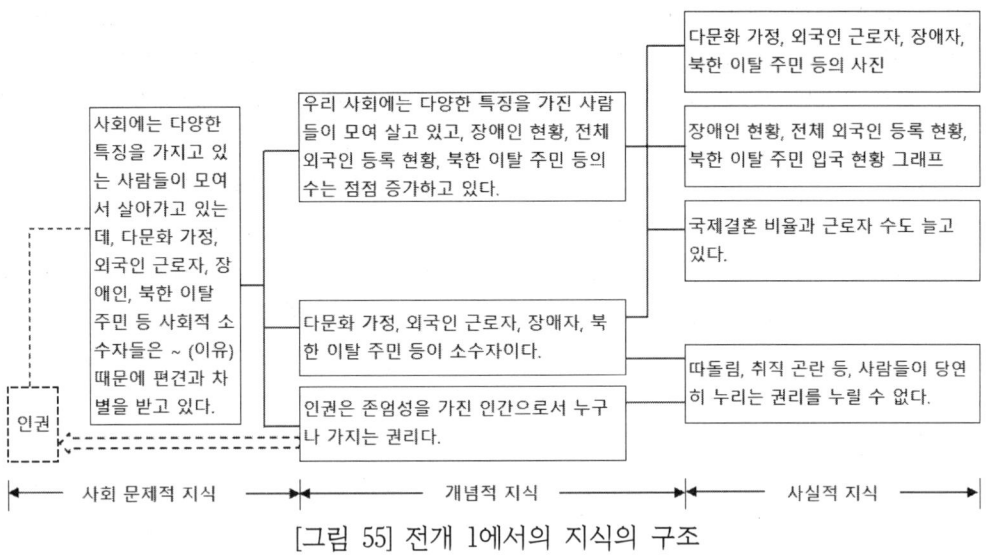

[그림 55] 전개 1에서의 지식의 구조

전개 2는 전개 1에서 다룬 소수자 문제에 대한 개인적인 해결 방안에서부터 사회제도적인 해결 방안으로, 그리고 구체적인 문제 장면(불법체류자 자녀의 교육권)에 대한 해결 방안을 살펴보는 구조이다. 수업에서 다루고 있는 지식 내용이 전체적으로 가치적인 지식으로 이루어져 있음을 [그림 56]을 통해 알 수 있다.

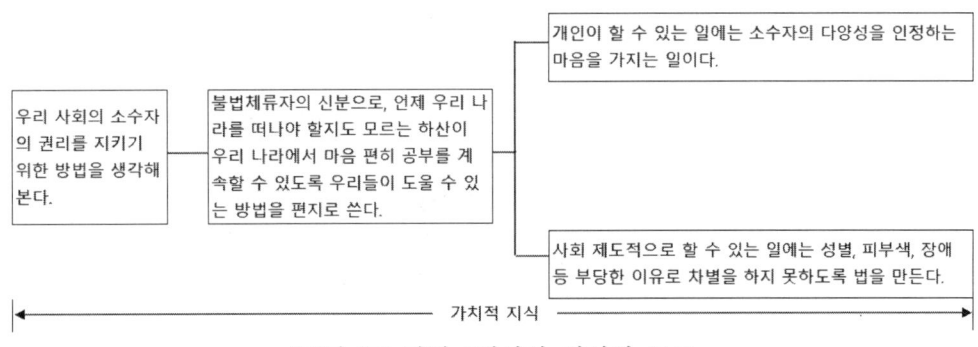

[그림 56] 전개 2에서의 지식의 구조

4) 교사의 개념틀

교사가 소단원 수업을 통해 학생들에게 무엇을, 어떻게 획득시키려 하는가를 고찰하여 도식화한 것이 [그림 57] 교사의 개념틀이다. 교사는 차시별 수업 목표로 '우리 사회가 다양한 사람들로 구성되어 있음을 알 수 있다. 우리 사회 소수자에 대한 편견이나 차별 사례를 조사해 보고, 그 원인을 알 수 있다.(전개 1)'와 '소수자의 권리를 보호하기 위한 방법을 토의할 수 있다.(전개 2)' 세 가지를 설정하고 있다. 이와 같은 목표 설정을 통해 다양한 사람들로 구성되고 있는 사회와 사회적 소수자에 대한 편견과 차별이라는 사회현상 및 그 원인에 대해 알아보는 과정을 통해 학생들에게 사회 문제를 이해시키고 소수자의 권리를 보호하는 방법에 대해 사고시키려는 교사의 의도를 알 수 있다.

전영평(2006)[6]은 사회적 소수자(social minority)로 장애인, 성매매 여성, 이주노동자, 일본군 위안부, 동성애자, 비정규직 노동자, 양심적 병역 거부자, 외국인 배우자, 혼혈인, 미혼모, 난치병 환자, 노숙자 등을 들고 있다. 또한 윤인진(2006)[7]은 한국 사회에는 장애인, 노숙자, 화교, 외국인 노동자, 결혼 이민자, 조선족 동포, 북한 이주민, 동성애자 등의 소수자가 있다고 하였다. 이렇듯 우리 사회에 존재하는 다양한 소수자 가운데 교사는 사회 교과서에서 제시하고 있는 '다문화 가정, 외국인 근로자, 장애인, 북한 이탈 주민'의 네 가지로 설정하고 있음을 [그림 55] (전개 1)에서의 지식의 구조를 통해 알 수 있다.

전개 1에서는 우리 사회에 나타나는 현상과 사회 문제인 소수자 문제에 대한 이해를, 그리고 전개 2에서는 [그림 56]의 지식의 구조도에 나타난 바와 같이 개인이 할 수 있는 일, 사회 제도적으로 할 수 있는 일의 순으로 사회 문제를 해결하여 민주 시민으로서의 자질 함양을 시도하고 있다. 이상에서 검토한 소단원에서의 교사의 개념틀을 도식화한 것이 [그림 57]이다.

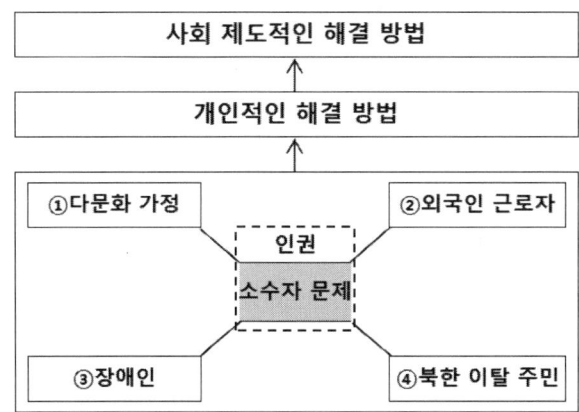

[그림 57] 소단원 '사회의 다양성과 소수자의 권리'에서의 교사의 개념틀

그러나 소수자 문제에 대한 보다 구체적인 인과관계 파악과 내용이 명확하지 않기 때문에, 교사가 소수자 문제에 대해서 구체적으로 어떻게 인식하는지를 검토하기에 한계가 있다.

(2) 교사의 개념틀을 학생들에게 획득시키기 위한 준비

1) 학생 실태 조사

지도안을 개발한 D초등학교는 2009년도부터 사회과 교육 정책연구학교로 운영되었기 때문에 연구 보고서를 통해 학생들의 실태를 파악할 수 있다[8].

보고서에는 4학년의 실태(2010년 3월 조사)에 대하여 '사회과 학업성취도는 지역의 평균 수준보다 높고, 사회과 탐구학습에 관심이 많음'으로 서술되어 있다. 또한 '사회과 학습은 주로 교과서나 사회과 탐구에 의존하는 편이며, 스스로 학습할 수 있는 학습 자료 개발을 원함', '사회 교과의 지식·이해 영역의 명제적 지식은 많이 알고 있지만, 이를 효과적으로 활용하는 능력이 부족함', '사회과 특성에 대한 통합적, 종합적 이해 정도는 우수하나 자기 주도적인 지식, 정보 탐색 및 획득이 부족함'으로 기술되어 있다.

그리고 사전·사후 검사(2010년 4월과 10월에 실시)를 한 다음에 학생의 사회과 지식과 기능 영역의 평가 결과를 〈표 16〉, 〈표 17〉과 같이 나타내고 있다. 〈표 16〉, 〈표 17〉에서는 학생들의 성취도를 상(25%), 중(50%), 하(25%)로 나누고 있으며, 사전·사후 검사를 통하여 지식 영역의 변화를 나타내고 있다.

〈표 16〉 지식 영역별 사전·사후 평가 결과(2010년)

학년	영역	구분	4월(%)	10월(%)	비고
4학년 (N=196명)	지식	사실 상	100%	100%	-
		사실 중	92.8%	96.4%	+3.6
		사실 하	69.1%	90.8%	+21.7
		개념 상	98.9%	98.9%	-
		개념 중	91.8%	96.9%	+5.1
		개념 하	81.9%	86.7%	+4.8
		일반화 상	95.6%	97.9%	+2.3
		일반화 중	63.7%	92.8%	+29.1
		일반화 하	42.5%	80.6%	+38.1

(보고서 p.36)

지식 영역에 대한 사전·사후 평가 결과를 보면, 중·하에 해당하는 학생의 지식, 개념, 일반화 영역에 변화가 보인다. 그리고 기능 영역에서의 탐구, 의사 결정 능력 항목에도 중·하위 학생에게 변화가 보인다.

〈표 17〉 기능 영역별 사전·사후 평가 결과(2010년)

학년	영역		구분	4월(%)	10월(%)	비고
4학년 (N=196명)	기능	정보 획득· 활용 기능	상	98.9%	95.8%	-3.1
			중	92.8%	92.8%	-
			하	68.0%	76.5%	+8.5
		탐구· 의사 결정 기능	상	94.5%	100%	+5.5
			중	75.0%	97.4%	+22.4
			하	48.9%	94.8%	+45.9
		인간 관계 사회 참여 기능	상	.	97.9%	.
			중	.	85.7%	.
			하	.	57.1%	.
		연표·지도 기능	상	100%	.	.
			중	91.3%	.	.
			하	76.5%	.	.

(보고서 p.37)

이상의 학생 실태를 통해 D초등학교의 4학년 학생들은 사회 교과서에 제시되어 있는 지식이나 개념, 일반화에 대해 어느 정도 인식하고 있으며, 사회과 수업에서의 탐구나 의사 결정 과정과 같은 수업에 대해 어느 정도 익숙해 있음을 알 수 있다.

그러나 소단원의 내용과 관련된 학생의 인식 조사가 제시되어 있지 않기 때문에 학생의 대체적 개념틀을 파악하기에는 한계가 있다.

2) 교과서를 통한 사회 문제 추출

소단원에서 제시하고 있는 소수자 문제는 2007 개정교육과정에서 새롭게 도입된 사회 문제 중 하나이다. 우리나라는 1990년대에 본격적인 이주가 시작된 이래 단기적으로 이주자가 급증했다(李娫姬, 2010)[9]. 이러한 현상은 21세기에 들어와 더욱 가속화되고 있으며, 향후 외국인의 유입은 더욱 증가할 것으로 예상된다. 이렇듯 빠르게 변화하고 있는 사회에 대하여 교육과정 개정과 더불어 사회 교과서에도 그 내용을 반영하게 된 것이다. 소단원의 지도안 역시 2007 개정교육과정을 반영한 사회 교과서를 바탕으로 작성된 것이다.

지도안에 명시된 대부분의 내용은 사회 교과서에서 추출되었다. 사회 교과서에는 사회적 소수자로 [그림 58]과 같이 '다문화 가정, 외국인 근로자, 장애인, 북한 이탈 주민'의 네 가지가 제시되어 있다(교육과학기술부, 2010b: 129)[10].

다문화 사회의 진전에 따라 소수자 문제는 사회적인 문제로 대두하였다. 소수자들은 사회적 약자로서 차별적인 대우를 받고 있으며 인권 보장이 잘 이루어지고 있지 않은 공통점이 있다. 이러한 소수자 문제에 대해 사회 교과서(사회 4-2)에서도 '피부색, 나이, 경제적 능력, 성별, 장애 등에 상관없이 인간이라면 누구나 인권을 보장받아야 합니다. 그러나 소수자들은 사람들의 편견이나 차별로 인해 힘들어하기도 합니다. 소수자들이 당하는 차별 사례나 인권 침해 사례를 찾아봅시다(교육과학기술부, 2010b: 130).'라고 서술하여 인권과 차별, 그리고 인권 피해에 대해 언급하고 있다.

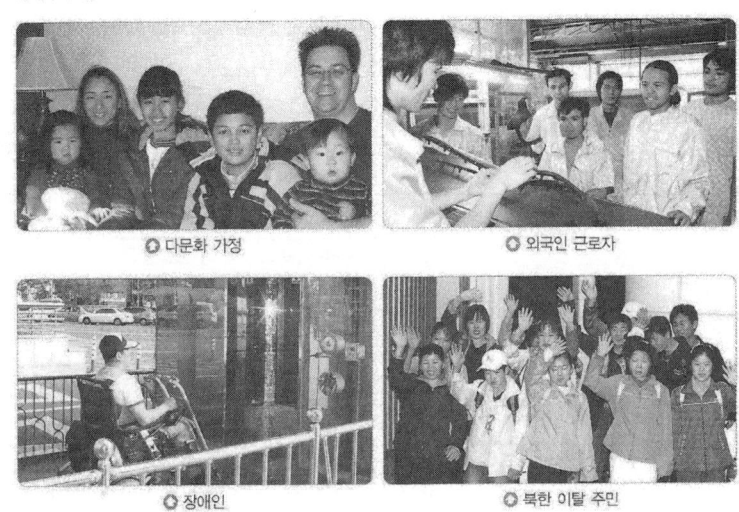

[그림 58] 교과서에 제시된 사회적 소수자

이러한 교과서의 기술에 따라 교사는 전개 1에서는 사회의 다양성에 대한 인식, 소수자의 개념, 소수자의 예, 인권, 소수자에 대한 차별과 인권 침해 사례와 그 이유에 대해 학습하도록 구성되어 있다.

전개 2의 내용도 사회 교과서를 기반으로 하고 있다. 교과서(사회 4-2)에는 '다양한 사람들이 함께 살아가기 위해서는 남의 권리를 존중해야 합니다. 그러나 소수자들은 인권을 보호받지 못하는 경우가 있습니다. 소수자들의 인권을 보호하려면 어떻게 해야 할지 토의해 봅시다(교육과학기술부, 2010b: 131).'라고 기술되어 있다. 이에 따라 전개 2에서는 소수자들의 인권 보호를 위한 방안에 대하여 토의하도록 구성되어 있다.

이상의 검토를 통해 소단원 '사회의 다양성과 소수자의 권리' 지도안의 내용은 사회 교과서를 토대로 구성되어 있으며, 소수자들의 차별이나 인권 침해 문제에서부터 그 해결방안을 알아보는 내용임을 알 수 있다.

3) 교수·학습 과정의 조직

상술한 소수자 문제를 학생들에게 인지시킨 후 그 해결 방안을 알아보기 위해 〈표 18〉과 같이 교수·학습 과정을 조직하고 있다. 전개 1에서는 사회의 다양성, 사회적 소수자, 인권 등의 개념 이해와 소수자에 대한 편견과 차별 문제 등 사회 문제에 대한 이해를 중심으로 조직하고 있다. 전개 2에서는 전개 1에서 다룬 사실이나 개념을 확인한 후 소수자 문제에 대한 해결 방안에 대하여 토의하는 학습 과정으로 조직하고 있다. 한편, 지도안에 나타난 학습 과정과 발문 구조를 살펴보면 대부분 사회 교과서(교육과학기술부, 2010b: 128-133)에 제시된 내용과 일치한다. 그러나 수업실천을 고려한다면 학생 실태나 대체적 개념틀을 고려하여 조직할 필요가 있다.

〈표 18〉 소단원 '사회의 다양성과 소수자의 권리' 지도안의 교수·학습 과정 구조

학습 과정		교사의 주요 발문	사회 교과서
전개 1	개념에 대한 사회 현상과 사실의 이해 · 사회 구성원의 특징	①우리 사회를 이루고 있는 구성원들은 어떤 특징을 가졌는지 생각해 보자.	사) p.128
		②앞으로 우리 사회는 어떻게 변화할 것 같은지 토론해 봅시다.	탐) p.108
	· 사회적 소수자	③우리 사회에서 소수자라고 할 수 있는 사람들에는 어떤 사람들이 있을까?	사) p.128, 129
	· 인권	④인권의 의미는 무엇인가?	사) p.128
	사회 문제 이해 · 소수자에 대한 편견과 차별 사례	⑤교과서 130쪽 삽화와 신문 기사를 보고 소수자들이 어떤 차별을 겪는지 알아보자.	사) p.130
	· 소수자가 편견이나 차별을 받는 이유	⑥ 우리 사회의 소수자들이 편견이나 차별을 당하는 까닭은 무엇인가?	
전개 2	개념 확인 · 개념의 확인	⑦미로 속의 문제들을 풀어보면서 행복한 사회로 갈 수 있는 길을 찾아보자.	사) p.132
	사회 문제 해결 · 소수자의 권리를 지키기 위한 방법에 대한 토의	⑧우리 사회 소수자들의 권리를 지키기 위해서 어떻게 해야 하는지 생각해 보자.	사) p.131
		⑨개인이 할 수 있는 일에는 어떤 것들이 있나?	
		⑩사회 제도적으로 할 수 있는 일에는 어떤 것들이 있나?	
		⑪모둠별로 토의해 봅시다.	
	· 편지 쓰기	⑫기사에 나온 방법을 참고하여 편지를 써보자.	사) p.133

사) : 사회 4-2, 탐) : 사회과 탐구 4-2

(지도안을 참고로 작성)

(3) 수업의 특질 및 과제

1) 수업의 특질
지도안을 분석한 결과 다음과 같은 특질이 밝혀졌다.
첫째, 급변하는 한국 사회에 새롭게 등장하고 있는 소수자 문제를 제기하고 있다.
둘째, 학생의 사고와 학습 활동을 중심으로 구성하고 있다.
셋째, 소단원에서의 수업은 사회현상이나 개념, 사회 문제를 이해한 후 사회 문제를 해결(가치 판단)하는 과정을 통해 민주 시민의 자질을 함양하는 과정으로 구성되어 있다.

2) 수업의 과제
사회과 지도안 검토를 통해 다음의 과제가 드러났다.
첫째, 소단원 전체에 대한 교수·학습 과정의 조직화 문제이다.
개념과 사회 문제를 이해하는 것에서부터 사회 문제 해결을 목표로 하는 구조로 조직화할 필요가 있다. 특히 [그림 55]나 〈표 18〉의 분석과정에서 이 소단원에서는 개념 이해 과정과 사회 문제에 대한 이해 과정이 혼재되어 있음이 드러났다.
둘째, 학생 실태나 대체적 개념틀의 반영 문제이다.
우선, 교과서에 제시되어 있는 내용의 순서를 학생 실태를 반영하여 재구성할 필요가 있다. 이 지도안에서는 소수자 문제를 다문화 가정, 외국인 근로자, 장애인, 북한 이탈 주민의 순서대로 제시하고 있다. 그러나 본 단원의 내용에 대한 학생의 인식 조사(2011.02.11)[11]에서는 학생들의 생활 주변에 장애인(15명)이 가장 많았으며, 다문화 가정(4명), 노숙자(4명), 미혼모(4명), 외국인 노동자(3명), 혼혈아(1명) 순으로 나타났다. 그리고 북한 이탈 주민은 0명이다. 이러한 학생 실태가 내용 구성에 반영되어 있지 않아 학생의 일상생활과 더욱 소원한 사회 문제가 된 문제가 있다.
다음으로, 학생의 대체적 개념틀을 활용하여 수업을 구성할 필요가 있다. 특히, 전개 2에서 문제해결 방안에 대해 토의할 때, 교사는 '개인적인 해결 방법'에서 '사회 제도적인 해결 방법'으로 설정하고 있다. 그러나 학생 인식을 조사한 결과 대부분의 학생이 장애인 문제에 관한 '개인적인 해결 방법'에 대하여 막연하게 인식하고 있음이 드러났다. 또한 몇몇 학생은 '사회 제도적인 해결 방법'에 관하여 기술하고 있다[12]. 따라서 문제를 해결할 때 학생이 더 구체적인 장면을 가지고 해결 방안을 생각하는 장치가 필요하다.
셋째, 교사의 개념틀을 명시화하는 문제이다.
교사의 개념틀 분석에서 교사의 소수자 문제에 대한 구체적인 인과관계 파악 내용이 명확하지 않은 문제가 밝혀졌다. 교사가 무엇을 어떻게 이해하고 있는지를 명시하고 학생의 대체적 개념틀이나 학생의 개념틀이 실제 수업에서 어떻게 변용해 가는지를 파악할 필요가 있다.
넷째, 지식의 구조도를 명시화하는 문제이다.

[그림 55], [그림 56]은 사회과 지도안을 분석하기 위해서 연구자가 시각화하여 나타낸 것이다. 실제 지도안을 보면 교사가 획득시키고자 하는 지식이 구조화되어 있지 않고 사실과 개념, 사회 문제 등이 혼재되어 있다. 특히 [그림 55]를 통한 분석에서 밝혀진 바와 같이 소수자 문제에 대한 보다 구체적인 지식 내용을 명시하여 계획할 필요가 있다. 그리고 학생의 사회인식 성장을 촉진시키기 위한 소단원 전체에서의 지식의 구조를 고려한 구조화가 필요하다.

3. 개선을 위한 제안

(1) 소단원 '사회의 다양성과 소수자의 권리'에서의 수업 개선 포인트

여기에서는 지도안 분석 결과 드러난 과제를 극복하기 위한 개선안으로 '소단원 전체의 교수·학습 과정에서의 조직화, 학생 실태나 대체적 개념틀의 반영, 교사의 개념틀과 지식의 구조의 명시화'라는 네 가지 포인트를 설정하여 제시한다. 이때 수업 개선에서는 현장 교사가 활용할 것을 고려하여 내재적 개선에 중점을 둔다.

1) 소단원 전체에서의 교수·학습 과정의 조직화
상술한 첫 번째 문제를 개선하기 위해 소단원을 사회현상이나 개념의 이해(전개 1)와 사회 문제 상황의 이해(전개 2), 그리고 사회 문제의 해결 방안(전개 3)이라는 과정으로 조직할 것을 제안한다.

2) 학생 실태와 대체적 개념틀의 반영
두 번째 문제를 개선하기 위하여 수업을 계획할 때 학생 생활과 밀접성이 큰 장애인 문제를 먼저 다룬 후 사회적 소수자에 대한 이해를 조금씩 심화시키는 방안을 제안한다. 그리고 현재 우리나라의 사회현상을 반영하고 있는 '북한 이탈 주민'은 학생의 생활 경험과 다소 거리가 있기 때문에 제일 마지막에 배치할 것을 권한다. 소수자에 대한 편견이나 차별 실태, 그리고 그 해결 방법에 관한 인식 조사 항목을 보면 많은 학생(16명)이 장애인에 대해서는 어느 정도 인식하고 있지만, 그 이외에 관한 인식은 부족하다. 기타 문제에 대해서 학생이 더욱 명확하게 파악하기 위한 수단이 필요하다. 문제 해결 방법에서도 학생이 단계적으로 사고하도록 '문제의 단계적 해결'[13]을 응용하여 '사회제도적인 해결 방법'을 검토한 후 '개인적인 해결 방법'으로 구성할 것을 제안한다.

3) 교사의 개념틀의 명시화

지도안에서 교사가 학생에게 무엇을, 어떻게 획득시키고자 하는가를 명시하기 위해 [그림 59]와 같은 교사의 개념틀을 제안한다.

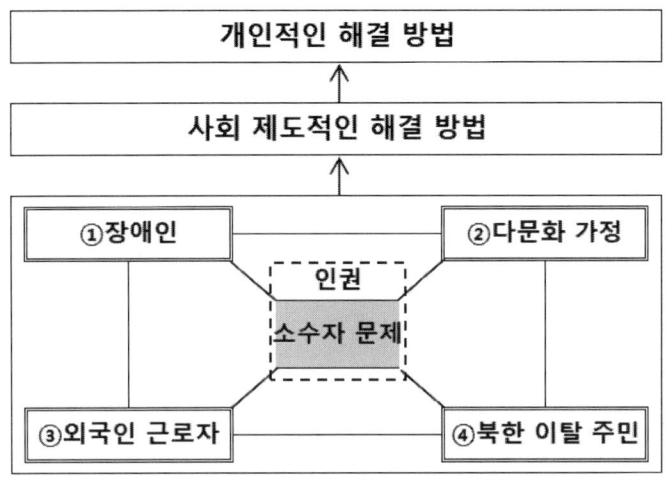

[그림 59] 소단원 '사회의 다양성과 소수자의 권리'에서의 교사의 개념틀 설정

이것은 위에서 언급한 세 번째 과제를 개선하기 위해 학생 실태와 대체적 개념틀을 고려하여 나타낸 것이다. 구체적으로는 소수자 문제를 학생 실태 조사로부터 학생들에게 밀접성이 높은 ①장애인을 먼저 언급한 후 ②다문화 가정, ③외국인 근로자, ④북한 이탈 주민의 순으로 정리하였다(14). 또한 소수자 문제의 원인을 파악할 때 이들 네 소수자 내에서의 각각의 원인을 파악한 후 이들이 상호 연계되어 있음을 네 소수자의 이중선과 각 문제 사이를 연결하는 선을 통해 나타내었다. 즉 [그림 59]의 교사의 개념틀에서 학생 실태에 따른 내용 제시 순서와 각 내용 간의 관련성을 보다 명시적으로 개선하여 나타낸 것이다. 그리고 문제해결 방안에 대해 학생의 대체적 개념틀(15)을 고려하여 학생들이 사회사상에 대한 보다 구체적인 인식과 장면을 가지고 해결 방안을 생각할 수 있도록 '사회 제도적인 해결 방법'으로부터 '개인적인 해결 방법'으로 체계적으로 구성하여 인식이 심화될 수 있도록 하였다(16). 이것을 지도안에 명시하게 되면 수업실천 과정에서 학생의 개념변용을 보다 용이하게 파악할 수 있다.

4) 지식의 구조의 명시화

이 소단원의 지도안에 대해서는 [그림 60]과 같은 지식의 구조를 제안한다.

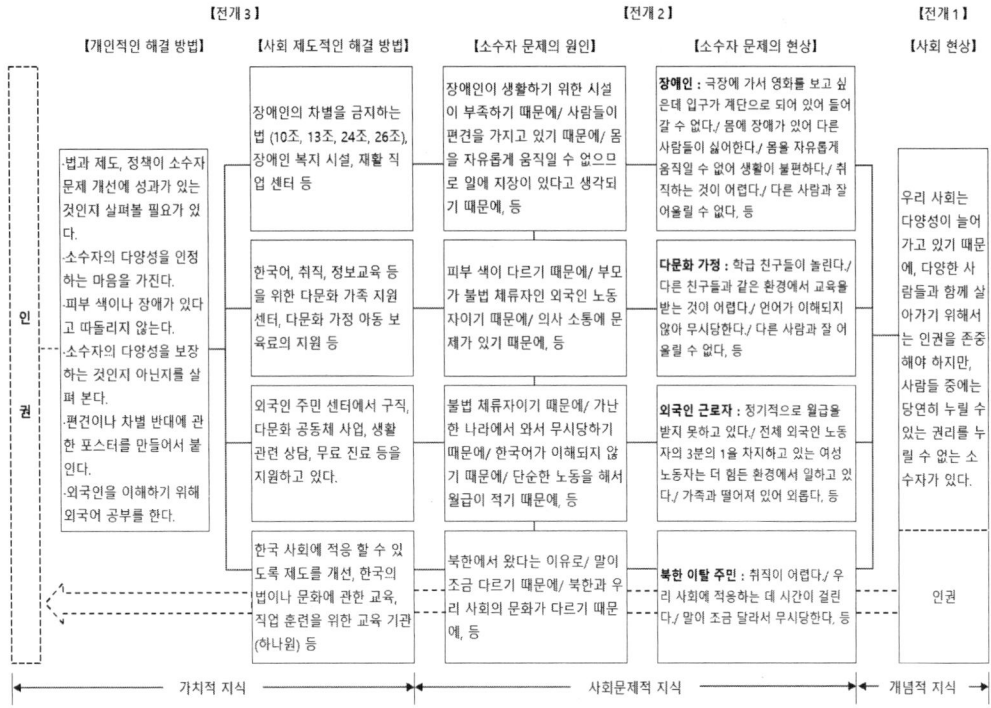

[그림 60] 소단원 '사회의 다양성과 소수자의 권리'에서의 지식의 구조(개선안)

(2) 개선안의 제시

이상의 과제를 극복하기 위한 소단원 수준의 지도안으로 [자료 14]와 같은 개선안을 제안한다.

(3) 개선 방법

소단원의 사회과 지도안 개선 과정을 바탕으로 수업계획 단계에서의 수업 개선 방법을 나타낸 것이 [그림 61]이다.

[그림 61]은 지식의 구조, 교사의 개념틀, 학생 실태, 교재, 교수·학습 과정의 조직이라는 5가지의 분석을 통해 지도안에 나타난 문제 및 과제를 추출하고 이것을 지도안 개선에 반영하는 과정을 나타내고 있다. 특히 여기서는 사회과 지도안 개선 포인트로 소단원 전체에서의 교수·학습 과정의 조직화, 학생 실태나 대체적 개념틀 반영, 교사의 개념틀과 지식의 구조를 명시화하기 등 소단원 수준에서 지도안을 개선하도록 하였다.

그리고 [그림 61] 중【지도안의 개선】에 나타난 바와 같이 지도안을 개선할 때 이들 5가지 요소가 상호 관련되어 반영되어야 함을 알 수 있다.

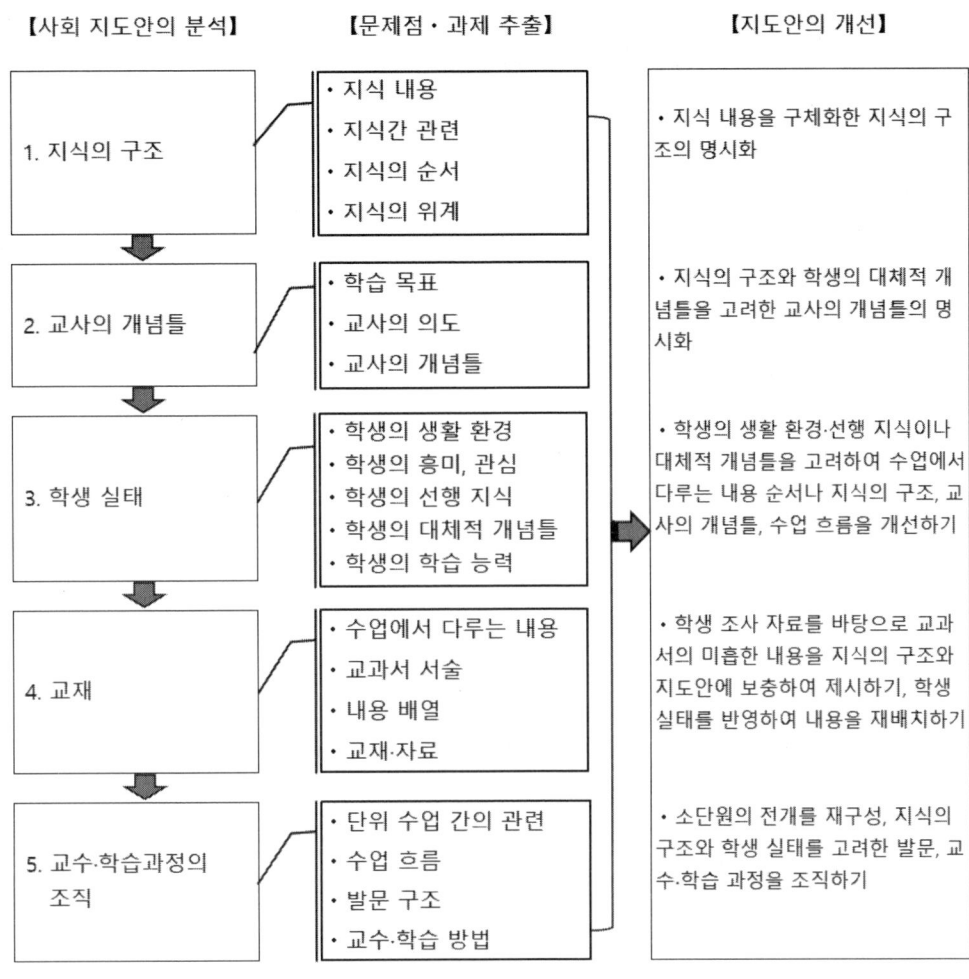

[그림 61] 수업계획 단계에서의 수업 개선의 방법

4. 소괄

이상, 사회과 수업계획 단계에서 소단원 수준의 지도안을 HAL을 활용하여 분석함으로써 과제를 추출하고 그 개선을 위한 제안을 하였다.

지도안 분석을 통한 사회과 수업 개선 포인트로 소단원 전체의 교수·학습 과정의 조직화, 학생 실태나 대체적 개념틀의 반영, 교사의 개념틀과 지식의 구조의 명시화 등을 고려한 소단원 수준에서의 지도안 개선 방법을 제안하였다. 개선안으로 제안한 지도안은 수업이 개발된 지역과는 다른 지역의 학생 실태 조사 결과를 토대로 만들어진 것이기 때문에 그대로 적용하기에는 한계가 있다. 개선의 포인트를 고려하여 수업을 실천할 학교나 학급의 실정에 맞게 재구성하여 계획할 필요가 있다.

사회과 수업은 학생의 사회인식 성장과 변용을 목적으로 한다. 제안한 개선안으로 수업 실천을 할 때 수업에서의 학생의 개념틀 변용을 더욱 효과적으로 파악하기 위해 호리(堀哲夫, 2006)[17]가 제안한 '1장의 포트폴리오(OPP)'를 활용할 수 있다. OPP(One Page Portfolio)는 교사가 의도한 학습 성과를 학습자가 한 장의 종이에 기록하여 그것을 스스로 평가하기 위해 만들어진 것이다. 이것을 이용함으로써 학생의 개념틀이 학습 전후 어떻게 변용했는지 학습 이력을 확인할 수 있고, 명시화한 교사의 개념틀과 비교하기에도 용이하여 학생의 자기 평가와 더불어 교사 자신의 수업 개선에도 활용할 수 있다.

여기서는 HAL 틀을 활용하여 사회과 수업계획 단계에서 고려해야 할 구체적인 요소를 메타적으로 분석하고 이를 전체적으로 성찰할 수 있는 실천적 매커니즘을 제공하였다는 점에서 의의를 찾을 수 있다. 그러나 보다 다양한 시도를 통해 이에 대한 유용성을 더욱 철저하게 검증해 나가는 작업이 향후 과제로 남아 있다.

[자료 12] 전개 1의 지도안

단원명	5. 사회의 다양성과 소수자의 권리		차시	13/15 차시	장소	4의0
본시 주제	우리 사회의 소수자에 대한 차별 사례와 그 원인 알아보기				모둠 크기	4명
학습 목표	우리 사회가 다양한 사람들로 구성되어 있음을 알 수 있다. 우리 사회 소수자에 대한 편견이나 차별 사례를 조사해 보고, 그 원인을 알 수 있다.					
단계	과정 (흐름)	협동 학습 구조	교수·학습 활동		시량	자료(▶) 및 유의점 (▷)
문제 인식 문제 탐색	학습 분위기 조성 학습 목표 확인 학습 활동 안내		▣ **학습 분위기 조성 및 동기유발** • 우리 반 구성원들은 어떤 특징을 가지고 있는 사람들인지 이야기해 보기 ▣ **공부할 문제 확인** • 공부할 문제 확인하기 　　　　　　공부할 문제 　우리 사회의 소수자에 대한 차별 사례와 그 원인을 알아 봅시다. ▣ **학습 활동 안내** • 학습 활동 순서와 학습 방법 안내하기		7'	▶학급 사진 ▶활동 안내판
문제 탐구	전개	돌아 가며 말하기 모둠 인터뷰	**활동 1**　우리 사회 구성원의 특징 살펴보기 • 교과서 129쪽의 사진과 그래프 살펴보기 　- 우리 사회를 이루고 있는 구성원들은 어떤 특징을 가졌는지 생각해 보기 • 사회과 탐구 108쪽의 그래프 살펴보기 　- 그래프의 변화 모습을 살펴보았을 때 앞으로 우리 사회는 어떻게 변화할 것 같은지 토론 해보기 **활동 2**　내 주변의 소수자 알아보기 • 우리 사회에서 소수자라고 할 수 있는 사람들에는 어떤 사람들이 있을까? • 인권의 의미 이해하기 **활동 3**　소수자에 대한 편견 및 차별 사례 살펴보기 • 교과서 130쪽 삽화와 신문 기사를 보고 소수자들이 어떤 차별을 겪는지 알아보기 • 우리 사회의 소수자들이 편견이나 차별을 당하는 까닭은 무엇인가?		28'	▶타이머 ▷교과서 129쪽을 활용하여 활동을 록 한다. ▶ 모 둠 인터뷰를 통 하 여 자 신 의 생 각 이 야 기 하 기
정리	정리 및 평가		▣ **학습 활동 정리** • 우리 사회의 소수자들이 차별당하는 원인에 대해 정리하기 ▣ **차시 예고** • 소수자들의 권리를 보호하기 위한 방법에 대하여 토의 해보기		5'	

[자료 13] 전개 2의 지도안

단원명	5. 사회의 다양성과 소수자의 권리			차시	14/15 차시
본시주제	소수자 권리 보호 방법 토의하기			모둠 크기	4명
학습목표	소수자의 권리를 보호하기 위한 방법을 토의할 수 있다.				
단계	과정(흐름)	협동학습구조	교수·학습 활동	시량	자료(▶) 및 유의점(▷)
문제인식	학습 분위기 조성		■ 광고 살펴보기 • 공익광고에 나와 있는 크레파스는 무슨 색입니까? - 하얀색, 살구색, 검정색입니다. • 세 가지 크레파스의 공통점은 무엇입니까? - 사람의 피부색이라는 것입니다. • 살색이라고 이름 붙여진 살구색 크레파스를 보면서 살색이 까맣거나 하얀 사람들은 어떤 생각을 했겠습니까? ■ 공부할 문제 확인 • 공부할 문제 확인하기	7'	▶한국방송공사(www.kobaco.co.kr)의 광고
문제탐색	학습목표 확인 학습활동 안내		공부할 문제 우리 사회 소수자들이 차별 받지 않고 그들의 권리를 보호하기 위한 방법을 토의해 봅시다. ■ 학습 활동 안내 • 학습활동 순서와 학습 방법 안내하기		▶활동 안내판
문제탐구	전개	돌아가며 말하기	활동 1 '행복한 사회'로 가는 길 찾기 • 미로 속의 문제들을 풀어보면서 행복한 사회로 갈 수 있는 길을 찾아봅시다. - 배운 내용을 바탕으로 미로의 문제를 해결한다. 활동 2 토의하기 • 우리 사회 소수자들의 권리를 지키기 위해서 어떻게 해야 하는지 생각해 보고, 교과서 삽화 안의 말을 채워 봅시다. - 자신이 생각하는 해결 방법을 자유롭게 써본다. • 개인이 할 수 있는 일에는 어떤 것들이 있습니까? - 소수자의 다양성을 인정하는 마음을 가지는 일입니다. • 사회 제도적으로 할 수 있는 일에는 어떤 것들이 있습니까? - 성별, 피부색, 장애 등 부당한 이유로 차별을 하지 못하도록 법을 만듭니다. • 여러분이 생각한 내용을 바탕으로 모둠별로 토의해 봅시다. - 모둠별 토의를 통하여 다양한 해결 방법을 수집한다. 활동 3 편지쓰기 • 신문 기사를 읽고 내용을 파악해 봅시다. - 신문 기사 내용을 살펴본다. - 기사에 나온 방법을 참고하여 편지를 쓴다.	28'	▷개념 정의와 구체적인 사례를 정리하도록 한다. ▷토의를 할 때 자신의 주장을 명확히 제시하고 상대방의 의견도 귀 기울여 듣는 능력을 길러주도록 한다.
정리	정리 및 평가		■ 학습 활동 정리 • 우리 사회에서 소수자들의 권리를 지키기 위해서 우리가 해야 할 일을 생각해 봅시다. ■ 차시 예고 • 다음 시간에는 다양한 활동을 통해 우리 사회의 인구 문제를 알아보도록 합시다.	5'	

[자료 14] 소단원 개선안

학습 내용·과정	교수·학습 활동	
	교사	학생
[전개 1] 다양성을 지닌 사회의 실태	· (자료에)어떤 사람들이 있나요? · 이것을 보고 무엇을 알 수 있나요? · '사회과 탐구' 108쪽에 보이는 그래프는 무엇을 나타내고 있습니까? · 국제 결혼의 비율과 근로자 수는 어떻게 변화하고 있습니까? · 그래프의 변화를 통해, 앞으로 우리 사회는 어떻게 변화될 것이라고 생각합니까? · 이렇게 다양한 사람들과 함께 살아가기 위해서는 어떻게 하면 좋을까요?	· 어린이, 장애인, 외국인 등등 · 우리 사회에는 얼굴 모양과 언어, 살아가는 방법이 서로 다른 사람들이 모여 살아가고 있습니다. · 사회에는 다양한 특징을 가진 사람이 있습니다. · 장애인의 현황, 전체 외국인 등록 현황, 북한 이탈 주민의 현황 등입니다. · 점점 증가하고 있습니다. · 피부 색과 문화가 다른 우리 사회의 구성원이 늘어나고 있어서 사회의 다양성도 더욱 증가할 것이라고 생각합니다. · 사이좋게 지냅니다. · 상대방을 이해하는 태도가 필요합니다. · 다른 사람의 권리를 존중해야 합니다.
인권	· 세계 인권 선언문을 읽고, 인권이란 무엇인지를 생각해 봅시다. · 인권이란 무슨 뜻입니까?	· 세계 인권 선언을 읽는다. · 존엄성을 가진 인간이라면 누구나 가지는 기본적인 권리입니다. 인간답게 살 기본적 권리입니다.
사회적 소수자 인권 소수자 문제	· 이 사진에는 어떤 사람들이 있습니까? · 이 사진에 보이는 사람들의 특징은 무엇입니까? · 이렇듯 사회 구성원 가운데 비교적 수가 적고, 사회적으로 힘이 없어서 사회적 약자의 위치에 있는 사람들을 뭐라고 하나요?	· 장애인, 다문화 가정, 외국인 근로자, 북한 이탈 주민이 있습니다. · 생활에 불편함을 느끼고 있습니다. · 다른 사람들로부터 따돌림과 무시를 받고 있습니다. · 편견과 차별을 받고 있습니다. · 사람들이 당연히 누려야 할 권리를 누릴 수 없는 사람들입니다. · 사회적 소수자라고 합니다.
[전개 2] 사회적 소수자 문제 장애인 / 다문화 가정 인권 소수자 문제 외국인 근로자 / 북한 이탈주민	· 사회적 소수자가 겪고 있는 문제는 무엇인지, 그리고 그 원인은 무엇인지를 교과서나 자료, 신문 기사, 인터넷 등으로 조사해 봅시다. · 장애인, 다문화 가정, 외국인 근로자, 북한 이탈 주민이 겪고 있는 문제는 무엇입니까?	· 모둠별로 조사한다(장애인, 다문화 가정, 외국인 근로자, 북한 이탈 주민) ■**장애인** : 극장에 가서 영화를 보고 싶은데 입구가 계단으로 되어 있어 들어갈 수 없다. 몸에 장애가 있어 다른 사람들이 싫어한다./ 몸을 자유롭게 움직일 수 없어 생활이 불편하다./ 취직하는 것이 어렵다./ 다른 사람과 잘 어울릴 수 없다, 등 ■**다문화 가정** : 학급 친구들이 놀린다./ 다른 친구들과 같은 환경에서 교육을 받는 것이 어렵다./ 언어가 이해되지 않아 무시당한다./ 다른 사람과 잘 어울릴 수 없다, 등 ■**외국인 근로자** : 정기적으로 월급을 받지 못하고 있다./ 전체 외국인 노동자의 3분의 1을 차지하고 있는 여성 노동자는 더 힘든 환경에서 일하고 있다./ 가족과 떨어져 있어 외롭다, 등 ■**북한 이탈 주민** : 취직이 어렵다./ 우리 사회에 적응하는 데 시간이 걸린다./ 말이 조금 달라서 무시당한다, 등

[전개 2]	문제의 원인	· 편견과 차별을 받고 있는 원인은 무엇입니까?	■**장애인** : 장애인이 생활하기 위한 시설이 부족하기 때문에/ 사람들이 편견을 가지고 있기 때문에/ 몸을 자유롭게 움직일 수 없으므로 일에 지장이 있다고 생각되기 때문에, 등 ■**다문화 가정** : 피부 색이 다르기 때문에/ 부모가 불법 체류자인 외국인 노동자이기 때문에/ 의사 소통에 문제가 있기 때문에, 등 ■**외국인 근로자** : 불법 체류자이기 때문에/ 가난한 나라에서 와서 무시당하기 때문에/ 한국어가 이해되지 않기 때문에/ 단순한 노동을 해서 월급이 적기 때문에, 등 ■**북한 이탈 주민** : 북한에서 왔다는 이유로/ 말이 조금 다르기 때문에/ 북한과 우리 사회의 문화가 다르기 때문에, 등
		· 편견과 차별을 받는 원인 조사 발표를 통해 소수자 문제의 원인은 상호 관련되어 있다는 것을 알 수 있습니다. · 이렇게 소수자가 편견과 차별을 받으면 무엇이 문제가 됩니까?	· 인권을 침해받는 것이 문제이다.
[전개 3]	해결을 위한 방안	· 그렇다면, 소수자 문제를 해결하기 위한 사회적 노력에는 무엇이 있는지 조사해 봅시다. · 조사한 내용을 발표해 봅시다.	· 모둠별로 나누어 조사한다 (장애인, 다문화가정, 외국인근로자, 북한 이탈 주민) ■**장애인** : 장애인의 차별을 금지하는 법(10조, 13조, 24조, 26조), 장애인 복지 시설, 재활 직업 센터 등 ■**다문화 가정** : 한국어, 취직, 정보교육 등을 위한 다문화 가족 지원 센터, 다문화 가정 아동 보육료의 지원 등 ■**외국인 근로자** : 외국인 주민 센터에서 구직, 다문화 공동체 사업, 생활 관련 상담, 무료 진료 등을 지원하고 있다. ■**북한 이탈 주민** : 한국 사회에 적응 할 수 있도록 제도를 개선, 한국의 법이나 문화에 관한 교육, 직업 훈련을 위한 교육 기관(하나원) 등
		· 이러한 사회적인 노력에 대하여 시민으로서 우리들이 해야 할 일은 무엇입니까? · 여러분이 할 수 있는 일에는 무엇이 있을까 이야기해 봅시다.	· 법과 제도, 정책이 소수자 문제를 개선하는데 성과가 있는 것인지 지켜 볼 필요가 있습니다. · 소수자의 다양성을 인정하는 마음을 가집니다. · 피부색이나 장애가 있다고 따돌리지 않습니다. · 소수자의 다양성을 보장하는 것인지 아닌지를 봅니다. · 편견과 차별을 반대하는 포스터를 만들어서 붙입니다. · 외국인을 이해하기 위해 외국어를 공부합니다.
		· 소단원 학습 정리	

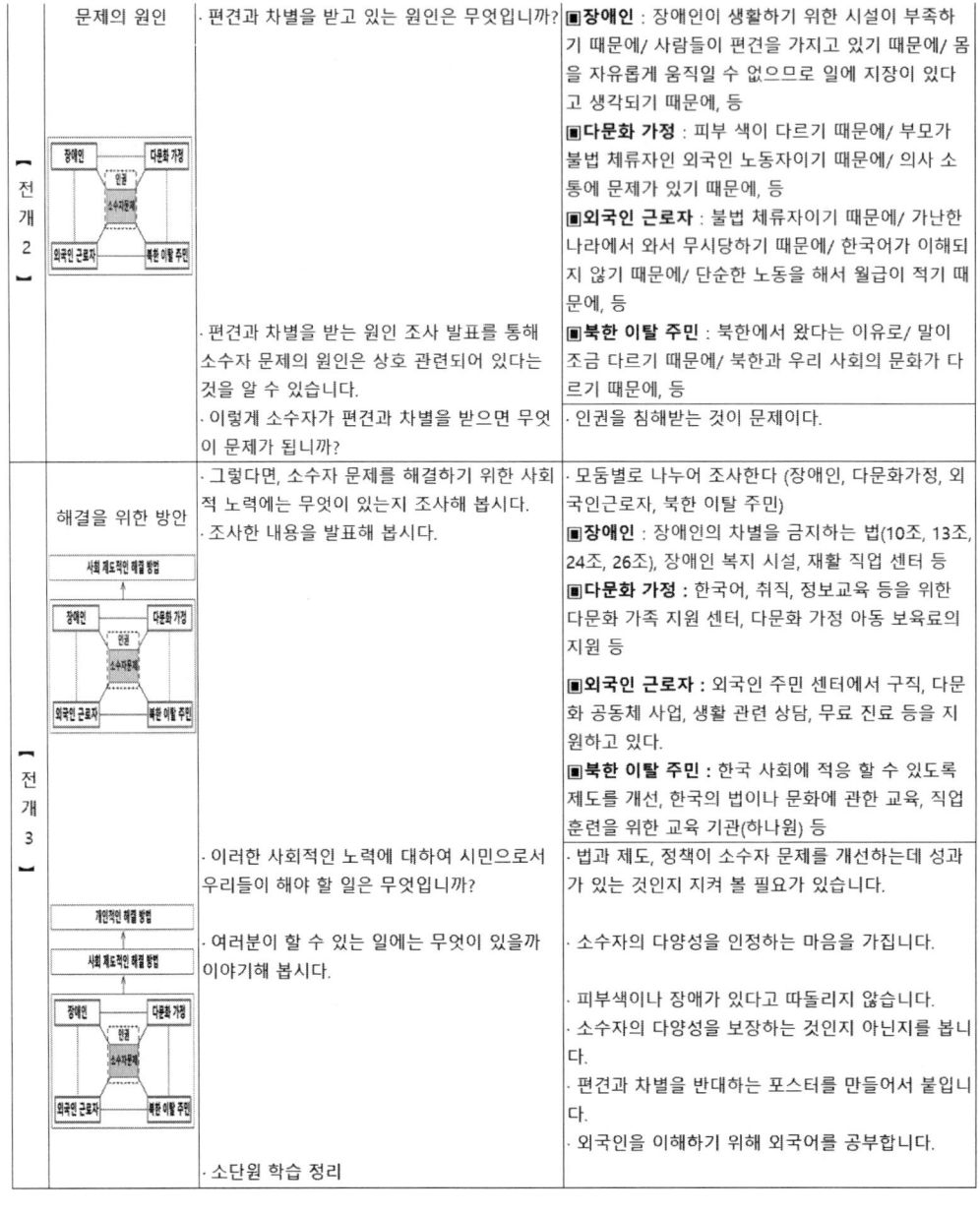

[주 및 참고문헌]

(1) 응용편은 이정희(2013)를 수정・보완한 것이다. 이정희(2013). HAL을 활용한 사회과 수업 개선 방안-초등사회과 4학년 소단원 「사회의 다양성과 소수자의 권리」 지도안을 사례로-. 사회과 수업연구. 1(2). pp.61-83.

(2) 자기장학(self-directed development)은 임상장학을 필요로 하지 않거나 또는 원하지 않는 교사가 혼자 독립적으로 자신의 전문적 성장을 위하여 스스로 체계적인 계획을 세우고 이를 실천하는 과정이다. 정석기(2008). 수업기술 향상을 위한 좋은 수업설계와 실제. 원미사. p.279.

(3) 峯明秀(2009)「知識の量的拡大・効率化を図る授業のPDCA：客観的実在としての社会の事実的知識を獲得する社会科」『社会科研究』71.

(4) 今野文子他(2007)「授業計画と実施内容の相違点提示による授業ふり返り支援」『教育情報学研究』6.

(5) 교육과학기술부(2010a). 사회 4-2 초등학교 교사용 지도서. pp.178-179.

(6) 전영평(2006). 한국의 소수자 문제와 소수자 정책 연구 관점. 한국행정학회.

(7) 윤인진(2006). 소수자의 사회적 배제와 사회통합의 과제. 한국사회. 제 7집.

(8) 이에 대한 보고서는 http://www.dongbu.es.kr (2010. 2. 10 인출)에 게재되어 있다.

(9) 李姃姬(2010)「韓国の「多文化社会」化についての一考察」『千葉商大紀要』48号.

(10) 교육과학기술부(2010b). 사회 4-2. 두산동아.

(11) 학생 실태조사는 B시 G초등학교의 4학년 한 학급 28명(2011. 2. 11)을 대상으로 실시하였다.

(12) '소수자 문제를 해결하기 위해서는 어떻게 하면 좋을까요? 그 해결 방법에 대해 아는 대로 적어 주세요.'라는 조사 항목에 대하여, '정부, 시의원의 지원과 법을 만들어야 한다.', '경제가 좋아지도록 한다', '국가나 단체에서 자원봉사를 한다' 등 사회제도적 수준에서의 해결 방안과 관련된 기술이 보인다. 그러나 그 외 대부분은 '도와 드린다', '장애인을 돕는다' 등 개인적 수준에서의 해결 방안과 관련된 기술이 많으며 특히 장애인과 관련된 내용으로 되어 있다.

(13) 이러한 수업 구성에 관해서는 李貞姬(2009)의 사회문제 해결 과정으로부터 시사를 얻을 수 있다. 李貞姬(2009)「社会問題の解決をめざす韓国小学校社会科の授業分析-『地球村問題』の実践事例の場合-」『教育学研究紀要(CD-ROM版)』第55巻.

(14) 이 부분에 관해서는 HAL을 활용하여 실제 수업을 분석한 5학년『도시 문제』의 분석 결과 (이정희, 2010b)로부터 시사를 얻을 수 있다. 즉, 교사는 도시의 문제에 대하여 학생 생활과 밀접도가 높은 도시 문제를 동기유발에 사용하고 있으며, 실제 수업에서 학생들도 밀접도가 높은 도시 문제 순서대로 획득하고 있었던 것이다. 물론 수업 전개시에는 '친소성의 노선' (Meyer, 2004: 51)에 따라 학생들에게 친숙한 것으로부터 낯선 것으로 진행되거나 그 역방향으로 진행될 수가 있다. 이 수업의 경우에는 학생 실태 조사 결과 친숙한 것, 즉 장애인에 대한 인식이 많은 반면 나머지 소수자에 대한 인식이 적고 각각의 비율 또한 비슷한 것을 고려하여 친숙한 것에서 낯선 것으로 접근하는 것을 제안하였다. 이정희(2010b). 사회문제 이해를 목적으로 하는 초등사회과 수업분석 - 5학년 '도시 문제' 수업실천 사례를 중심으로-. 사회과교육연구. 제17권 3호.; Meyer, H(2004). Wasist guter Unterricht?. 손승남, 정창호 역(2011) 좋은 수업이란 무엇인가?. 삼우반.

(15) 문제해결 단계와 관련된 학생의 대체적 개념틀은 '개인적인 해결 방안'과 '사회제도적 해결 방안' 중 하나만을 인식하고 있는 것이 학생 인식 조사 결과 밝혀졌다.

(16) 이와타(岩田一彦, 2001: 30-31)는 사회과 수업 구성에서 사회인식 내용을 기초로 하여 가치 판단을 할 수 있는 합리적 의사 결정 능력을 기르는 것이 반드시 필요하며, 이러한 합리적인 의사 결정 능력을 갖춘 학생이 시민적 자질을 지닌 학생이라고 평가할 수 있다고 주장하면서 지도 계획의 기본 구조를 '인식내용의 습득 → 가치 판단'으로 할 것을 제안하였다. 사회과는

내용 교과이다. 따라서 사회과 수업 구성을 할 때 인식 내용에 대한 보장을 유념해야 할 것이다. 이에 본 수업에서는 학생 개개인의 가치 판단 및 행동은 이러한 인식 내용을 바탕으로 하여 이루어질 수 있도록 '사회 제도적인 해결 방법'으로부터 '개인적인 해결 방법'으로 구성할 것을 제안한다. 岩田一彦(2001)『社会科固有の授業理論・30の提言―総合的学習との関係を明確にする視点』明治図書.

(17) 堀哲夫(2006)『子どもの成長が教師に見える一枚ポートフォリオ評価 小学校編』日本標準.

에듀컨텐츠·휴피아
Educontents·Huepia

AI 시대 수업분석 패러다임의 전환
사회과 홀리스틱 수업분석 방법론

2021년 3월 5일 초판 1쇄 인쇄
2021년 3월 9일 초판 1쇄 발행

저　자 | **이 정 희** 著

발 행 처 | 도서출판 에듀컨텐츠휴피아
발 행 인 | 李 相 烈
등록번호 | 제2017-000042호 (2002년 1월 9일 신고등록)
주　 소 | 서울 광진구 자양로 28길 98, 동양빌딩
전　 화 | (02) 443-6366
팩　 스 | (02) 443-6376
e-mail　 | iknowledge@naver.com
web　　 | http://cafe.naver.com/eduhuepia
만든사람들 | 기획·김수아 / 책임편집·이진훈 황혜영 이지원 박나영 문지현 이가은
　　　　　　디자인·유충현 / 영업·이순우

ISBN | 978-89-6356-297-1 (93370)
정　가 | 15,000원

ⓒ 2021, 이정희, 도서출판 에듀컨텐츠휴피아

[문헌검색용QR코드]

이 책은 저작권법에 따라 보호받는 저작물이므로 무단전재와 무단복제를 금지하며, 이 책 내용의 전부 또는 일부를 이용하려면 반드시 저작권자 및 도서출판 에듀컨텐츠휴피아의 서면 동의를 받아야 합니다.